教育部人文社会科学研究青年基金项目

《制度距离与南方国家对外直接投资的区位选择与绩效研究》 (13YJC790094)

• 天津财经大学国际贸易研究丛书 •

制度距离对"南方"国家(地区)对外直接投资区位选择与绩效影响研究

Study of The Effect of Institutional Distance on The Locational Choices and Performance of Southern OFDI

刘 晶 著

经济科学出版社
Economic Science Press

图书在版编目（CIP）数据

制度距离对"南方"国家（地区）对外直接投资区位选择与绩效影响研究/刘晶著.—北京：经济科学出版社，2014.10

（天津财经大学国际贸易研究丛书）

ISBN 978 - 7 - 5141 - 5133 - 6

Ⅰ.①制… Ⅱ.①刘… Ⅲ.①对外投资 - 直接投资 - 研究 Ⅳ.①F831.6

中国版本图书馆 CIP 数据核字（2014）第 252377 号

责任编辑：柳 敏 李一心
责任校对：郑淑艳
版式设计：齐 杰
责任印制：李 鹏

制度距离对"南方"国家（地区）对外直接
投资区位选择与绩效影响研究
刘 晶 著
经济科学出版社出版、发行 新华书店经销
社址：北京市海淀区阜成路甲 28 号 邮编：100142
总编部电话：010 - 88191217 发行部电话：010 - 88191522
网址：www. esp. com. cn
电子邮件：esp@ esp. com. cn
天猫网店：经济科学出版社旗舰店
网址：http://jjkxcbs. tmall. com
北京汉德鼎印刷有限公司印刷
三河市华玉装订厂装订
710 × 1000 16 开 13.75 印张 230000 字
2015 年 3 月第 1 版 2015 年 3 月第 1 次印刷
ISBN 978 - 7 - 5141 - 5133 - 6 定价：38.00 元
（图书出现印装问题，本社负责调换。电话：010 - 88191502）
（版权所有 侵权必究 举报电话：010 - 88191586
电子邮箱：dbts@ esp. com. cn）

总　序

　　人类进入 21 世纪以来，改变我们生活的最重要的因素之一，就是经济全球化，经济学研究的每个领域也无不因全球化而变得异常活跃，国际贸易学研究更是如此。在全球贸易学研究的沃土中，中国学者针对中国贸易问题的研究成果日渐丰富，由天津财经大学国际贸易研究团队形成的这套丛书，便是百花园中的绚丽一丛。

　　随着中国不断融入国际经济体系，产业结构和贸易结构在全球化进程中不断升级。由于国际分工体系日趋细化，虽然产业内贸易和产品内贸易交织并存，但是产品内分工越来越盛行，全球价值链分工形成了全球生产网络，而中国正是借助加工贸易参与全球化垂直生产网络，并通过参与全球价值链分工，成为世界制造业大国和贸易大国，这也成就了中国世界第二大经济体的地位。2008 年国际金融危机发生后，中国加工贸易在连续近 30 年持续增长之后，于 2009 年首次出现负增长，加工贸易正经历转型之痛！作为转变经济发展方式的重要一环，转变外贸发展方式成为重中之重。危机后全球价值链分工也面临着转型和重构。从世界层面看，中国越来越多的企业实施跨国投资战略，美国则在危机后提出"再工业化"，欧洲实体经济饱受主权债务危机的重创，世界经济格局的新变化对全球价值链分工将产生战略性影响。中国如何应对这样的战略机遇和挑战？面对新一轮产业转移和区域经济一体化及世界市场一体化的发展机遇，充分利用价值链细分，享用外国投资与生产外包、地理配置与丰裕要素相结合所引致的巨大收益，扩大生产集聚和规模经济效应，优化中国在全球价值链中位置，获取最大发展利益，成为当前中国调整对外贸易战略和投资战略的目标所在。

正是在这个意义上，天津财经大学国际经济贸易系学术团队围绕这一主题展开深入研究，形成了一批新的研究成果，才有这套专著丛书的问世。如今，这套专著论丛即将出版，问序于我。作为国际经济贸易系兼职教授，我当然义不容辞。收入本丛书的各部著作，均是以国际经济贸易系老师主持的国家社会科学基金和国家自然基金的项目或是博士学位论文为基础，经过一段时间的沉淀和再思考，在大幅修改、补充的基础上完成的。学术研究就是思想接力，纵观全套专著，作者们在写作中努力追求原创性的效果，大到论文框架、观点的融会贯通，小到案例的运用，都贯穿着这一原则，力求有自己的学术发现。很多观点也是发他人之未发。它们所提供的思考本身，将引起研究者的重视。感谢这套专著丛书的作者们，感谢他们的辛勤耕耘。

时间仍将继续延伸，愿国际经济贸易系研究团队的学术跋涉一路风光无限。

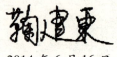

2014 年 6 月 16 日

前　言

　　对外直接投资作为全球化的重要组成部分，极大地改变了世界经济的面貌。因此，对外直接投资区位选择及衡量对外直接投资绩效的决定因素一直是学者和政策制定者关注的焦点。除了市场规模、税收、贸易政策、汇率、利率政策、生产成本、基础设施等这些传统因素在已有的研究文献中得到了广泛、深入的研究外，近年来关于母国与东道国间的制度距离这一新的影响对外直接投资的因素开始受到越来越多的研究关注。另外，来自"南方"国家（地区）的对外直接投资（OFDI）增长迅速，在全球直接投资中的比重不断上升，成为推动全球直接投资的一股新生力量。制度距离、"南方"国家（地区）对外直接投资已分别成为直接投资理论和直接投资实践当中两个值得关注的新焦点。

　　在此背景下，本书利用制度距离系统考察了国家间不同类型的制度因素与对外直接投资区位选择及跨国并购绩效之间的关系，揭示了制度距离对"南方"国家（地区）对外直接投资区位选择与绩效的传导机制，并利用该传导机制解释了制度距离对南"北方"国家对外直接投资区位选择与绩效影响的差别，通过实证检验了此传导机制对"南方"国家（地区）对外直接投资的适用性，基于这些结论为"南方"国家（地区）对外直接投资行为和绩效提供政策建议。

　　根据上述研究思路和方法，本书拟分为七章：第1章导论，此部分提出本书的选题背景、研究思路和相关概念的界定以及本书的创新点；第2章对制度距离与对外直接投资的相关理论和实证文献进行系统梳理，并对现有文献研究的不足与改进方向做出一定的评述；第3章首先分析了"南方"国家（地区）跨国公司新特点和独特的竞争优势。其次，从理论上分析了制度距离对直接投资区位选择影响，并从制度距离角度分析了"南方"国家（地区）对外直接投资动因，以及制度距离对"南南直接投资"和"南北直接投资"区位选择的作用机制；第4章利用跨国面板数据检验了"南方"国家（地区）与东道国间管制制度距离和规范制度距离对跨国投资区位选择的影响，证实了"南方"国家（地区）对外直接投资与"北方"国家对外直接投资的不同模式；第5章考察了知识产权制度距离对中国对外直接投资区位选择的影响；第6章利用倍差法对制度距离与中国企业实施跨国并购后的微观绩效进行了理论和实证分析。估计结果显示，东道国与母国的管制性、规范性制度差距对中国企业跨国并购后的绩效改善有显著的影响；第7章在本书研究的基础上，总结主要研究结论并给出相应的政策建议。

通过理论和经验研究，本书得出了以下相关结论：

第一，传统引力模型中的变量，如共同边境、共同官方语言等对源于南北方国家的对外直接投资都存在重要影响作用。传统影响对外直接投资的因素对"南南直接投资"的影响显著，为以区域内直接投资为特点的"南南直接投资"提供了例证。规范性制度距离对源于"南方"国家（地区）和"北方"国家的直接投资的作用机制是相同的，即母国跨国公司倾向于对规范性制度环境接近的东道国进行投资。

第二，"北方"国家倾向于对管制性、规范性制度距离与母国相似的东道国进行投资，即母国与东道国间制度距离越小，两国间对外直接投资流量越多。

第三，来自"南方"国家（地区）的对外直接投资与制度距离，特别是管制性制度距离的关系和作用机制比较复杂：当"南方"国家（地区）跨国公司向管制性制度环境优于母国的东道国投资时，管制性制度距离可以视为"南方"国家（地区）对外投资的驱动力，即"南方"国家（地区）跨国公司在国际化进程当中，迫切地需要自身竞争力的提高，这需要积累大量的先进技术、管理经验、知名品牌、成熟高效的分销渠道等战略型资产，而这些战略型资产的形成需要完善的知识产权和私有财产保护体系、高效的契约执行等完善的管制性制度环境。因此"南方"国家（地区）快速发展所需的战略型资产更容易在管制性制度环境健全的"北方"国家获得。

第四，当"南方"国家（地区）跨国公司向制度环境与母国相似的国家投资时，母国企业在相似恶劣制度环境下经营并盈利的经验是"南方"国家（地区）企业向其他在"南方"国家（地区）投资的相对比较优势，母国企业通过利用东道国管制性制度缺陷，以较低成本达到经济目的。这为近年来迅速发展的南南直接投资提供了印证。

　　第五，当"南方"国家（地区）跨国公司向管制性制度距离较本国更差的东道国投资时，如果与母国管制性制度差异较大的东道国自然资源（特别是能源和矿产资源）充裕，那么可以抵消管制性制度距离对两国对外直接投资的负面影响。管制性制度距离差距与东道国自然资源禀赋是来自"南方"国家（地区）直接投资的又一重要驱动力。在当今经济飞速发展的国际化进程中，为适应更加激烈的国际和国内竞争，很多"南方"国家（地区）政府推行经济"赶超"战略。而经济"赶超"战略则需要大量、廉价的自然资源投入来支持国内经济快速、持续增长。自然资源充裕的最不发达"南方"国家（地区），制度体系不完善，对自然资源保护力度弱，对经济增长速度和规模的追求远远超过对经济质量和结构的追求。因此支持"南方"国家（地区）经济"赶超"战略所需的自然资源（特别是能源、矿产资源）更容易在管制性制度环境恶劣的最不发达"南方"国家（地区）获得。

　　第六，东道国管制性制度越严格，东道国目标公司治理水平越完善。并购公司会自愿通过跨国并购去学习、模仿目标公司较高水准的公司治理水平。并购后绩效改善与并购后时间相关，跨国并购后 3 年左右，"南方"国家（地区）企业通过跨国并购学习、模仿目标公司较高水准的治理水平，学习效应开始发挥作用，企业跨国并购绩效出现改善迹象。

　　第七，跨国公司的经营活动受东道国意识形态、价值观念、社会习俗等人文环境的制约，这些因素决定了外国分支机构需要承担的公共责任及能够发挥的企业优势。母国与东道国的规范性制度距离越大，外国投资者对当地社会规范和习性较为陌生，且不易获得社会认可，从而增大了并购后企业内部的制度整合以及企业外部相关利益群体网络构建的难度，增加了企业并购后运营成本，降低并购绩效。本书在博士论文基础上对数据进行了更新，对第 3 章、第 5 章、第 6 章内容进行了修改和完善，最终完成。

目录

第1章

导　论

1.1　选题背景和意义

2013 年，全球 FDI 流量达到 14180 亿美元。发达国家仍是对外直接投资的主体，发展中国家对外直接投资流量创纪录地达到 4600 亿美元的历史最高水平，占世界总量的全球 FDI 流出的 32.4%，转型经济体 FDI 流出为 1000 亿美元，占全球 FDI 总规模比重为 7.1%。"南方"国家（地区）①对外直接投资流量占全球对外直接投资规模比重达到历史最高水平的 39.5%，而 1998 年该比例仅为 15%。在全球经济衰退的背景下，"南方"国家（地区）的跨国公司继续进行海外扩张。亚洲国家仍然是最大的对外直接投资来源国，占"南方"国家（地区）对外直接投资总量的 58.4%，较 2012 年增长 7.4%。非洲的对外直接投资较 2011 年增长了 4 倍，达 210 亿美元。而发展中拉丁美洲及加勒比的流量比 2011 年水平下降了 9.7%。"金砖"国家②仍然在"南方"国家（地区）中充当对外直接投资的主要来源国。上述五国对外直接投资流出量由 2000 年的 70 亿美元增至 2012 年的 1450 亿美元，占全球对外直接投资流量总量的 10%。来自金砖国家的跨国公司在全球活动投资日趋活跃，包括在非洲开展投资活动。2013 年，在全球最大的投资国中，中国从 2012 年的第四位升至第三位，位居美国和日本之后；俄罗斯由第八位上升至第四位。2013 年中国 OFDI 流量已增至 902 亿美元，中国 FDI 流出量占"南方"国家（地区）FDI 流出量

---

① "南方"国家（地区）指发展中国家及转型经济体；"北方"国家指西方发达国家。

② 巴西、俄罗斯联邦、印度、中国、南非。

比重整体呈缓慢上升趋势，目前已经达到9.4%①，中国对外直接投资在全球FDI中的重要性日益上升，对中国自身经济的影响也日益深远。对外直接投资最初是发达工业化国家（"北方"国家）特有的经济现象，截至1999年全球88%的对外直接投资都来源于"北方"国家。2013年，该比例降至61%。而来全球自"南方"国家（地区）的对外直接投资从1999年的12%上升至2013年的39%②（Global Investment Trends Monitor, 2014）。欧盟、美国和日本一直以来都是世界上最主要的资本来源国，1980年三个地区对外直接投资存量占世界资本流出总规模的81.60%，到2000年这一比例降为75.5%，到2009年则降为74.0%，2013年进一步下降为51.1%。其中美国是世界资本的最大来源国，2013年美国对外直接投资流量下降了8%，达到3380亿美元，占世界对外直接投资总规模的23.84%。来自欧盟的对外直接投资流量较2012年增长了6%，达到2250亿美元③。但欧盟内部对外直接投资增长喜忧参半，瑞典成为欧盟最大的对外投资来源国，而其他欧盟内部"北方"国家对外直接投资均出现下滑。2011年以来，来自日本的对外直接投资仍保持年均12.09%的稳定增长势头，2013年日本对外直接投资流量增至135亿美元（Global Investment Trends Monitor, 2014）。而从20世纪80年代中后期以来，来自"南方"国家（地区）（发展中国家及转型经济体）跨国公司的对外直接投资也初具规模并迅猛增长。一些"南方"国家（地区）已经从对外直接投资的目的地快速成长为主要的对外直接投资的来源国。成为全球资本流动领域最引人注目的现象之一。1980年"南方"国家（地区）对外直接投资总量为715亿美元，占世界对外直接投资总规模的13.0%，到2009年"南方"国家（地区）对外直接总规模达到4940亿美元，2013年达到5600亿美元，占世界对外直接投资总规模达到39.5%，相当于1980年的7.83倍④。2013年，来自"南方"国家（地区）的跨国公司对外直接投资规模达到5600亿美元，与前一年相比增长4%，在全球对外直接投资总量中所占比重随之升至39.5%，达到历史最高水平。2013年，全球前二

①④ World Investment Report 2013 – Global Value Chains: Investment and Trade for Development (UNCTAD/WIR/2013) 27 Jun 2013.

② http://unctad.org/en/Pages/DIAE/Research%20on%20FDI%20and%20TNCs/Global-Investment-Trends-Monitor.aspx.

③ ALEKSYNSKA and HAVRYLCHYK. FDI from the South: the Role of Institutional Distance and Natural Resources [R]. CEPII, WP No 2011 – 05.

十大对外投资经济体中,"南方"国家(地区)(发展中经济体及转型经济体)已占到 6 席,其中中国大陆和中国香港分别高居第三位和第五位①。其中东亚新兴经济体成为其中的主导力量,2013 年东亚新兴经济体对外直接投资总规模达到 2380 亿美元,较 2012 年增长了 6.9%,占世界对外直接投资总量的 1.17%,占"南方"国家(地区)同期对外直接投资比重为 5.59%。2013 年,来自"南方"国家(地区)对外直接投资流量中,75% 源自于亚洲;来自非洲国家的对外直接投资较上一年增长了 3 倍,来自亚洲及拉丁美洲"南方"国家(地区)对外直接投资则基本保持在上一年的水平②。

在对外直接投资交易项目方面,2010 年"南方"国家(地区)参与了 7 个(占总数的 12%)超过 30 亿美元的大型对外直接投资项目,而在 2009 年时只有 2 个(占总数的 3%)。特别是"金砖国家"(巴西、俄罗斯联邦、印度、中国和南非)经济快速增长,财政资源充足,这些国家的大型国有企业不但在本区域而且在世界范围内进行资源和战略资产收购。例如,2010 年印度的移动运营商 Bharti Airtel 以 107 亿美元的价格收购了科威特的 Zain 公司在 15 个非洲国家(不包括北非)的电信业务;中国香港的投资集团以 91 亿美元收购了英国的 EDF Energy PLC,中国石化集团以 70 亿美元收购了巴西的雷普索尔,俄罗斯的 OAO "Vympel-Kommuni-katsii"(Vimpelkom)以 55 亿美元收购了乌克兰的 ZAO "Kyivstar GSM",中国的 CNOOC 以 40 亿美元收购了阿根廷的 Bridas Corp③。

1.1.1 规模逐年扩大

20 世纪 70 年代之前,跨国公司一直是发达工业国的代名词,全球跨国公司对外投资存量中 90% 以上来自"北方"国家企业,其中主要来源自欧盟、美国和日本。"北方"国家跨国公司凭借垄断优势向其他"北方"国家和一些"南方"国家(地区)进行直接投资。此后,随着"南方"国家(地区)的逐步崛起,尤其是近年来国际金融危机对"北方"

① http://unctad.org/en/pages/publications/Global-Investment-Trends-Monitor-(Series).aspx.
② World Investment Report 2013 – Global Value Chains:Investment and Trade for Development (UNCTAD/WIR/2013) 27 Jun 2013.
③ 李国学. 发展中国家对外直接投资理论综述 [R]. 中国社会科学院世界经济与政治研究所工作论文, No. 2012, 04.

国家带来的严重冲击，"南方"国家（地区）跨国公司开始快速发展。"南方"国家（地区）国家企业的对外投资扩张快速增长，在全球对外直接投资存量中的比重明显上升。2012 年"南方"国家（地区）跨国企业在外资本存量达到 49201.16 亿美元，其中 18.9% 来自发展中国家企业，1.95% 来自转型经济体；占全球的比重由 1990 年的 6.92%，提高到了 20.85%。2012 年，金砖国家（BRICS）的全球对外直接投资存量份额较 2000 年提高了 10.16 倍。来自金砖国家（BRICS）的跨国公司在全球对外直接投资活动中日益活跃，包括在非洲一系列海外投资活动①。1990 年全球对外直接投资存量超过 50 亿美元的只有 6 个"南方"国家（地区）；而截止到 2005 年达到这一标准的"南方"国家（地区）增加至 25 个。2008 年"南方"国家（地区）对外直接投资流量总额达 3.51 亿美元，占当年世界对外直接投资流量总额的 19.7%。同期来自"南方"国家（地区）对外直接投资存量达 1.4 万亿美元，占全球对外直接投资存量的比重达 13%。截至 2013 年，来自"南方"国家（地区）对外直接投资占到全球当年对外直接投资的 39.5%，达到"南方"国家（地区）对外直接投资最高水平（见表 1.1、表 1.2）。其中来自亚洲"南方"国家（地区）对外直接投资占比从 1980 年的 23%，增加至 1990 年的 54%，2009 年该比例上升到 62%，2012 年上升至 72%。相反，拉丁美洲的份额从 1980 年的 67% 降低到 2009 年的 25.6%，2012 年的 24.2%。非洲的份额由 2009 年的 9% 降低到 2012 年的 3.36%。2012 年来自亚洲发展中国家 OFDI 流量达 3050.59 亿美元；转型经济体的对外直接投资流量达 540.91 亿美元，其中 92% 来自俄罗斯。"南方"国家（地区）的对外直接投资多数流向其他"南方"国家（地区）："南方"国家（地区）对外直接投资中 23.3% 流向其他"南方"国家（地区）（以下称为南南直接投资），71.5% 流向"北方"国家；而"北方"国家间的对外直接投资占"北方"国家对外直接投资的比重达 62.8%，"北方"国家对外直接投资总额中只有 36.7% 流向"南方"国家（地区）②。表 1.2 表明，20 世纪 90 年代初到 2005 年的十多年间，"北方"国家跨国公司在海外投资存量增长对全球存量增长的贡献率保持在 90% 以上，"南方"国家（地区）的贡献率低于 10%。但

---

① 范黎波，施屹舟等. 加强对金砖国家直接投资：中国实施"走出去"战略的重要支撑 [J]. 全球化，2013（1）：73 - 79.

② DIXIT, A. Governance Institutions and Economic Activity [J]. American Economic Review, 2009，99：5 - 24.

2006 年以后这一格局发生了明显变化，2006～2012 年，"北方"国家海外投资存量增长对全球存量增长的贡献率回落到了 75%；"南方"国家（地区）提高到了 25%。2012 年全球跨国企业对外投资存量增长 28% 来自"南方"国家（地区）的贡献①。相对于"北方"国家跨国公司，"南方"国家（地区）跨国公司海外经营绩效受到恶劣制度环境的影响较小。伴随着南南直接投资的快速增长，"南方"国家（地区）对外直接投资的战略、动因，以及"南北方"国家对外直接投资模式的差异引起了学者及各国政策制定机构的广泛关注（Cuervo-Cazurra，2006；Darby and Wooton，2009；Aleksynska and Havrylchyk，2011）。

表 1.1　　2000～2012 年按经济体划分的全球 FDI 流出（流量）比重　　单位：%

年份	"北方"国家	"南方"国家（地区）	
		发展中国家	转型经济体
2000	88.72	11.02	0.26
2001	88.52	11.11	0.37
2002	90.13	8.98	0.88
2003	89.93	8.18	1.89
2004	85.21	13.26	1.53
2005	83.48	14.91	1.61
2006	81.41	16.91	1.68
2007	83.24	14.42	2.35
2008	80.27	16.66	3.07
2009	72.99	22.85	4.16
2010	68.18	27.57	4.25
2011	73.04	22.65	4.32
2012	65.38	30.63	3.99

资料来源：笔者根据联合国贸发会议《世界投资报告 2013》相关数据整理计算得来。

---

① 国务院发展研究中心对外经济研究部"对外投资与促进中国跨国公司发展研究"课题组（课题组组长隆国强赵晋平执笔）. 促进中国跨国公司发展的战略意义［N］. 中国经济时报，2013－05－24005.

表1.2　　　1990～2011年按经济体划分的全球FDI流出（存量）比重　　单位：%

年份	"北方"国家	"南方"国家（地区）
1990	93	7
1995	91.2	8.7
2000	88.9	10.8
2005	87.9	10.9
2010	82.2	15.9
2011	80.6	17.5
2012	72	28

资料来源：笔者根据 IMF 相关数据计算得来。

　　2013年非洲的对外直接投资流出量较2012年增长57%，达210亿美元。其中南非一直是非洲"南方"国家（地区）对外直接投资的主要来源。2013年，南非对外直接投资占世界FDI流出量比重较上一年增长了15%[①]。来自南方的跨国公司在非洲日益活跃，延续着近年来"南方"国家（地区）跨国公司在流向该区域的直接外资中所占份额上升的趋势。

　　2013年亚洲"南方"国家（地区）的直接外资流出总量为3270亿美元，较上年增长7.4%，呈稳定增长趋势，占全球FDI流出量的23.1%，欧盟同期占比为23.3%，两者相差无几。东亚和东南亚"南方"国家（地区）对外直接投资流出量的小幅增长态势被南亚"南方"国家（地区）对外直接投资流出量73.8%的减幅所抵消[②]。中国的直接外资流出量持续增长，2013年达907.71亿美元，较2012年增长16.8%[③]。而中国香港、中国台湾、马来西亚、印度尼西亚、新加坡、印度、泰国等亚洲"南方"国家（地区）的对外直接投资流出量均有所增长，其占全球FDI流出比重均有所增长（如表1.3所示）。土耳其已兴起成为西亚的重要对外直接投资来源国，其外向投资总额在2012年增长了73%，达到创纪录的40亿美元。2012年，来自拉丁美洲和加勒比地区的FDI流出量超过半数来自离岸金融中心，其流出量规模略有下降，降至1240亿美元。同年，

① http：//www.mofcom.gov.cn/article/i/jyjl/k/201405/20140500569878.shtml.
② World Investment Report 2013 – Global Value Chains：Investment and Trade for Development（UNCTAD/WIR/2013）27 Jun 2013.
③ 2013年度中国对外直接投资统计公报，国家商务部。

来自拉丁美洲跨国公司的海外并购增长了 74%，海外并购总规模达 330 亿美元，其中一半投资流向其他"南方"国家（地区）。2012 年，转型期经济体的对外直接投资下降 27%，降至 540 亿美元；但在 2013 年增长反弹了 85%，达 1000 亿美元。俄罗斯联邦继续在该区域的外向直接外资量中占据突出位置，该国占外向直接外资总量的 92%，并在 2013 年成为继美国、欧盟、日本、中国之后，全球第四大对外投资主体。尽管为获取自然资源经济体的跨国公司继续进行海外扩张，但 2012 年规模最大的收购发生在金融行业①。2000～2012 年"南方"国家（地区）按经济体划分 FDI 流出占"南方"国家（地区）FDI 流出比重变化如图 1.1 所示。

表 1.3 2000～2012 年"南方"国家（地区）FDI 流出占
全球 FDI 流出比重变化 单位：%

年份	中国	印度	俄罗斯	马来西亚	南非	中国香港	中国台湾	印度尼西亚	巴西	智利	新加坡	泰国	墨西哥
2000	0.08	0.04	0.27	0.17	0.02	5	0.56	0.01	0.19	0.34	0.45	0.01	0.08
2001	0.95	0.19	0.35	0.04	-0.43	1.57	0.76	0.02	-0.31	0.22	2.36	0.02	0.61
2002	0.42	0.19	0.59	0.32	-0.07	2.93	0.82		0.42	0.05	0.62	0.02	0.16
2003	-0.03	0.24	1.73	0.24	0.1	0.98	1.01		0.04	0.29	0.56	0.09	0.22
2004	0.22	0.25	1.7	0.17		5.62	0.88	0.37	1.21	0.19	1.05		0.55
2005	1.39	0.34	1.45	0.34	0.11	3.09	0.68	0.35	0.29	0.25	0.79	0.06	0.74
2006	1.6	0.97	1.75	0.46	0.51	3.4	0.56	0.2	2.13	0.22	0.93	0.08	0.44
2007	1.17	0.76	2.02	0.5	0.13	2.99	0.49	0.21	0.31	0.21	1.62	0.13	0.36
2008	2.79	1.05	2.78	0.75	-0.16	2.85	0.51	0.29	1.02	0.46	0.34	0.2	0.06
2009	4.92	1.39	3.76	0.68	0.1	5.04	0.51	0.2	-0.88	0.63	2.09	0.36	0.74
2010	4.57	1.06	3.5	0.89	-0.01	6.54	0.77	0.18	0.77	0.63	1.68	0.3	1
2011	4.45	0.74	3.98	0.91	-0.02	5.71	0.76	0.46	-0.06	1.21	1.56	0.49	0.72
2012	6.05	0.62	3.67	4.02	8.7	6.04	25.52	0.39	-0.2	1.52	1.66	0.86	1.84

资料来源：笔者根据联合国贸发会议《世界投资报告 2013》相关数据整理计算得来。

---

① World Investment Report 2013 - Global Value Chains: Investment and Trade for Development (UNCTAD/WIR/2013) 27 Jun 2013.

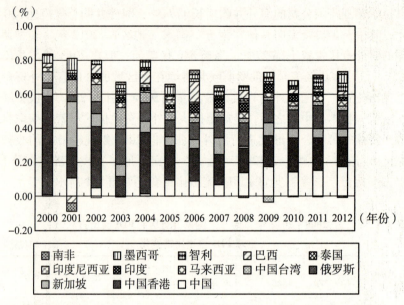

图 1.1　2000～2012 年"南方"国家（地区）按经济体划分 FDI 流出占
"南方"国家（地区）FDI 流出比重变化

资料来源：根据联合国贸发会议《世界投资报告2013》相关数据整理计算得来。

1.1.2　亚洲成为新的增长点

截至 2013 年，来自"南方"国家（地区）对外直接投资占到全球当年对外直接投资的39%，达到"南方"国家（地区）对外直接投资最高水平。尽管各个地区"南方"国家（地区）对外直接投资都呈现出持续增长态势，亚洲成为"南方"国家（地区）对外直接投资最活跃的地区，来自亚洲"南方"国家（地区）的对外直接投资呈现出稳步增长的长期动态趋势。

就对外直接投资存量而言，"南方"国家（地区）对外直接投资存量占到世界对外直接投资存量的15%，其中来自亚洲"南方"国家（地区）对外直接投资占"南方"国家（地区）对外直接投资的比重比从1980年的23%，增加至1990年的54%，2009年该占比上升到62%，2012年增加至72.3%。2012年，"南方"国家（地区）对外直接投资存量达到49201.16亿美元，区域内主要经济体的对外投资都呈增长态势。东亚新兴经济体（NIES）迅速发展成为世界资本的主要来源地区之一。2012年东亚"南方"国家（地区）对外直接投资总规模达到22433.84亿美元，对外直接投资规模仅占世界总量的比重由 1980 年的 2.6% 增至 2012 年的 19.8%。东亚成为"南方"国家（地区）对外直接投资最为集中的区域，占"南方"国家（地区）对外直接投资总量的 64.6%[①]。在东亚"南方"国家（地区）对外直接投资中，"四小龙"（中国香港、中国台湾、新加坡、韩国）一直占绝绝对主导地位，1980 年"四小龙"对外直接投资规模占东亚新兴经济体总量的 91.7%。2012 年，"四小龙"对外直接投资规模占东亚新兴经济体总量的 78.9%。20 世纪 90 年代中期以前，中国台湾是"四小龙"中对外直接投资最集中的地区。20 世纪 90 年代中期开始，中国香港对外直接投资的规模迅猛增长，逐渐成为东亚"南方"国家（地区）对外直接投资的主导力量。1980 年，90% 来自东亚"南方"国家（地区）对外直接投资存量都是来自中国台湾的贡献，其他经济体对外直接投资存量仅占东亚"南方"国家（地区）对外直接投资总量的 10%。1990 年，中国台湾对外直接投资占东亚"南方"国家（地区）对外直接投资总量的 61.90%，所占比重仍然最大，但已明显出现下降趋势[②]。2012 年中国台湾对外直接投资占"南方"国家（地区）体对外直接投资总量的比重降到 10.07%，降幅非常明显。中国香港对外直接投资流量由 1980 年的 1.48 亿美元提高到 2012 年的 839.85 亿美元。其对外直接投资存量也从 1990 年的 119.20 亿美元增长至 2012 年的 13098.49 亿美元。2012 年中国香港对外直接投资存量占东亚"南方"国家（地区）对外直接投资存量总规模的比重达到 41.45%[③]。2000 年中国香港取代中国台湾成为东亚"南方"国家（地区）中对外直接投资规模最大的经济体，占当年东亚"南方"国家（地区）对外直接投资总流出量的比重达到 65.4%，2009 年中国香港对外直接投资总规模仍然最大，占东亚"南方"国家（地区）对外直接投资总量的 61.3%，中国台湾则降为第二位。2012 年中国香港占东亚新兴经济体对外直接投资流出总量的比重达到 58.39%。与此同时，韩国、新加坡对外直接投资规模增长迅猛，2000 年对外直接投资存量分别为 23.01 亿美元和 78.08 亿美元，占东亚"南方"国家（地区）对外直接投资流出量存量的比重分别由 1980 年的 0.7% 和

---

①　World Investment Report 2013 – Global Value Chains：Investment and Trade for Development （UNCTAD/WIR/2013）27 Jun 2013.

②　张海波，闫国庆. 东亚新兴经济体对外直接投资的贸易效应研究 [J]. 国际经贸探索，2010，6：66 – 70.

③　根据 2013 年世界对外直接投资报告相关数据计算得来。

5.5%提升到2000年的4.7%和15.7%，2009年的8.5%和15.9%，2012年的8.8%和17.9%。新加坡对外直接投资增长势头明显，2000年新加坡对外投资对外直接投资存量占东亚"南方"国家（地区）总量比重的10.29%，与中国台湾的12.08%相差无几①。2012年新加坡该比重进一步上升至17.89%，首次超过中国台湾的10.08%。"四小龙"中韩国所占比重最小，2000年韩国对外直接投资存量占东亚"南方"国家（地区）对外直接投资比重由1990年的4.7%下降至3.9%，此后呈快速上升趋势。2009年该比重上升至8.5%，2012年为8.8%②。东盟四国（马来西亚、印度尼西亚、泰国、菲律宾）对外直接投资存量规模在东亚"南方"国家（地区）总量中所占比重一直不大，其中马来西亚、泰国和印度尼西亚对外直接投资存量占东亚"南方"国家（地区）对外直接投资流出总存量的比重总体呈现上升趋势，马来西亚由1980年的2.1%下降到1990年的1.53%，2000年上升至2.88%，此后快速上升至2012年的5.37%，并维持在该水平。1990年印度尼西亚和泰国对外直接投资存量占东亚"南方"国家（地区）总规模比重分别为0.175%和0.853%，此后2009年，印度尼西亚和泰国对外直接投资占东亚新兴经济体比重分别为1.26%和0.617%。截至2012年，印度尼西亚和泰国对外直接投资存量占东亚新"南方"国家（地区）对外直接投资流出存量比重分别为0.518%和2.34%。印度尼西亚增速有所减缓，而泰国却呈现明显增长态势。上述三个国对外直接投资的绝对量却增长明显。到2012年三个国家对外直接投资存量分别达到1203.96亿美元、525.61亿美元和116.27亿美元，比1990年增长158.9倍、124.7倍和134.2倍。菲律宾对外直接投资存量从1990年的4.05亿美元增长到2000年的10.32亿美元，2009年的60.95亿美元，2012年的89.5亿美元，年均增长达3.31倍，但菲律宾占东亚新兴经济体对外直接投资总量的比重却从1990年的0.82%持续下降到2012年的0.39%③。

中国香港是亚洲对外直接投资规模最大的地区，流出量平均增长率为8.09%。20世纪80年代后中国香港一直是"南方"国家（地区）中对外直接投资的最主要来源地，1980年中国香港对外直接投资规模仅为1.5亿美元，占东亚"南方"国家（地区）对外直接投资总规模的0.07%，到1990年中国香港对外直接投资的年流量达到了24.5亿美元，存量达到了

---

① 张海波. 东亚新兴经济体对外直接投资对母国经济效应研究 ［D］. 辽宁大学，2011.
②③ 根据2013年世界对外直接投资报告相关数据计算得来。

119.2亿美元，占亚洲"南方"国家（地区）对外直接投资总规模的比重已经上升到17.8%，占东亚"南方"国家（地区）对外直接投资存量规模比重达24.3%，仅低于中国台湾的45%和61%，排在第二位。1993年，中国香港对外直接投资年流量超过了100亿美元，自此进入快速增长阶段。到2000年中国香港对外直接投资的流量和存量分别达到593.75亿美元和4357.91亿美元，对外直接投资规模占亚洲、东亚"南方"国家（地区）对外直接投资存量的比重为66.7%和79.4%，超过中国台湾，上升到第一位。21世纪以来，受两次金融危机的冲击，中国香港在2001年、2008年和2009年对外直接投资出现下滑的态势，截止到2009年中国香港对外直接投资的存量达到了8340.9亿美元，占亚洲、东亚新兴"南方"国家（地区）对外直接投资存量总规模的比重为55.2%和61.3%，远远超过排在第二位（中国）的18.5%和16.9%[①]。2012年中国香港对外直接投资年流量达到839.85亿美元，存量达到13098.49亿美元，占亚洲、东亚"南方"国家（地区）对外直接投资存量总规模的41.5%和46.3%[②]。1985年之前中国香港对外直接投资主要集中在邻近的"南方"国家（地区）。之后，中国大陆成为中国香港对外直接投资的最主要目的地。劳动力成本快速上升以及劳动力资源的稀缺迫使中国香港企业加快了对外直接投资的步伐，通过对外直接投资将劳动密集型产业转移到境外。1990年中国香港企业对外直接投资累计存量从1985年的94亿美元达到119.2亿美元，增长26.8%[③]。成本低廉的劳动禀赋资源、相近的地理距离和相同的文化，使中国大陆成为中国香港企业对外投资的最主要目的地。

进入21世纪以来，中国和印度成为亚洲对外直接投资的重要来源，这对亚洲新兴工业化经济体在该区域对外直接投资中的支配地位构成了挑战。中国和印度初于寻求自然资源动机的对外直接投资持续增长。相反，拉丁美洲对外直接投资存量占"南方"国家（地区）对外直接投资存量的份额从1980年的67%降低到1990年的36.9%，2009年的23.3%，2012年的22.4%。非洲对外直接投资存量占"南方"国家（地区）对外直接投资存量的份额从1980年的21%降低到1990年的14%，2009年的4.73%，2012年的2.94%。来自非洲的"南方"国家（地区）对外直接投资主要以南非为主导；墨西哥和巴西是拉丁美洲对外直接投资主要来源

---

①③ 张海波. 东亚新兴经济体对外直接投资对母国经济效应研究 [D]. 辽宁大学，2011.
② 根据2013年世界对外直接投资报告相关数据计算得来。

国；亚洲以中国、印度、东盟国家为主导。2012 年，东欧的对外直接投资流量达 1500 万，其中 87% 来自俄罗斯。"北方"国家的对外直接投资业绩指数一直稳定在 3% 左右。俄罗斯该项指标为约 20%；中国台湾、巴西为 10%；2007 年中国该项指标仅为 2.5%，2009 年增长为 3%；印度该指标 2007 年仅为 1.2%，2009 年增长至 2.6%。中国和印度的对外直接投资增长潜力较大①。

中国对外直接投资从 20 世纪 80 年代开始起步，90 年代末进入快速发展时期。到 2012 年，中国对外直接投资存量已经达到 5090.01 亿美元，相当于 1990 年的 114 倍、2000 年的 18.3 倍、2009 年的 2.2 倍，1990 年、2009 年、2012 年中国对外直接投资存量占"南方"国家（地区）对外直接投资存量总规模的比重分别为 3.08%、3% 和 10.3%。占亚洲、东亚"南方"国家（地区）对外直接投资存量的比重分别为 9.09%、5.03%、17.9%，6.65%、4.25%、16.1%．排在第二位，仅次于中国香港的58.4%，对外直接投资存量高于新加坡的 12.9% 和中国台湾的 10.1%。2009 年，中国对外直接投资存量占"南方"国家（地区）总量的比重为21.06%，占世界总量比重为 4.74%，达到最高水平。截至 2012 年年末，中国在"北方"国家直接投资存量仅有 466 亿美元，占总量的 11%；在"南方"国家（地区）和地区直接投资存量 3781 亿美元，占 89%②。

印度的对外直接投资起步较早，但直到 20 世纪 90 年代实行对外直接投资自由化等政策，才极大地推动了其对外直接投资的迅速发展，并于 90年代末进入快速发展时期。1990 年印度的对外直接投资存量仅为 1.24 亿美元，但到 2000 年已增加到 17.33 亿美元，2009 年增至 772.7 亿美元。到 2012 年，印度对外直接投资存量已经达到 1181.67 亿美元，占"南方"国家（地区）对外直接投资对外直接投资存量的比重从 1990 年的 0.86%上升至 2012 年的 2.4%。尽管起点较低，但在 2004 年至 2007 年间，其年平均增长率达到了前所未有的 98%，远远领先于其他"南方"国家（地区）OFDI 的增长，如中国（74%）、马来西亚（70%）、俄罗斯（53%）以及朝鲜（51%）。最近的增长很大一部分得益于大规模海外收购，然而2007 年年底的全球金融危机使得融资收购困难，OFDI 增长停滞不前。印度对外直接投资流出量在 2008 年上升到 211.47 亿美元。2009 年，印度出

---

① 根据 2013 年世界对外直接投资报告相关数据整理、计算得来。
② 根据中国国家商务部 2013 年度中国对外直接投资统计公报相关资料、数据整理计算得来。

现了自 1999 年以来 OFDI 的首次绝对下降，下降幅度达 24%，跌至
160.31 亿美元①。2009 ~ 2012 年印度对外直接投资流出量逐年下降至
85.83 亿美元，年均下降幅度达 18%②。

中国和印度是向美国、西欧等"北方"国家进行对外直接投资最多的
两个国家。通过"南北"型对外直接投资获取技术、品牌、管理技巧、技
术诀窍等战略性资产。巨大的制度差异下，"南方"国家（地区）向"北
方"国家的对外直接投资是一种战略资产寻求型对外直接投资（Aleksyns-
ka and Havrylchyk，2011），亚洲"南方"国家（地区）跨国公司通过向
"北方"国家的对外直接投资获得知识产权、品牌和技术诀窍。而只有健
全完善的制度环境下才能产生先进技术、管理经验、技术诀窍、品牌等无
形资产（Darby and Wooton，2010）。

由于和"北方"国家独特的地缘、文化和政治联系，印度对"北方"
国家的对外直接投资已颇具规模。印度的对外直接投资主要集中于技术和
知识密集型服务业，如制药研发和汽车制造行业。入世后，中国开始效仿
印度向"北方"国家进行直接投资，也取得一些成效。目前，中国对
"北方"国家对外直接投资主要集中于并购美国、西欧的汽车、计算机、
软件行业跨国公司。目前全球 100 家最大"南方"国家（地区）跨国公
司中，77 家来自东亚和东南亚区域③。2002 ~ 2012 年亚洲"南方"国家
（地区）FDI 流出（流量）如表 1.4 所示。1990 年、2000 年、2009 年、
2012 年亚洲"南方"国家（地区）FDI 流出（存量）如表 1.5 所示。

表 1.4　　　　**2000 ~ 2012 年亚洲"南方"国家（地区）FDI**
流出（流量）

单位：百万美元

年份	亚洲	东南亚	东亚	中国香港	中国台湾	韩国	新加坡	泰国	印度尼西亚	菲律宾	马来西亚	中国	印度
2000	80942	79657	79321	59374	6701	4999	4966	52	150	107	2026	916	336
2001	31836	30593	29836	8977	5480	2600	10261	171	125	161	267	6884	431
2002	37121	34225	33794	17694	4886	2678	4082	106	116	85	1238	2850	757

---

　　① Jaya Prakash Pradhan，"全球经济危机中的印度 FDI 下滑：印度跨国公司谨慎前行"，哥
伦比亚国际直接投资展望，No. 11，2009 年 8 月 17 日。

　　② 根据 2013 年世界投资报告相关数据整理得到。

　　③ World Investment Report 2013 – Global Value Chains：Investment and Trade for Development
（UNCTAD/WIR/2013）27 Jun 2013.

续表

年份	亚洲	东南亚	东亚	中国香港	中国台湾	韩国	新加坡	泰国	印度尼西亚	菲律宾	马来西亚	中国	印度
2003	18979	21221	14441	5492	5682	3426	3143	486	15	303	1370	−152	1325
2004	83429	76002	59211	45716	7145	4658	8512	125	3048	579	2061	1805	2024
2005	79412	67141	49836	27201	6028	4298	6943	503	3065	189	2971	12261	2978
2006	141105	117902	82301	44979	7399	8127	12241	1032	2703	103	6041	21160	12842
2007	238544	186772	127132	67872	11107	21607	36897	3003	4675	536	11314	26510	17234
2008	235090	175763	143509	57099	10287	20289	6812	4057	5900	259	14965	55910	21147
2009	211525	177127	137783	57940	5877	17392	24051	4172	2249	359	7784	56530	16031
2010	283972	254191	206777	98414	11574	28357	25341	4467	2664	616	13399	68811	15933
2011	310612	271476	212519	95885	12766	28999	26249	8217	7713	539	15249	74654	12456
2012	308159	275000	214408	83985	13031	32978	23080	11911	5423	1845	17115	84220	8583

资料来源：笔者根据联合国贸发会议《世界投资报告 2013》相关数据整理计算得来。

表 1.5　　　　　1990 年、2000 年、2009 年、2012 年亚洲"南方"国家（地区）FDI 流出（存量）　　　单位：百万美元

国家/地区	1990 年	2000 年	2009 年	2012 年
亚洲	67010	653364	159226	3159803
东南亚	58504	636451	1785937	2839459
东亚	49032	551714	1361528	2243384
中国香港	11920	435791	834089	1309849
韩国	2301	21500	115620	196410
中国台湾	30356	66655	181008	226093
新加坡	7808	56755	213110	401426
印度尼西亚	86	6940	30183	11627
马来西亚	753	15878	75618	120396
菲律宾	405	1032	6095	8953
泰国	418	3406	16303	52561
印度	124	1733	77270	118167
中国	4455	27768	229600	509001

资料来源：笔者根据联合国贸发会议《世界投资报告 2013》相关数据整理计算得来。

1.1.3 "南方"国家（地区）对外直接投资行业分布

"南方"国家（地区）对外直接投资主要流向服务业，尤其是工商、金融和贸易服务；其次是自然资源相关产业，如石油勘探和矿业。其中来自"南方"国家（地区）的一些跨国公司不仅在汽车、化工、电子、炼油和钢铁等传统产业已经处于全球领先地位，在银行、航运、信息技术服务和建筑等新兴服务行业也是如此。在集装箱运输和炼油等产业，来自"南方"国家（地区）的跨国公司呈现出强劲的增长态势，但也存在着很大的区域差异：俄罗斯、南非、巴西、智利、中国、马来西亚、韩国、泰国在石油、天然气、矿业和有色金属、钢铁等资源制造业出现了大型跨国公司，和"北方"国家跨国公司在国际市场上竞争。金融服务、电力、电信、运输等基础设施服务领域的发展中国家跨国公司基本上是在本区域范围内投资，在本区域外其他地区投资活动很有限。在诸如汽车制造、半导体和电信设备等电子产品、成衣和信息技术服务等全球竞争最为激烈的行业中，来自"南方"国家（地区）和地区的大型跨国公司几乎均来自亚洲。

1.1.4 南南对外直接投资

过去的二十年间，源自发展中国家及转型经济体［"南方"国家（地区）］的对外直接投资流出量增加了两倍，占世界对外直接投流出量存量的比重达到约 20.85%。这种增长态势自 2004 年以来愈加明显。2012 年，中国的对外直接投资流出量存量占"南方"国家（地区）对外直接投资流出量存量比重为 10.35%，成为"南方"国家（地区）中对外直接投资中最活跃的国家。其他金砖国家（巴西、印度、俄罗斯、南非），中国香港、马来西亚、墨西哥、韩国、阿联酋对外直接投资存量占"南方"国家（地区）对外直接投资存量比重为 85.8%。近 30% 源自"南方"国家（地区）对外直接直接投资流向其他"南方"国家（地区）①。因此，"南南投资"开始受到越来越多学者的关注。

南南直接投资并不是一个新现象，近 30 年来，来自"南方"国家

---

① http：//unctad. org/en/pages/publications/Global-Investment-Trends-Monitor-（Series）. aspx.

（地区）对外直接投资（OFDI）规模呈逐年递增趋势。1970年世界流入"南方"国家（地区）的FDI总额（流量）为38亿美元，由"南方"国家（地区）流出的FDI仅有5000万美元，"南方"国家（地区）之间的FDI流动则更是微不足道。但是，南南国家（地区）之间的FDI流动在2000年之后快速增长，到2009年已经达到1500亿美元，在世界总FDI所占的比重也呈上升趋势，2009年南南国家之间的FDI流量在世界总FDI流量中所占比重接近15%。2006~2012年，"南方"国家（地区）对外直接投资占世界对外直接投资流量的平均比率达31.9%，较1986~1990年增加了2.4倍①。如表1.6所示，这种增长趋势自2001年以来，愈加明显。南方跨国公司不仅成为其他"南方"国家（地区）的主要投资者，其对"北方"国家投资也显著增加。2012年"南方"国家（地区）和地区吸收的外商直接投资流量不仅历史性地首次超过了"北方"国家和地区，而且自身也已经成为国际投资市场不容忽视的对外直接投资主体，2012年其对外直接投资流量达到4260亿美元，占全世界31%②。亚洲新兴市场对外直接投资发展成就最为卓著，占2012年新兴市场对外直接投资流量的3/4。中国更跃居世界第三大对外直接投资母国，当年对外直接投资流量仅次于美国和日本。

表1.6   "南北方"国家对外直接投资（OFDI）占世界比重变化

年份	世界对外直接投资年均流量（百万美元）	"南方"国家（地区）对外直接投资年均流量（百万美元）	占世界比重（%）	"北方"国家对外直接投资年均流量（百万美元）	占世界比重（%）
1986~1990	179365	11111	6.19	168254	93.8
1991~1995	258573	36753	14.1	221820	85.7
1996~2000	776262	79878	10.3	696384	89.7
2001~2005	735174	94086	11.8	641088	87.2
2006~2010	1596913	334628	20.9	1262285	79.1

资料来源：UNTAD http：//unctadstat. unctad. org/tableviewer/tableview. aspx? reportid = 88

中国对外直接投资从20世纪80年代开始起步，90年代末进入快速发

①   UNTAD http：//unctadstat. unctad. org/tableviewer/tableview. aspx? reportid = 88.

②   http：//unctad. org/en/pages/publications/Global-Investment-Trends-Monitor-（Series）. aspx.

展时期，2012 年中国对外直接投资存量已经达到 5090. 01 亿美元，相当于 1990 年的 51 倍、相当于 2000 年的 8. 3 倍、相当于 2005 年的 4. 0 倍，占东亚新兴经济体比重达到 22. 69%，仅比中国香港低，排在第二位，高于新加坡和中国台湾①。

　　2012 年，来自中国的对外直接投资流量占源自 "南方" 国家（地区）对外直接投资流量的比重达 17. 5%。与此同时，中国也已经成为其他 "南方" 国家（地区）或区域（特别是非洲）重要的外资来源。截至 2013 年 6 月底，中国对东盟国家直接投资累计近 300 亿美元，约占中国对外直接投资的 5. 1%。东盟已经超过澳大利亚、美国、俄罗斯等国家，成为中国对外直接投资的第四大经济体②。2003 ~ 2012 年，中国对非洲投资存量在较小基数上逐年上升，从不到 5 亿美元增长至 191 亿美元，年增速达 50%。对非洲投资流量也呈上升趋势，2003 ~ 2006 年的年均 3 亿美元增长到 2007 ~ 2012 年的 27 亿美元③。中国对非洲投资企业数量也快速增长，自 2000 年后中国投资非洲企业数量快速增长，2012 年投资企业数达到 1679 家，在 "南方" 国家（地区）中仅次于南非④。源自拉美地区的投资在过去五年里迅速增长。来自拉美和加勒比地区的对外直接投资在源自 "南方" 国家（地区）对外直接投资中的比重从 2000 年的 5% 上升到 2010 年的 17%。2010 年，"南方" 国家（地区）对外直接投资总流量的 80% 来自巴西、中国香港、印度、马来西亚、俄罗斯、韩国、新加坡和阿联酋的对外直接投资。绝大部分源自 "南方" 国家（地区）的对外直接投资流向其他发展中国家和转型经济体，即南南直接投资。南南直接投资占 "南方" 国家（地区）对外直接投资流量比重达将近 1/3。而这个比率在最不发达、管制性制度环境恶劣的 "南方" 国家（地区）达到将近 1/2 的比重，即在管制性制度环境恶劣的最不发达 "南方" 国家（地区），大约 40% 以上的外国直接投资来自其他 "南方" 国家（地区），见图 1. 2、图 1. 3。

---

①　根据中国商务部 2013 年度中国对外直接投资统计公报相关资料、数据整理计算得来。

②　http：//fta. mofcom. gov. cn/channel/print. shtml？/fzdongtai/201301/11450_ 1.

③　http：//finance. chinanews. com/cj/2013/03 - 26/4676572. html.

④　XiaoFang Shen，"Private Chinese Investment in Africa：Myths and Realities"，World Bank Policy Research Working Paper 6311，2013.

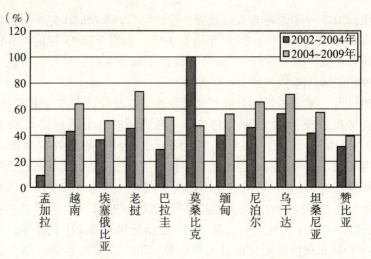

图 1.2 最不发达国家吸引 FDI 流量中来自"南方"国家（地区）的比重

资料来源：笔者根据《世界投资报告 2010》相应数据计算绘制而成。

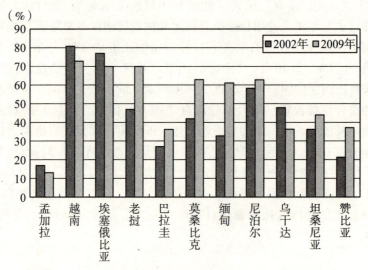

图 1.3 2002 年、2009 年最不发达国家吸引 FDI 存量中来自

"南方"国家（地区）的比重

资料来源：笔者根据《世界投资报告 2010》相应数据计算绘制而成。

　　来自"南方"国家（地区）和地区的对外直接投资对于低收入东道国具有特别的意义。"南方"国家（地区）的跨国公司成为许多低收入国家和地区的重要投资者。如孟加拉国、埃塞俄比亚、老挝、缅甸和坦桑尼亚主要依赖来自亚洲和南非的对外直接投资。根据联合国贸发会议的统计，来自"南方"国家（地区）的对外直接投资占低收入国家和地区对外直接投资流量的 40% 以上①。马来西亚、南非、中国和印度（按顺序）是非洲最大的发展中国家投资者。南非是刚果、莱索托等国重要的对外直接投资来源之一。中亚的"丝绸之路"经济体吸引了内陆发展中国家对外直接投资流入量的近 54%②。南方经济体成为内陆发展中国家的最大投资者，其中以来自西亚和韩国的跨国公司为主，2011 年韩国是内陆发展中国家的最大投资国。在流向刚果、莱索托等国非洲国家的对外直接投资中，南非占 50% 以上。由此，形成大量的南南对外直接投资。南南对外直接投资总流量从 1985 年的约 20 亿美元增加到 2012 年的 4260 亿美元。同期来自"南方"国家（地区）和地区对外直接投资流量总额从 40 亿美元增加到 939 亿美元③。源自"南方"国家（地区）对外直接投资占同期全球对外直接投资比重增长迅速。

目前，南南对外直接投资大部分为区域内投资。2002 ~ 2009 年，亚洲区域内年平均对外直接投资流量约为 480 亿美元。其次是拉丁美洲的区域内直接投资，主要投资来源国为阿根廷、巴西、墨西哥。2009 年，非洲区域内对外直接投资流量约为 20 亿美元，主要是由南非流向其余非洲国家的对外直接投资构成，如博茨瓦纳、汤加、莱索托、马拉维和斯威士兰吸引的外国直接投资中，50% 以上来自南非④。

区域间直接投资就规模而言，最大规模的区域间南南直接投资为亚洲向非洲的直接投资，其次为拉丁美洲向亚洲的直接投资。2005 年至今亚洲流向非洲的对外直接投资流量呈显著上升趋势，1995 ~ 1999 年，来自亚洲"南方"国家（地区）跨国公司的对外直接投资占流向该区域的对外直接投资总量的 18%，2005 ~ 2008 年，该比例达到了 22%⑤。

其中，来自中国、马来西亚、印度的投资者最为活跃，来自非洲的对外直接投资在区域间南南直接投资中仅占很小的份额。而流向拉美的区域间南南对外直接投资近年来呈上升趋势。拉美和非洲间的对外直接投资流量始终微乎其微。拉美经济近年来快速增长增加了对非洲廉价、充裕自然资源需求，进而促进了拉美国家对非洲的对外直接投资。例如，拉美国家

---

① ② ③ ④ 根据 2009 年以来历年世界投资报告数据整理计算所得。
⑤ 根据 2005 年、2008 年东亚统计年鉴相关数据计算所得。

近年来大量向非洲生物燃料生产领域投资①。

大部分南南直接投资投向了自然资源关联产业。自然资源充裕的"南方"国家（地区），制度不完善，对自然资源保护力度弱，对经济增长速度和规模的追求远远超过对经济质量和结构的追求。因此，钻石、石油等自然资源的开发利用中出现寻租的情况：自然资源管理机构从自然资源的开发、使用中获得大量租金，而缴纳给政府的税费却只占很少一部分。寻租效应又滋生了腐败，腐败阻碍了制度质量的提高（Acemoglu and Robinson，2006）。政府的寻租收入会通过政治体制可信度减低等途径间接导致一国制度质量恶化（Brollo and Fernanda，2010）。

1.1.5 "南方"国家（地区）大型跨国公司加快扩张

与"北方"国家跨国公司相比，来自"南方"国家（地区）跨国公司的对外直接投资呈强劲增长态势。20世纪90年代初到2005年的十多年间，"北方"国家跨国公司在对外直接投资存量增长对全球对外直接投资存量增长的贡献率保持在85%以上，而来自"南方"国家（地区）跨国公司的贡献率低于13%。但2006年以后这一格局发生了显著变化，2006~2010年，"北方"国家跨国公司在对外直接投资存量增长对全球对外直接投资存量增长的贡献率下降至73.5%，来自"南方"国家（地区）跨国公司的贡献率提高至23.3%。2011年全球跨国企业对外投资存量增长全部来自"南方"国家（地区）跨国企业的贡献②。近年来，中国在促进本国企业海外投资方面取得了较大进展，正在逐步成长为全球企业对外直接投资发展的重要推动者，在培育新的"南方"国家（地区）跨国公司成长方面将发挥更大的作用。这一趋势引起了世界各地投资促进机构的关注，投资促进机构的反馈表明，今后几年，中国、印度、俄罗斯将成为最具投资潜力的对外投资者之一，中国位居全球第二，仅次于美国。2010年，全球规模最大的100家非金融领域跨国公司中，来自"南方"国家（地区）的跨国公司总资产为3.71万亿美元，占100强企业总资产的31.1%，海外资产为1.1万亿美元，占自身总资产29%，低于100强企业比重63%，海外资产增长7.1%，比100强企业总体增长率高出2个百分

① ALEKSYNSKA and HAVRYLCHYK. FDI from the South: the Role of Institutional Distance and Natural Resources [R]. CEPII, WP No 2011 –05.

② 赵晋平. 促进中国跨国公司发展战略意义重大 [J]. 国际贸易, 2013, 6: 11 –15.

点；国内外总销售额为 2.4 万亿美元，增长 26.6%，高于 100 强企业增长率近 17 个百分点，海外销售额为 1.1 万亿美元，增长 22.1%，比 100 强企业增长率高出 16 个百分点，海外雇佣员工数为 372.6 万人，增长 9.6%，高于 100 强企业增长率 8 个百分点①。2009 年，"南方" 国家（地区）跨国公司占全球跨国公司总数的 26%，总部设在 "北方" 国家以外的跨国公司数所占份额超过 15%，总部设在巴西、中国、中国香港、印度和韩国的跨国公司总数成倍增长，在过去十年间从不到 3000 家增加到 21000 多家，其中约 3500 家来自中国，约 1000 家来自俄罗斯，220 家来自巴西，815 家来自印度②。

1.1.6 "南方" 国家（地区）对外直接投资绩效与制度距离

对外直接投资是企业国际化进程的主要途径之一，企业跨国并购后绩效是评价对外直接投资绩效的视角之一，跨国并购是公司治理体系趋同的重要机制。近 20 年来，跨国并购的重要性与日俱增。全球跨国并购的数量从 1995 年的 4274 件增加到 2010 年的 7384 件。同期跨国并购交易价值从 1860 亿美元增至 8752 亿美元。截至 2012 年，76% 的对外直接投资以跨国并购的方式实现③。尽管 "北方" 国家跨国公司一直是跨国并购的主力，"南方" 国家（地区）跨国公司已经以较快速度和较大规模进入跨国并购市场。来自 "南方" 国家（地区）公司跨国并购价值从 2004 年的 370 亿美元增至 2009 年的 1960 亿美元，增长率达 430%。2009 年 66% 来自 "南方" 国家（地区）的对外直接投资是以跨国并购的方式实现的。在 "北方" 国家减持海外资产的情况下，"南方" 国家（地区）加快了跨国并购步伐，2012 年跨国并购额同比增长 10.7%，增至 1147 亿美元，占全球跨国并购额的 37%。"北方" 国家加快海外撤资，2012 年跨国并购额

---

① 国务院发展研究中心对外经济研究部 "对外投资与促进中国跨国公司发展研究" 课题组（课题组组长隆国强 赵晋平 执笔）. 促进中国跨国公司发展的战略意义 [N]. 中国经济时报，2013 – 05 – 24005.

② 根据 2009 年世界投资报告相关数据、资料整理得来。

③ 根据 http://unctad.org/en/pages/publications/Global-Investment-Trends-Monitor-（Series）.aspx 和尼尔森数据相关数据整理、计算所得。

减少 56%，降至 1763 亿美元①。

　　随着"南方"国家（地区）企业跨国并购及重组的快速发展和扩张，"南方"国家（地区）企业海外经营失败案例不断增加，跨国经营绩效问题开始受到越来越多的关注。因此，对于"南方"国家（地区）而言，深入研究影响企业跨国经营绩效的因素及其影响途径具有十分重要的理论和实践意义。

　　邓宁（1980、2008）的国际生产折衷理论等经典理论从不同角度研究了决定和影响对外直接投资的因素（Dunning，1980；Hideki，2006；Loree and Guisinger，1995）。随着诺斯（1971）将制度因素引入市场运作机制的研究以来，越来越多的学者开始从制度视角研究对外直接投资区位选择、绩效等相关问题（Henisz，2006；Meyer and Nguyen，2009；Xu and Shenkar，2002）。不同的类型的制度因素，如东道国国家政策（Loree and Guisinger，1995）、知识产权保护体系（Oxley，1999）、国家腐败程度（Eden and Miller，2004）、国家对私有财产保护程度以及文化（Ramamurti，2008）、价值体系（Bhardwaj and Dietz，2007）等对跨国公司对外直接投资行为与绩效的影响机制并不相同。"南方"国家（地区）跨国企业所面临的特有的管制性制度和规范性制度环境对其对外直接投资区位选择和经营绩效的影响尤为突出（阎大颖，2009）。

　　其次，越来越多的研究显示国家间制度距离也是导致"南方"国家（地区）企业跨国经营失败的重要因素之一。传统理论中，影响跨国并购绩效的因素主要包括经营多样化，运作效率及市场潜力等。近年来的研究更倾向于关注由跨国并购双方制度距离导致跨国公司利益相关者权益变化或其他公司治理特性的变化对跨国并购绩效的影响。"南方"国家（地区）跨国公司在发展早期即开始国际化进程，例如，印度跨国公司通过跨国并购来获取战略性资产以促进组织转型。但由于样本数据的限制，关于"南方"国家（地区）跨国并购的文献并不多。现有关于关于"南方"国家（地区）企业跨国并购的研究也并未能达成统一的结论。芮和伊普（2008）认为中国企业通过跨国并购获取战略性资产来弥补其在国际竞争中的劣势，发挥其特有的所有权优势（Rui and Yip，2008）。古比和奥拉夫（2010）对 425 家印度跨国公司在 2000 ~ 2007 年间的跨国并购情况进

---

　　① 国务院发展研究中心对外经济研究部"对外投资与促进中国跨国公司发展研究"课题组（宗芳宇执笔）. 跨国公司发展的新趋势新特点和对我国的启示 [N]. 中国经济时报，2013 – 07 – 15453.

行了实证研究，结论是印度跨国公司国际并购交易对其并购后绩效改善有显著正向影响（Gubbi and Aulakh，2010）。包腾和钱（2008）研究了2000～2004年中国上市企业27起跨国并购交易，认为跨国并购能为中国跨国公司带来绩效提升（Baoteng and Qian，2008）。陈和杨（2010）对2008～2009年共39起中国企业跨国并购交易进行了实证研究，研究发现国家所有权优势会降低中国跨国公司并购绩效（Chen and Young，2010）。艾巴和菲克西（2009）研究了1991～2004年58家"南方"国家（地区）跨国公司433起跨国并购交易，结论显示："南方"国家（地区）企业跨国并购交易并未在金融市场上产生积极反应（Aybar and Ficici，2009）。阎大颖（2009）对东道国制度约束对中国企业跨国并购绩效影响和决定机制进行了多因素考察和实证研究。结果认为，东道国管制性制度约束越严格，中国企业跨国并购后绩效越差；东道国规范性约束越小，跨国并购后绩效越好。霍普和托马斯（2011）发现，一般而言，相对于"北方"国家，由于存在"国家骄傲"，"南方"国家（地区）跨国公司在并购"北方"国家公司时通常要支付较高的价格（Hope and Thomas，2011）。

从现实来看，尽管来自"南方"国家（地区）的对外直接投资在规模、行业分布、区位选择等方面获得了较大发展和改善，但"南方"国家（地区）企业跨国并购绩效仍存在很多问题，如TCL并购法国汤姆逊后遭受巨额亏损，企业国际化进程受阻；联想收购IBM个人电脑事业部后经过四年的制度整合才扭亏为盈；由于忽视规范性制度距离对跨国经营的影响，海尔在美国的经营初期步履维艰；2010年3月吉利收购瑞典沃尔沃集团100%的股权和部分知识产权，成为"南方"国家（地区）跨国收购的里程碑事件，吉利与沃尔沃并购后绩效问题受到学者和政策制定者的广泛关注。因此从不同类型制度距离角度研究其对"南方"国家（地区）对外直接投资区位选择和绩效的影响具有重要的理论和现实意义。

1.2　研究方法和框架

传统理论的研究主要强调南北方制度环境的差异性与对外直接投资区位选择的关系。而"南方"国家（地区）对外直接投资的动因、模式及发展环境与背景同"北方"国家有很大不同。事实上，要想真正地了解"南方"国家（地区）对外直接投资问题，最根本的入手点是"南方"国家（地区）跨国公司特性及其相对于"北方"国家跨国公司的独特竞争优势，因此研究制度距离对"南方"国家（地区）对外直接投资区位选择与并购绩效的影响具有重要的理论与现实意义。

本书主要研究管制性制度距离与规范性制度距离对"南北方"国家（地区）对外投资动因、行为模式的不同影响，以及管制性制度距离与规范性制度距离对"南方"国家（地区）跨国公司并购绩效影响。本书在大量外文文献和中文文献的基础上，收集了国家层面和企业层面上的数据，采用经济计量学和倍差法（DID）首先着重分析管制性制度距离与规范性制度距离对"南北方"国家对外直接投资动因、行为模式的不同影响，其次分析了管制性制度距离与规范性制度距离对"南方"国家（地区）（特别是中国）跨国公司并购绩效影响，以求得到一定的政策启示。本书的研究方法包括：

（1）以大量的统计资料、图表来支撑论点，通过对事物数量关系的分析，力图透过事物的表面来发现其本质和内在的联系。此外，在进行定量分析时，采用了计量经济学、倍差法进行客观、科学的研究。在进行定性分析法时采用图解法、案例分析法对获得的各种资料进行思维加工，揭示文献中管制性制度距离与规范性制度距离影响"南方"国家（地区）对外直接投资区位选择和绩效的传导机制，并利用此传导机制对实证研究的结论进行理论解释。

（2）分别采用国家层面和企业层面的双边数据，试图从不同的视角来丰富和强化结论并得到有意义的政策启示。本书首先从国家层面考察了管制性制度距离、规范性制度距离对东道国与母国间双边对外直接投资区位选择的影响情况。并利用企业层面上的数据考察中国企业跨国并购后绩效改善情况与管制性制度距离和规范性制度距离的关系。从更细致的角度来说，由于数据搜集、整理的困难，本书难以获得其他"南方"国家（地区）企业和"北方"国家企业跨国并购绩效的财务数据，对不同来源地母国企业跨国并购绩效改善与制度距离的关系不能进行有效甄别。因为来自"北方"国家企业跨国并购和来自其他"南方"国家（地区）资企业跨国并购在规模、行业、公司治理水平等许多方面都有截然不同。因此这种异质性可能导致制度距离对并购后绩效的影响也有所不同。但由于数据可得性的限制，本书得不到企业层面上其他"南方"国家（地区）企业和"北方"国家企业跨国并购绩效的相关财务数据。只能采用中国企业跨国并购的绩效数据，着重考察制度距离与中国企业对不同东道国企业跨国并购后绩效的影响。

总之，限于数据的可得性，本书的研究必须分别采取国家和中国公司层面的数据才能充分展开。

（3）本书在进行制度距离与对外直接投资区位选择和绩效关系的研究时，采用了理论、实证和案例研究相结合的方法，极大地丰富并加强了相关结论。

本书的主要框架包括七部分，它们分别是：

第 1 章：导论。本章介绍了选题的理论背景和现实意义、论文的研究方法及框架、一些重要且基本的概念介绍以及本书的创新点、难点和不足之处。

第 2 章：文献综述。本章从三个角度回顾了大量包括从理论和实证角度关于对外直接投资与东道国母国间制度距离的外国文献和中文文献，并对现有文献研究的不足与改进方向做出一定的总结评述。

第 3 章：制度距离对"南方"国家（地区）对外直接投资影响的理论分析。本章首先分析了"南方"国家（地区）跨国公司新特点、独特的竞争优势。其次，从理论上分析了制度距离对对外直接投资区位选择影响。最后，从制度距离角度分析了"南方"国家（地区）对外直接投资动因，以及制度距离对南南直接投资和南北直接投资区位选择的作用机制。

第 4 章：制度距离与"南方"国家（地区）对外直接投资区位选择——跨国实证分析。本章借鉴克斯托瓦（1999）的方法，通过将制度进一步细分为管制性制度与规范性制度，并用"制度距离"，即东道国与母国制度环境之间的差距（Kostova，1999），利用跨国面板数据来检验母国与东道国间管制制度距离和规范制度距离对跨国投资区位选择的影响。证实了"南方"国家（地区）对外直接投资与"北方"国家对外直接投资的不同模式：首先，"南方"国家（地区）对外直接投资区域性更强。其次，当向制度环境优于母国的"北方"国家投资时，东道国与母国间较大的制度距离会促进来自"南方"国家（地区）的投资，以获取"北方"国家高质量的战略型资产。当向制度环境与母国相似的"南方"国家（地区）投资时，母国企业在相似恶劣制度环境下经营并盈利的经验是"南方"国家（地区）企业向其他在"南方"国家（地区）投资的相对比较优势。东道国与母国间较小的制度距离会促进"南南投资"。由于"南方"国家（地区）需要大量廉价的自然资源来支持国内快速的工业化进程，而大多数自然资源充裕的最不发达"南方"国家（地区）制度环境较差：政权更迭频繁、常年动乱、腐败盛行、法律法规形同虚设。因此，对自然资源保护力度很弱，寻租行为盛行。因此，当"南方"国家（地区）企业向制度环境比母国更差的最不发达"南方"国家（地区）投资时，来自"南方"国家（地区）的投资者往往可以通过商业贿赂等手段获得大量廉价的矿产、能源资源。而"北方"国家投资者却不擅长这种"技能"。

第5章：中国对外直接投资区位选择：基于知识产权制度距离的研究。近年来关于母国与东道国间的制度距离，这一新的影响因素在对外直接投资中的作用开始受到越来越多的关注（Cuervo-Cazurra et al，2008；Habib et al，2002；Aleksynska et al，2011）。另外，来自中国的对外直接投资（OFDI）增长迅速。联合国贸发会议《2013年世界投资报告》统计，2012年中国的对外直接投资（OFDI）流量达到了840亿美元，成为世界第三大对外投资者（仅次于美国和日本）。截至2012年，中国对外直接投资存量达5.09万亿美元。2012年中国对外直接投资流量、存量分别名列全球（地区）的第5位和第17位①，成为推动全球直接投资的一股新生力量。制度距离、中国对外直接投资已分别成为直接投资理论和直接投资实践当中两个值得关注的新焦点。中国已成为对外直接投资的主要来源国之一，投资对象覆盖了世界上170多个国家和地区其中既有知识产权保护制度较为完善的发达国家，也有知识产权保护体系薄弱的发展中国家，那么我国与东道国间的知识产权保护差距是否对中国OFDI的区位选择产生影响？影响的程度有多大？其影响程度是否与我国企业的投资动机有关？这将是本章主要探讨的问题。

第6章：制度距离与"南方"国家（地区）跨国并购绩效——基于中国跨国企业海外并购的实证研究。本章利用倍差法对中国企业实施跨国并购后的微观绩效改善状况及影响因素进行了理论和实证分析。东道国与母国间的管制性、规范性制度差距对中国企业跨国并购后的绩效存在显著的积极影响：第一，东道国管制性制度水平相对于母国越严格，东道国公司治理水平越完善。收购公司有可能自愿通过跨国并购去学习、模仿目标公司较高水准的公司治理水平，结果是收购公司跨国并购后绩效的改善，即自助效应。第二，母国与东道国的规范性制度距离越大，外国投资者对

① World Investment Report 2013 – Global Value Chains：Investment and Trade for Development（UNCTAD／WIR／2013）27 Jun 2013.

当地社会规范和习性较为陌生，且不易获得社会认可，从而增大了跨国并购后企业内部的人文整合以及企业外部相关利益群体网络的构建，增加了企业跨国并购后的运营成本，降低了并购绩效。第三，从不同制度属性的视角分析了制度距离对中国企业跨国并购后绩效的影响。中国企业在进行跨国并购决策时，还需要综合考虑多种因素，谨慎选择跨国并购目标，通过跨国并购提升中国企业国际竞争力。

第 7 章：主要结论及政策建议。本章在本书研究的基础上，总结主要研究结论并给出相应的政策建议。这一章梳理了本书的理论和实证分析结果并给出简单而明晰的概括，使读者能够予以全面把握。同时结合实证结果提出自己的政策含义和建议，试图为正确而全面地引导我国对外直接投资"走出去"提供一定的借鉴作用。

1.3　基本概念界定

为了方便下文的论述，本书先简单介绍一下文中所需要用到的几个重要概念。

对外直接投资：按照经济合作与发展组织（OECD）的定义，国际直接投资（对外直接投资，FDI）是指某国的投资者将资本用于其他国家的生产或经营活动，并掌握一定经营、管理控制权的投资行为。即某国（地区）的居民实体（对外直接投资者或母公司）与其本国（地区）以外的另一国的企业（外国直接投资企业、分支企业或海外分支机构）建立长期经营、运作关系，享有长期利益，并对其经营、管理进行控制的投资，这种投资既涉及两个实体之间最初的交易，也涉及二者之间联合的或非联合的外国分支机构之间所有后续交易①。

南南直接投资：本书参照艾库尔和拉塔（2004）、世界银行、世界投资报告（2006）对"北方"和"南方"国家（地区）定义。"北方"国家包括 22 个 OECD 的高收入成员国；其余均为"南方"国家（地区）：36 个发展中国家和转型经济体国家。能够获得这 38 个国家较为详细、连贯的对外直接投资数据，另外来自这 38 国的对外直接投资流量占"南方"国家（地区）对外直接投资的比重约为 90%。南南直接投资即由发展中

---

① http：//www.oecd.org/statistics/.

国家和转型经济体流向其他发展中国家和转型经济体的对外直接投资。

制度与制度距离：制度是"社会活动的行为准则"（North，1990），或通过"规范性的和管制性的社会结构和活动"来保证社会经济活动的平稳运行（Scott，1995）。无论是国家制定的强制性制度体系（包括法律、法规、法庭等负责监督执行法律、法规的国家机器），还是非强制性的社会规范（包括社会网络、网络中的行为规范和惩罚机制等），任何经济活动都需要制度的支持，来保护知识产权、私有财产和契约的履行。社会制度在经济运行过程中的不完美是常态，因此，一国内部的经济和交易经济活动就面临不同程度的风险。这种风险中对于不同制度体系下运行的跨国经济活动和交易的影响会更大、更复杂（Dixit，2009）。

基于斯科特（1995）和克斯托瓦（1999）对制度的定义和分类，考夫曼和克雷（2011）构建了一套指标来测度两国间规范性制度和管制性制度的差异。管制性制度是指：一国既存的法律、法规、知识产权保护、市场导向的资本、资源、劳动力配置体系等强制约束经济行为的制度；规范性制度是指：根植于社会活动中的信仰、价值观、道德规范、国民思维方式、理解、表述问题的特定方法以及社会关系和社会组织网络，其中世界观和价值观是该体系的核心。社会关系网络是人们在共同生产、生活中彼此结成的关系，社会组织网络是实现社会关系的重要载体，是保证各种社会关系正常运行的重要环节。社会关系和社会组织网络紧密相连，成为规范性制度的一个重要组成部分。规范性制度是人们行为的准则，这个准则规定了社会群体成员的活动方向、方法和式样，是一个社会的群体为了满足需要而设立或自然形成的，是价值观念的具体化。

管制性制度反映了对公民社会、经济活动的许可权，规范性制度界定了公民活动的性质，和公民对自身行动能力的判断（Eden and Miller，2004）。经济活动组织总是存在于一定的制度环境下，其经济行为受到该环境中规则体系的制约，从而出现体系内制度的趋同性（Dacin，1997）。因此制度环境是影响公司行为的重要因素。政治体系、经济体制、社会规则、价值体系、教育体系等构建了一国独特的制度环境（Kostova，1999）。国家间的制度环境存在着独特的差异，跨国投资、经营的过程中，跨国公司不仅需要在不同的制度环境间协调，而且需要面对在制度环境差异下，经营运作的风险和压力。

本书将东道国与母国间制度距离定义为母国与东道国间规范性制度与管制性制度环境差距。并采用考夫曼和克雷（2011）构建的世界银行国家治理指数来测度管制性与规范性制度距离。

1.4　创新之处、难点和不足之处

本书可能的主要创新之处是：首先，以制度距离作为研究"南方"国家（地区）对外直接投资区位选择与绩效的视角。将制度环境按其性质分解为管制性和规范性两个维度的制度因素，并从跨国企业经营的成本与风险的角度讨论管制性制度距离与规范性制度距离分别对"南方"国家（地区）对外直接投资的影响机制。其次，用"南方"国家（地区）企业跨国并购前后的财务指标来考量"南方"国家（地区）对外直接投资绩效。考虑到众多影响对外直接投资的要素可能会对制度距离的作用造成干扰，本书采用倍差法（difference in difference）考察制度距离视角下，企业跨国并购后绩效改善情况。这在目前的相关文献尚未多见。另外，本书按照对外直接投资来源地分别考察了"南方"国家（地区）对外直接投资和"北方"国家对外直接投资的不同行为模式。这在相关文献中也是不多见的。

而本书的难点之处首先在于双边对外直接投资流量数据的搜集整理，以及微观企业跨国并购数据的搜集和整理工作。其次，本书用倍差法考察制度距离对中国企业跨国并购绩效的影响。倍差法逻辑清晰，有统计理论的支撑，使用倍差法所得出的结论具有较强的说服力。本书运用相似的方法考察制度距离对中国企业跨国并购绩效的影响。对这一重要经济现象所产生的效果进行科学严谨的评估，具有重大的现实意义。将中国企业应对全球化激烈的国内、国际竞争所采取的积累竞争优势的措施作为观测对象，丰富了倍差法的应用范围。

最后，本书采取了宏观层面和企业层面上的数据进行实证研究，企业层面研究对象比较粗糙，但限于目前的条件，本书得不到更加精确的企业层面上的数据，否则在运用倍差法的时候可以首先通过倾向得分法对样本企业进行匹配、筛选，实证回归结果可能会更加精确、可信。这也是未来继续推进的研究方向。

第 2 章

文 献 综 述

2.1　国内外相关文献综述

关于对外直接投资和制度与制度距离方面的文献主要分为两类：一是以"北方"国家跨国公司为研究主体，研究对外直接投资的动因、模式、区位选择等；二是以"南方"国家（地区）跨国公司为研究主体，从制度距离的角度研究"南方"国家（地区）对外直接投资的区位选择和绩效问题。下面本章将对这两类文献分别做出论述。

2.1.1　传统对外直接投资理论

传统的跨国公司国际化理论主要针对美国、欧洲、日本等"北方"国家。早期对外直接投资理论主要集中于解释公司国际化行为的动机，即跨国公司选择对外直接投资而不是其他国际化形式的动因，以及跨国公司将资产向海外投资以减少海外经营交易成本的作用机制。20 世纪 70 年代末至 90 年代，拉美、亚洲等"南方"国家（地区）的跨国公司开始海外直接投资行为，但并未得到理论上的关注。直到近年来，随着"南方"国家（地区）对外直接投资的迅猛发展，学者开始关注"南方"国家（地区）对外直接投资问题研究。跨国公司国际化行为最著名的理论是邓宁的"国际生产折中理论"。该理论对传统跨国公司对外投资理论进行了系统的梳理、归纳，并提出了跨国公司区位选择理论。邓宁（1980）认为国际生产折中理论包络了现有的国际化理论，并且能解释国际化过程中形成的新特点。所有权优势，内部化优势和区位优势是影响跨国企业进行国际直接投资决策的三个关键因素。区位优势指跨国公司选择的投资区位所具有的特殊禀赋优势，例如，东道国丰富的自然资源禀赋，具有一定素质且成本较低的劳动力禀赋，较高的经济发展水平，较大的市场规模，对外商投资的优惠政策以及东道国政策稳定性及连贯性等有利的制度因素。东道国自然禀赋优势在长期相对稳定，直接影响跨国公司在东道国经营、运作的成本和绩效。内部化优势指企业拥有的无形资产所有权，并通过扩大自己的组织和经营活动将这些无形资产的使用内部化的能力。所有权优势指一国独有的或在相同成本下别国企业难以获得的资产性、交易性的规模经济特有优势。国际生产折中理论的核心是：如果跨国企业从事国际生产经营，就必须同时具备所有权优势、区位优势和内部化优势。跨国企业对外直接投资的区位选择和经营绩效取决上述三方面优势整合的效果。中间产品或最终产品跨国交易市场的不完全性以及企业在不同国家配置其价值增值活动不同环节的国际生产需求构成国际生产折衷理论的核心。而国际生产的特点及行为模式取决于资产所有权结构、企业的内部化优势及区位优势，这些因素和特性决定了企业在国际市场上的经营战略选择（Dunning，1980）。邓宁和路丹（2008）进一步将该理论拓展至对外直接投资动机的研究，并将跨国公司对外直接投资区位选择的动机分为以下四类：市场寻求型：通过对外直接投资，跨国公司可以更迅速、准确获得东道国市场信息；效率寻求型：对外直接投资是为了达到最优化生产，实现规模经济效应；资源寻求型：利用东道国某种特殊资源禀赋，如获取东道国自然资源、获取东道国公司无形资产（如专利、品牌、技术诀窍、管理技能）（Dunning and Lundan，2008）。鲁格曼（2007）认为邓宁（1980）提出的国际生产折衷理论理论前提是：进行海外直接投资决策的公司必须具备独特的竞争优势，即公司层面竞争优势，这种竞争优势专属于公司所有，如专有的生产技术、生产工艺技能等。同时还有相对应的国家层面竞争优势，如自然资源禀赋、廉价的生产要素、文化、制度等（Rugman，2007）。20 世纪 90 年代，随着全球经济一体化和企业国际化的浪潮，邓宁拓展了原有的国际生产折衷理论，提出国际直接投资区位选择理论的新趋势。首先，新理论强调了战略资本寻求动机的重要性（Dunning and Lundan，2008），其次，跨国公司间的战略联盟和网络是一种显著的所有权优势，跨国公司区位选择从寻找发展其多元化经营战略转向能够强化并补充其核心竞争力的区位；最后，邓宁认为新的全球经济形势下，制度因素是决定跨国公司国际化行为的重要因素，应将相关制度变量，如东道国政府干预与调节经济措施的范围和程度、金融发展程度和金融制度完善性、由于经济发展阶段不同而形成的国内市场与国外市场的经济距离、国内外市场的差异程度，以及由于历史、文化、语言、风俗、偏好、商业习惯等形成的两国间心理距离引入国际生产折中理论，企业从事对外直接投资，必然要受到上述因素的影响（Dunning and Lundan，2008）。

小岛清（1978）认为，一国经济状况各有特点，根据美国对外直接投资演绎出的理论无法解释日本的对外直接投资。传统的垄断优势论强调从企业微观经济和公司管理层面研究对外直接投资，忽略了国际分工中比较优势原理（Kojima，1978）。小岛清（1978）运用国际贸易比较优势原理，以日本对外直接投资实践为研究对象，并通过与美国对外直接投资活动的比较，系统阐述了具有本国特色的对外直接投资比较优势论。日本对外投资之所以成功，主要是由于日本跨国企业能够利用国际分工原则，将国内失去比较优势的部门转移到国外建立新的出口基地，而国内则集中发展具有比较优势的产业，促进国内产业结构的合理化调整及对外贸易的发展，因此，日本的对外直接投资属于贸易创造型。日本对外直接投资使双方贸易量和福利增加，东道国潜在比较优势增强，国际分工和贸易发展格局趋于合理化。投资国应选择与东道国技术差距最小的产业进行转移，并从技术差距最小的中小企业开始进行技术移植，因为中小企业转移到东道国的技术更适合当地的生产要素结构，且能进行小批量生产，灵活性、适应性较强。日本从趋于比较劣势的边际产业部门开始对外进行投资，有助于东道国弥补其资本、技术和管理经验等经营资源不足，加速转移较先进的生产函数，增强日本国内潜在比较优势[①]。

从20世纪80年代开始，"南方"国家（地区）对外直接投资开始进入国际市场，改变了国际直接投资格局，对传统理论提出了挑战。此后学者们从各自研究视角出发，对传统理论加以修正和补充，提出"南方"国家（地区）对外直接投资的理论，涌现出许多有价值的理论和观点。

韦尔斯（1983）提出了"小规模技术理论"。该理论的逻辑基础源于比较优势论，其核心思想为："南方"国家（地区）跨国公司的比较优势来源于小规模生产技术，这种小规模生产技术带来的低成本等比较优势能够使生产者获得比较利益。韦尔斯（1983）认为，传统对外直接投资理论的缺陷在于将竞争优势静态化、绝对化。而"南方"国家（地区）跨国

---

① 章昌裕. 国际投资学［M］. 大连：东北财经大学出版社，2007.

公司的竞争优势是相对的、动态的，其比较优势源自小规模生产技术，这种小规模生产技术引致的低成本等比较优势能够为东道国生产者带来比较利益，而这种低成本引致的比较优势与其母国特征密切相关。韦尔斯（1983）从三个方面分析了"南方"国家（地区）跨国公司的比较优势：第一，"南方"国家（地区）制成品市场规模较小，需求量有限，小规模市场中的"南方"国家（地区）企业技术具有劳动密集、低成本、灵活性高等特点，与"北方"国家大型企业相比反而具有相对优势。第二，"南方"国家（地区）企业通常采取低价策略，避免高额的广告费用，选取价格低廉的原材料，其物美价廉的特色是"北方"国家大型跨国公司所无法比拟的。第三，很多"南方"国家（地区）对外直接投资是为了满足海外同一种族裔体的需求，形成"种族联系型"投资，因此，与东道国间独特的文化联系也是其独特的竞争优势所在。小规模技术理论强调"南方"国家（地区）跨国公司具有的相对竞争优势主要体现在以下两个方面：首先，相对于"北方"国家跨国公司，"南方"国家（地区）跨国公司拥有适合当地市场条件的生产技术，因而在同类型的"南方"国家（地区）市场具有相对竞争优势；其次，相对于最不发达"南方"国家（地区）的当地企业，许多"南方"国家（地区）的跨国公司又具有先进的生产技术，因而具有竞争优势。

拉奥（1983）通过研究印度跨国公司的竞争优势和投资动机，提出了"技术地方化理论"，认为虽然"南方"国家（地区）跨国公司的技术特征表现为规模小、使用标准化和劳动密集型技术，但这种技术的形成却包含着企业内在的创新行为，因而形成其"特定优势"。在拉奥（1983）看来，"南方"国家（地区）跨国公司的创新行为是使其形成"特定优势"的来源，这些"特定优势"包括以下几个因素：第一，经过"南方"国家（地区）企业改造后的技术，与未经改造的"北方"国家的技术相比，在更适合在当地小规生产中产生更高的经济效益；第二，经过"南方"国家（地区）企业改造的产品更适合"南方"国家（地区）自身的需求，只要把引进的技术进行一定程度的改造，生产出的产品就可以更好地满足当地或邻国消费者的需要，这本身就是一种独特的竞争优势；第三，"南方"国家（地区）技术、知识的本地化的环境与"北方"国家不同，这种新的环境与"南方"国家（地区）的要素价格和质量相联系；第四，从产品特征看，由于"南方"国家（地区）企业对来自"北方"国家的成熟技术不是简单、被动的模仿和复制，而是对引进的成熟技术积极地加以改进和创新，从而形成了一种适应东道国环境的新技术。"南方"国家（地区）企业利用这种包含内在创新技术开发出的产品虽然不能与"北方"国家名牌产品相比，但当东道国国内市场较规模较大，消费者受到购买力约束时，来自"南方"国家（地区）的廉价产品仍有一定的竞争能力。

技术地方化理论不仅分析了"南方"国家（地区）企业的国际竞争优势是什么，而且更重要的是强调了形成竞争优势所特有的企业内在创新活动，从而拓展了从微观层面研究"南方"国家（地区）跨国公司的新领域，证明了"南方"国家（地区）企业以独特比较优势参与国际生产和经营活动的可能性。

坎特威尔和托伦蒂诺（1990）系统地考察、研究了 20 世纪 80 年代中期以后，"南方"国家（地区）对"北方"国家的对外直接投资活动，提出了"技术创新产业升级理论"。该理论从技术进步和技术积累的角度分析了"南方"国家（地区）对外投资的阶段性动态演进过程。与"北方"国家企业不同，"南方"国家（地区）企业在技术创新中并不具备很强的研发能力，主要通过学习经验和组织能力的积累来掌握和开发现有的技术。技术能力的不断提高和积累不仅可以促进"南方"国家（地区）经济的发展和产业结构的升级，而且与企业的对外直接投资直接相关。对其国际生产活动起决定性影响作用，同时影响其对外直接投资的趋势和增长速度（Canwtell and Tolentino，1990）。"南方"国家（地区）对外直接投资的行业和地理分布会随着时间的推移而逐渐变化，因此是可以预测的。从跨国经营的地理分布来看，"南方"国家（地区）企业在较大程度上受"心理距离"的影响：最初在与母国有种族联系周边国家进行直接投资；随着海外运作经验的积累，种族联系的重要性下降，开始逐步由周边国家向其他"南方"国家（地区）扩散投资；最后，在积累了充足海外经营、运作经验的基础上，开始向"北方"国家投资以获取更先进的制造技术。

技术创新产业升级理论构造了一个以技术创新为动力、技术积累为基础，"南方"国家（地区）产业结构与对外投资结构相互促进、不断升级的动态过程。该理论为 20 世纪 80 年代以来东亚新兴工业化国家对外直接投资发展的轨迹提供了理论支持。

邓宁（1981）提出了投资发展周期理论，该理论从动态角度解释了发展中国家对外直接投资行为。该理论通过各国人均国内生产总值来分析处于不同阶段的国家对外直接投资地位，并得出如下结论：人均国内生产总值低于 400 美元的发展中国家，其引资刚刚起步，对外直接投资很小，此时对外直接投资净额为负；人均国内生产总值为 400~2000 美元的发展中国家，对外直接投资水平低下，引资额逐渐增多，但对外直接投资净额仍为负，且负值会增加；人均国内生产总值为 2000~4750 美元的发展中国家，对外直接投资迅速发展，且增长的速度超过了引资的增长速度，对外直接投资净额为负，但负值减小；人均国内生产总值为 4750 美元以上的发展中国家，对外直接投资额大于引资额，且差额不断扩大，对外直接投资净额为正。

小泽辉智（1996）的动态比较优势理论源自对日本对外直接投资顺序的研究。该理论认日本对外直接投资可以分为利用现成的比较优势阶段、边际产业扩张阶段、获取新的比较优势阶段、资源整合阶段四个阶段。发展中国家采用适当的对外直接投资模式，首先配合本国独特优势和潜在的比较优势，再结合本国工业化战略，便能使发展中国家经济结构向更加优化的方向转型，从而推动发展中国家对外直接投资进入新阶段。发展中国家跨国公司应把对外直接投资、经济发展同本国工业化战略相结合，才能更好地发挥对外直接投资对母国经济带动作用，增强本国竞争优势，提高国家经济竞争力。

莱克罗（1993）通过研究印度尼西亚对外直接投资，得出结论：印度尼西亚对发达国家投资目的是获取技术和管理经验，而对发展中国家投资则是为了占据更广阔的市场。穆恩和罗伊尔（1999）的不均衡理论认为资源和要素方面的不均衡是发展中国家对外投资主要原因。投资诱发要素组合理论与其研究的结果一致，也认为发展中国家对外直接投资是由劳动力、技术、资本、管理、资源等投资直接诱发要素与法规、经济政策、投资环境等间接诱发要素相互作用产生的。若发展中国家拥有某项技术上的相对优势，可以诱发对外直接投资，将直接要素向外转移；若发展中国家不具备直接要素优势，而东道国有这种优势，则发展中国家通过对外直接投资到东道国获取要素。邓（2004）对中国对外直接投资进行研究，认为中国对外直接投资的动因一是为了获取战略性资源，二是为了得到发达国家先进技术和管理经验。邓（2006）、伯克利和克莱格（2007）认为中国政府在规划 OFDI 区位中起着关键的作用。在母国政府的发展战略支持下，中国企业更倾向于向高政治风险的"南方"国家（地区）投资。拉玛沙米和杨（2010）、波托尼和艾利拉、奎尔沃和詹克（2009）认为东道国制度质量等因素对母国 OFDI 流量存在显著影响（Ramasamy and Yeung,

2010；Bertoni and Elia，2008；Cuervo-Cazurra and Genc，2009）。陈（2011）研究了中国等新兴国家的制度环境对本国流入"北方"国家 OF-DI 的影响。

从国内学者研究来看，冼国明和杨锐（1998）将发展中国家对外直接投资的动因分为两种：一种是学习型投资，即发展中国家为获取先进技术对发达国家进行的逆向投资；另一种是竞争策略型投资，即发展中国家为了寻求市场或实施某种战略性目的向经济水平低于其自身的国家投资。通过进行学习型投资，发展中国家跨国公司可以加快技术积累速度，促进产业技术升级，构建自身所有权优势；而实施竞争策略型投资则可以巩固并拓展跨国公司国际市场份额。程慧芳和阮翔（2004）采用投资引力模型对中国对 32 个国家和地区的双边对外直接投资（OFDI）截面数据进行了实证检验，研究结果证实，中国对外直接投资（OFDI）与东道国双边贸易规模、人均收入及市场规模正相关。项本武（2009）利用 2000～2007 年中国对 32 个国家和地区的双边对外直接投资（OFDI）数据，采用广义矩估计方法检验了中国对东道国投资的连续性。研究表明中国对东道国的投资缺乏连续性，同时，他还发现我国与东道国双边贸易规模、汇率对中国对外直接投资（OFDI）存在促进作用，而东道国市场规模对中国对外直接投资（OFDI）存在消极影响，而工资水平的影响不显著。唐宜红和林发勤（2009）、何本芳和张祥（2009）等文献也分别考察了距离、劳动力成本、双边贸易等因素对中国对外直接投资（OFDI）的影响。张宏、王建（2009）利用中国向 114 个东道国 OFDI 的截面数据建立分量回归模型，考察了东道国区位因素对中国对外直接投资（OFDI）流量的影响，研究表明，中国对外直接投资流量显著地受到东道国宗教多元化特征、制度质量等东道国属性因素的影响。邓明（2012）利用 2000～2009 年中国在 73 个国家和地区的双边对外直接投资（OFDI）数据建立空间面板数据模型，从东道国制度质量、东道国与中国之间的制度差异等方面考察了东道国制度因素对中国对外直接投资（OFDI）区位分布的影响，其影响效果与东道国制度特性、经济发展水平相关。发展中国家吸收对外直接投资（OFDI）显著地受到经济和法治制度的正向影响，而对发达国家样本的检验未能显著证实上述影响关系；中国企业在发达国家成功投资的经验会通过文化制度、经济制度和法治制度溢出到与其制度框架相似的发达国家，而经济制度和法治制度则为中国企业在发展中国家投资经验的溢出路径。另外，研究结果还表明，双边汇率以及东道国资源禀赋等因素都是影响中国对外直接投资（OFDI）区位分布的重要因素。祁毓、王学超（2012）考察了东道国劳工标准对中国对外直接投资（OFDI）的影响。张建红和周潮红（2010）认为东道国产业保护制度不仅直接影响企业国际化战略的实施，而且会对影响企业国际化战略实施的其他因素产生调节作用，从而间接地影响企业国际化战略的成效。蒋冠宏、蒋殿春（2012）利用2003 ～ 2009 年中国对 95 个国家和地区的双边对外直接投资（OFDI）数据建立投资引力模型，考察了影响中国 OFDI 区位选择的因素。研究表明，中国对外直接投资（OFDI）确实存在资源、市场和战略资产寻求动机，东道国制度对中国资源寻求型对外直接投资（OFDI）有显著影响，地理距离对中国对外直接投资（OFDI）有负面影响，中国投资进入发展中国家和发达国家的动机有差异。基于市场和资源寻求动机中国企业对外直接投资倾向于流入投资有发展中国家，显著地为技术输出动机。对于发达国家，而基于战略资产寻求动机中国企业对外直接投资倾向于流入发达国家。

2.1.2 制度距离与对外直接投资

2.1.2.1 制度距离与对外直接投资区位选择

对于海外经营困难的认识和理解构成了跨国公司理论的基础，因为它解释了为什么并不是所有的企业都能进行跨国投资。海默（1976）认为，跨国公司从事海外经营的困难主要来自对东道国市场缺乏足够的了解、容易受到东道国的歧视和外汇风险，因此为了更好地在国外配置资源，企业必须拥有足以克服这些困难的所有权优势。约翰逊和瓦尔尼（1977）提出与"地理距离"对应的为"心理距离"（Psychic Distance）[①] 的概念：跨国公司在进入国外市场时往往受制于"心理距离"，心理距离阻隔了跨国公司和东道国市场之间的信息交流，使得跨国公司向东道国子企业传递技术和管理经验变得困难，为了克服"心理距离"所带来的影响，跨国公司应该采取渐进式的国际化策略。"外来者劣势"使得外资企业在与东道国企业的竞争中处于先天的不利地位（Zaheer，1995）。坎特威尔和托伦蒂诺（1990）研究"南方"国家（地区）跨国公司对外投资的地理分布状

---

① 所谓心理距离是指"妨碍或干扰企业与市场之间信息流动的因素，包括语言、文化、政治体系、制度框架、教育水平、经济发展阶段等"。

况时指出，东道国与母国跨国公司间的"心理距离"越接近，经营中由不确定性风险引致的额外成本越低。同时，从技术外溢角度看，"心理距离"越小，东道国吸收能力越强，母国跨国公司对东道国的技术外溢效应越显著。"南方"国家（地区）跨国公司对外直接投资路径遵循"周边国家—其他'南方'国家（地区）—'北方'国家"，由周边向外渐进辐射的投资分布轨迹在很大程度上受"心理距离"的影响。洛尔和基兹戈尔（1995）发现，文化差异是影响美国对外直接投资的重要因素。

经验研究的结果有一定的分歧，这意味着"外来者劣势"的存在与否是取决于多个背景条件的。其次，对于文化差异是否是"外来者劣势"的一个来源也存在着争议。在当今世界经济一体化的趋势下，各国之间的文化呈现出融合的趋势，尽管不可否认文化差异的作用，但其边际效应可能在递减。更为重要的是，文化相似的国家往往有着迥异的政治体制、市场体系和法制水平（一个明显的例子是中国和新加坡），因此仅仅用文化是难以完全捕捉和诠释国家之间差异的复杂性，还需要用其他因素予以补充和完善（Mezias et al., 2002; Deliosand Henisz, 2003）。

诺思（1971）首次用制度因素来解释市场的运作机制，随后越来越多的学者开始尝试用制度因素来解释对外直接投资区位选择。艾克莫格鲁和罗宾逊（2006）、考夫曼和克雷（2010）、罗迪克和萨勃拉曼尼亚（2004）等学者研究表明，完善、高效的制度体系可以减少交易成本，促进资源的有效配置（Acemoglu and Robinson, 2006; Kaufmann and Kraay, 2010; Rodrik and Subramanian, 2004）；恶劣的制度环境会增加交易成本，降低东道国吸引对外直接投资的能力。对于跨国公司而言，对外直接投资存在较高的沉淀成本，而如果东道国政治稳定、契约执行效率高，就可以抵消长期经营中的不确定性风险带来的额外沉淀成本。

制度是"社会活动的准则"（North, 1990）或"规范性的和管制性的社会结构和活动"来保证社会经济活动的平稳运行（Scott, 1995）。基于斯科特（1995）对制度的定义，考夫曼和克雷（2010）构建了一套指标来测度两国间规范性制度和管制性制度的差异。管制性制度是指：一国既存的法律、法规；规范性制度是指：根植于社会的信仰、价值观、道德规范以及国民思维方式、理解、表述问题的特定方法。管制性制度反映了对公民社会、经济活动的许可权，规范性制度界定了公民活动的性质，和公民对自身行为能力的判断（Eden and Miller, 2004）。制度提供了法律、经济和社会体制的安排，构建了交易行为的激励机制，决定了商业活动中的交易和协调成本以及创新活动的程度，因而在一个国家和地区的经济发展中发挥着重要的作用（Acemoglu et al.，2005）。然而，由于历史传统和自我选择的原因，世界各国的制度环境迥异，发展轨迹也不尽相同。母国和东道国之间在制度环境上的差异形成了制度距离，它造成了跨国投资的风险，增加了跨国经营的成本，不仅影响着外资进入时的战略选择，同时也会对外资进入后的绩效产生影响（Mudambi and Navarra，2002）。作为国家"创造性资产"的一个重要组成部分，制度相对于"自然资产"而言，对 FDI 所起的作用越来越重要（Narula and Dunning，2000）。然而，不同的制度安排将会导致不同的市场交易成本。脆弱的制度框架会增加对外投资的寻找、谈判和执行成本（Antal-Mokos，1998），这就意味着外资要在这样的国家建立新的企业必须承担较高的交易成本，同时也阻碍了潜在的交易（Meyer，2001）。因此，如果缺乏有效的制度保障，外商在该国的投资就会变得不安全和不确定。而良好的制度环境能促进一个国家的生产性活动，减少资源配置的扭曲和非生产性的耗费，如寻租、黑市交易、腐败等，降低了投资成本。

经济活动组织总是存在于某个特定的制度环境下，其经济行为受到该环境中规则体系的制约，从而出现体系内制度的趋同性（Dacin，1997）。因此制度环境是影响公司行为的重要因素。政治体系、经济体制、社会规则、价值体系、教育体系等构建了一国独特的制度环境（Kostova，1999）。国家间的制度环境存在着独特的差异，因此，跨国投资、经营的过程中，跨国公司不仅需要在不同的制度环境间协调，而且需要面对在制度环境差异下，经营运作的风险和压力。市场缺乏公开、透明的信息，过多的行政干预是"南方"国家（地区）制度环境的典型特点。这样的制度环境会增加跨国经营中不可预期的风险。如果母国拥有完善、健全的法律、政治体系，母国跨国公司便缺乏游说腐败政府官员的技能。而对于北方跨国公司而言，这种技能是跨国公司在制度环境恶劣的东道国获得商业合同、维护契约执行效率所必需的。"北方"国家跨国公司在许多制度差异较大的"南方"国家（地区）行销商品时，遇到很多类似的困难（Shige，2004）。

跨国公司向和母国制度差距较大的东道国进行对外直接投资时，需要面对两国间司法仲裁机制、契约保证等管制制度差异形成的风险（Henisz，2006）。跨国公司通过以东道国盛行的方式和东道国行政机构沟通交涉以满足东道国市场中的寻租行为来维护自身的经济或商业利益。如果母国和东道国间规范性制度存在较大差异，比如文化模式、社会准则差异。

跨国公司、东道国子公司、东道国需求方在进行跨文化沟通时，失败的可能性就会增加，从而增加跨国经营的成本和风险。在其他制度因素方面，马尔辛斯卡和魏（2000）的研究结果表明，东道国的腐败不仅降低了外资的投资强度，同时也迫使外资采取风险较低的合资进入方式。哈比卜和祖拉维奇（2002）认为，与东道国之间的腐败程度相差越大，投资国的直接投资越少；而惠勒和莫迪（1992）的研究则没有发现东道国的腐败与吸收FDI之间存在必然联系的证据。杰沃切克（2004）研究了东欧和苏联等转型国家的产权保护水平与跨国企业投资之间的关系，发现产权保护的缺乏阻碍了外国投资者在技术密集型行业的投资。德里奥斯和汉尼仕（2003）对665家日本跨国公司的研究表明，当东道国的政策不确定风险较大时，日本企业趋于建立合资企业。在国内学者的研究中，潘镇和潘持春（2004）利用1985～2001年我国省际面板数据对影响外商直接投资在中国各地区分布的制度和政策因素进行实证研究，其研究结果发现，市场经济发育程度、政府效率和节俭程度、有效的产权保护有利于外商直接投资的进入。魏（2000）的研究表明，一国的腐败程度与其吸收的外资呈显著负相关关系。贝纳西格雷等（2007）采用OECD国家和其他国家之间的双边投资数据，发现"好"的制度有利于吸收外资，却不利于输出外资。在一些企业层面的研究中，马尔辛斯卡和魏（2000）发现，腐败不仅降低了外资的投资强度，同时也迫使外资采取风险较低的合资进入方式。汉尼仕（2000）研究了461家美国制造业上市公司的海外投资行为，发现当东道国有较大的政治风险时，企业将会选择低股权策略，而当东道国有较大的合同风险时，企业则会选择高股权策略。

跨国公司更愿意向制度、文化与母国更接近的东道国进行投资，这样可以减少经营中的不确定性。但其研究对象主要为"北方"国家。许和申卡尔（2002）从理论上论证了制度距离和跨国公司的区位选择的关系：拥有长期全球战略的跨国公司会选择制度距离较小的东道国投资；而实施跨国本土化战略的跨国公司会选择制度距离较大的东道国进行直接投资。两国间制度距离越大，跨国公司海外经营的固定成本越高。但许和申卡尔（2002）并未从实证上证实该结论。布朗尼真（2005）总结了近年来有关FDI区域选择的相关文献。他认为东道国制度影响FDI的机制主要表现在以下几方面。第一，制度环境恶劣增加了投资者资产被剥夺的风险，因而减少了投资的可能性。如产权制度的缺陷阻碍了投资。第二，规范市场运行的制度缺陷将增加投资成本，因而减少了投资活动。如寻租、腐败等问题增加了投资成本。第三，制度缺陷往往导致政府提供的公共产品（如司法体制、政府效率和监管等）质量低下，因而影响投资的预期收益。

上述研究从理论上证明了"南方"国家（地区）的对外直接投资源自其具备的独特竞争优势，即母国跨国公司具备在国内相似恶劣制度环境下经营的经验，对相似市场环境、商业惯例游刃有余的掌控（Cuervo-Cazurra and Genc，2008）。在"南方"国家（地区），关系网络、潜规则对于解决制度障碍十分重要。因此，"南方"国家（地区）跨国公司在这方面经验丰富（Meyer and Nguyen，2004）。

很多学者对上述理论进行了验证：威克乐尔斯（1991）采用语言虚拟变量代表规范制度的相似性，进而发现该变量是影响 OECD 成员国间相互对外直接投资的最重要因素之一。海拉佛尔和威士尼（1993）、约翰逊和瓦尔尼（2009）通过对几家瑞典跨国公司的案例研究发现，东道国与母国间的"心理距离"对跨国公司对外直接投资区位选择存在重要影响：跨国公司在进入国外市场时往往受到"心理距离"的影响，"心理距离"阻隔了跨国公司和东道国市场之间的信息交流。"心理距离"的远近影响企业跨国经营成本的高低，进而影响对外直接投资的区位选择。因此，跨国公司对外投资的区位选择行为一般遵循"心理距离"由近到远的原则。比如，瑞典的跨国公司总是把其周围的丹麦、挪威、芬兰作为海外经营的首选目标。海因斯（1995）、汉尼仕（2000）的研究并没有发现东道国制度和 FDI 的显著关系。特别是贝纳西格雷等（2007）认为，上述研究存在内生性问题，因而结论是有偏的。然而，贝纳西格雷等（2007）使用了新数据，并克服内生性和多重共线性问题后，其结论却支持传统观点。由此可见，以往研究基本认同东道国制度质量对 FDI 有正向影响，而制度的绝对差异对 FDI 有负向影响。伯克利和克莱格（2007）利用 1984~2001 年中国对 49 个国家的对外直接投资（OFDI）数据在研究了对外直接投资（OFDI）的区位分布特征。研究发现中国的跨国公司在进行对外直接投资区位选择决策时，即使控制了回报率之后，仍然更倾向于向高政治风险的"南方"国家（地区）投资。东道国越腐败，则中国对外直接投资（OFDI）规模越大。他认为，中国跨国公司的特性和战略导致了上述结果。中国跨国公司大多是由国家控股，所以利润最大化并不是其最优决策。和中国有着紧密政治联系的周边"南方"国家（地区）由于政治、制度、基础设施建设等原因从"北方"国家获得的直接投资数量有限。因此中国跨国公司在向这些国家进行直接投资时，往往具有较强的议价能力。由于中国跨国公司在国内某些区域和时段经营也曾面临相似的制度环境，在东道国经营的成本会因此而降低，这在某种程度上转移了母国在东道国经营的风险。波士顿咨询公司（2006），对俄罗斯对外直接投资的研究也得出了类似结论。克莱森和凡贺令（2008）利用"南方"国家（地区）银行业双边对外直接投资与制度距离数据进行实证检验，证实了上述观点。即如果东道国与母国间政治、制度环境相似，母国越容易适应东道国投资经营环境，其跨国经营的摩擦性成本越低。因此，当母国国内经济环境对腐败容忍度较高时，该国跨国公司更倾向于向国内腐败盛行的东道国投资（Cuervo-Cazurra，2006）。达比和伍顿（2010）用公共治理作为制度度量指标，对母国制度质量影响其对东道国对外直接投资决策的机制进行了理论和实证分析。结论认为，如果母国公共治理环境恶化，那么东道国良好的公共治理环境并不会对母国跨国公司对外直接投资有任何促进作用。另外，考虑到"南方"国家（地区）间的技术差距较其与"北方"国家差距小，因此，"南南直接投资"更有利于东道国吸收、模仿母国技术。但是较"北方"国家母国而言，"南南直接投资"并不重视东道国良好的制度环境与质量，这将不利于东道国制度环境的改善，从而在长期将抵消"南南直接投资"的其他正效应。恩科林斯卡和哈维勒奇科（2011）认为："南方"国家（地区）间共同边境、共同语言等文化上的相似性是"南方"国家（地区）间对外直接投资的相对竞争优势，也是"南南直接投资"区别于北南型对外直接投资的一个特点。"南方"国家（地区）对制度环境恶劣的"南方"国家（地区）的对外直接投资是一种资源获取型对外直接投资，但这种"南南直接投资"会对"南方"国家（地区）未来的制度构建和资源（主要指自然资源）可持续利用带来隐患。鲁明泓（1991）全面和系统地讨论了经济制度、法律制度、企业运行体系以及国际经济安排等制度因素对对外直接投资的影响，并使用114个样本国家和地区的面板数据证实了制度因素在决定对外直接投资区位分布中的重要作用。实证检验的结论表明：吸引对外直接投资流入的因素中，自由开放的经济体制和鼓励外资的优惠政策是最重要的；同时，制度因素比经济因素等硬环境更重要。潘镇（2006）以2000～2003年在中国进行投资的69个国家和地区为样本进行的实证研究结果表明：中国与母国间文化差异越大，投资国在中国的对外直接投资越少；虽然文化差异难以克服，但可以通过行之有效的政策及措施来改善法律、宏观经济和微观经济制度环境。提高引资质量，推进国内制度环境的改善和市场经济体制改革进而通过引资是促进国民经济发展的必然举措。潘镇、殷华方等（2008）采用2000多家在中国投资的跨国公司数据，从企业层面分析了制度距离对跨国企业生存率的影响，研究发现，母国与中国的制度距离越大，来自该国跨国企业遭受经营失败的可能性也越大。阎大颖（2009）运用制度因素论的基本观点，以2000~2007年在中国大陆地区和中国香港地区上市的非金融类企业发起的跨国并购交易为样本，对跨国并购前后多种财务绩效指标超额收益的变化趋势及决定机制进行了实证考察和多因素分析。结论是东道国管制制度越严苛，中国企业跨国并购后的绩效越差；东道国规范制度约束越小，跨国并购后的绩效越好。张和钱（2009）利用1991~2005年中国对50个国家和地区的对外直接投资数据进行研究时，认为东道国制度因素对中国对外直接投资不存在显著影响。科尔斯塔德和威格（2010）认为东道国资源禀赋与制度因素对中国对外直接投资存在交互作用。并利用2003~2006年中国向104个国家和地区的对外直接投资双边数据进行了实证研究。科尔斯塔德和威格（2010）的研究结果进一步支持了伯克利和克莱格（2007）的观点，并认为中国对外直接投资OECD国家存在显著的市场规模动因，而进入非OECD国家有明显资源寻求动机，并且东道国制度质量越差，中国资源寻求型对外直接投资规模越大。张等（2010）通过研究中国对非洲的对外直接投资，提出东道国腐败的政治制度、缺失的法治体系对中国对外直接投资存在显著的正向影响。韦军亮和陈漓高（2009）、高建刚（2011）、王海军（2012）等人的研究发现东道国政治风险阻碍了中国企业的对外直接投资，地理距离、东道国收入水平、双边贸易规模等其他影响中国企业对外直接投资的因素符合传统理论预期。李和梁（2010）认为中国政府与存在高政治风险的东道国保持良好的政治关系有助于抵消东道国搞政治风险对中国对外直接投资的负面影响，因此，从表象上看，中国企业更倾向于对存在高政治的东道国进行直接投资。但是钱（2011）的研究确认为中国企业的对外直接投资为风险规避型。同时，埃米赫尼等（2011）对2003~2008年的中国对外直接投资数据进行了分国家、分行业实证检验。结论表明：中国对外直接投资的动机取决于其进入东道国的具体行业特性。投资于东道国制造业的中国对外直接投资基于市场寻求型动机；投资于资源及其附属行业是基于资源寻求型动机，而此类东道国一般政治环境较差；而投资于制造业和服务业的中国对外直接投资则基于战略资产寻求的动机，其结论进一步支持了科尔斯塔和威格（2010）的结论。从制度风险来看，董艳和张大永等（2011）利用中国对非洲对外直接投资（OFDI）的双边数据并采用极限边界分析法研究了中国对非洲投资的决定因素。研究表明中国对非洲国家的投资主要取决于东道国国经济、市场规模及能源资源储量而并不存在地域偏好性。有些政治风险在中国企业对外直接投资行为中未受到足够重视。这将是中国跨国企业在未来所面临的一个重要的挑战。同样，宗芳宇和路江涌等（2012）建立双边投资协定、东道国制度环境与母国制度对发展中国家企业对外投资区位选择影响机制的研究框架。并利用中国上市企业 2003 ~ 2009 年的对外投资数据对该模型进行了实证检验。研究结果表明：双边贸易协定有助于弥补东道国制度缺失及母国制度支持的不均衡性，因而显著促进了中国企业特别是非国有企业到制度环境恶劣的东道国投资。綦建红、李丽等（2012）采用四种方法对文化距离进行全面测度，并对 2003 ~ 2010 年中国对 40 个东道国及地区 OFDI 的面板数据，利用 PCSE 模型、Hansen 非线性门槛模型进行实证检验。结果表明，文化距离对 OFDI 区位选择的影响不是简单的正负向线性关系，文化距离对中国对外直接投资（OFDI）区位选择之间的影响呈"U"形关系。

2.1.2.2 制度距离与跨国并购绩效

传统理论中，影响跨国并购绩效因素主要包括经营多样化、运作绩效及市场潜力等。企业国际化理论认为，企业通过海外并购扩大市场规模、获得无形资产并实现协同效应，进而获得正向的并购绩效（Baldwin and Caves，1991；Morck and Yeung，2005）。并购支付方式、融资方式、是否为友好并购、并购企业一体化成长战略、并购企业规模、目标企业相对规模、目标企业是否上市是影响企业海外并购绩效的主要因素（Moeller and Schlingemann，2005；Moeller et al.，2004；Faccioand Masulis，2005；Campaand and Hernando，2004；Campaand Kedia，2002；Hirshleifer and Richardson，2006；Moeller et al.，2004；Conn et al.，2005）。近年来的研究更倾向于关注由跨国并购双方的制度距离引致的跨国公司利益相关者权益变化或其他公司治理特性的变化对跨国并购绩效的影响。拉伯和谢非尔（1998）最先研究了公司运作、财务和公司价值与制度环境的关系。健全的制度环境下，成熟的公司治理体制和发达的资本市场更注重维护中小投资者的利益，提升了商业活动和外国投资的效率，减少了外部融资的成本，提高了公司经营绩效。大多数关于跨国并购的文献研究集中关注跨国并购是否能为股东创造价值。关于并购价值创造的实证研究多数针对美国的并购公司和目标公司。大量文献认为收购公司能够通过跨国并购获得价值增值（Francis and Hassan，2008；Martynova and Renneboog，2008；Kuiper and Miller，2009），而近期研究（Wei，2004；Moeller and Schlingemann，2005；Mantecon，2009）得出结论恰恰相反，认为收购公司并不能从跨国并购中获得价值增值。另外，这些研究对于制度环境通过何种途径影响跨国并购绩效也没有统一的结论。拉伯和谢非尔（2002）分析了一国法律体系在保护投资者权益中的作用，认为一国法律体系对外部投资者的保护程度会影响该国公司所有权结构、金融资本市场发展的深度和广度。拉伯和谢非尔（2002）将商业法典分为：一般法系、法国民法系、德国民法系及斯堪的纳维亚法系。采用一般法系国家的商业法律对投资者保护最为全面、资本市场发展更为完善、公司所有权结构更为分散。因此一般法系商业法律制度与企业并购业绩呈显著正相关。拉伯和谢非尔（1998，2002）的一系列研究影响了许多学者和国际机构的后续研究。例如国际货币基金组织和世界银行将公司治理作为其制定对"南方"国家（地区）政策的主要参考指标之一。丹尼斯和麦康奈尔（2003）的研究证实了法律制度对公司并购绩效的重要作用。并购双方法律体系的差异会影响并购后一体化整合的绩效，导致跨国并购失败的几率增加。罗素和沃尔庞（2004）以拉伯和谢非尔（1998，2002）构建的投资者保护指数为基础，测算了国家间投资者保护程度的差异对跨国并购交易量和特点进行了研究。研究发现：一般而言，目标公司所在国对投资者保护程度相对于收购公司所在国而言较为恶劣。改善目标公司投资者保护程度可能是跨国并购的动因之一。对投资者价值保护程度提高会对收购方并购绩效产生正向影响。玛特诺瓦和瑞尼伯格（2008）将罗素和沃尔庞（2004）的结论定义为法律制度的正向溢出效应。反之法律制度的负向溢出效应为：如果收购公司的治理水平低于目标公司，将会对收购公司价值产生负面影响。但玛特诺瓦和瑞尼伯格（2008）也指出，如果并购后，收购公司自愿效仿、学习目标公司较高水平的治理制度体系，那么并购后公司绩效将会改善。

柯伊伯和米勒（2009）考察了 1982～1991 年，针对美国上市公司的跨国并购。研究结果表明：如果收购公司所在母国制度环境优于美国目标公司，并购会以较低价格成交，收购公司股东价值增加。弗朗西斯和汉森（2008）发现美国公司在 1990～2003 年，通过跨国并购制度环境恶劣的东道国公司而获益。20 世纪 90 年代，随着金融市场快速发展和跨国并购成本降低，美国公司通过自己的内部资本市场向目标公司提供以较低成本获得金融资本的机会。而美国公司由此获得的收益要比成本高很多。因此，跨国并购是收购公司规避目标公司所在国金融市场低效率的一种途径。汉根多夫和柯林斯（2007）通过分析 1996~2004 年美国、欧洲金融业跨国并购对收购公司股东回报的影响，认为目标公司所在国恶劣的制度环境会增加跨国经营管理的成本，目标公司必须降低并购价格才能抵补这种成本。因此，目标公司所在国恶劣的制度环境会增加并购公司股东价值。玛特诺瓦和瑞尼伯格（2011）将 1993~2001 年这段时间定义为第五次并购浪潮，通过研究该期间内欧洲上市企业的并购发现：在欧洲企业的跨国并购中，如果目标公司所在国的制度环境相对于收购公司所在国制度环境而言较差，那么目标公司可以从收购公司获得先进公司治理水平和相关制度的外溢效应。肯纳和帕利普（2004）在对印度软件公司印孚瑟斯（Infosys）的实证研究为玛特诺瓦和瑞尼伯格（2008）的理论提供了有力的证据。魏（2004）研究了 1980~1998 年并购美国上市和非上市公司对国外收购公司绩效影响时发现，当收购公司所处母国的制度环境相对于美国而言更恶劣时，该公司为并购美国公司需要支付更高的价格，以此来补偿目标公司所面临的更高风险。外国收购公司从并购中获得的利益减少。莫勒和施林格曼（2005）考察了美国公司 1998~1995 年的并购绩效。研究结果表明：如果目标公司所在国制度环境相对于美国而言较差，那么并购后更容易产生信息不对称、委托—代理及所有权结构过于集中等问题，由此需要向公司股东支付更高的溢价，进而减少并购价值增值。鲁伊斯和瑞格（2011）研究了 2001~2006 年，即第六次跨国并购浪潮期间，欧洲公司对世界范围内上市公司并购情况。考虑到制度的异质性及近年来"南方"国家（地区）经济发展的强劲势头，样本中选取了来自中国、拉丁美洲等"南方"国家（地区）的目标公司。在该研究时段内，2002 年，美国国会通过了萨班斯法案①。同年，欧洲通过了更为严格的类似法案，使并购制度环境健全、完善的公司的成本增加。另外，一国制度环境越是完善，该国公司治理水平越高，竞争越激烈。由此可以预期到，由于并购制度完善的目标公司交易成本上升，该类并购的收益会减少，短期内会影响并购后的绩效。从另一个角度来看，如果收购公司所在国制度环境相对完善，那么目标公司所在国恶劣的制度环境会降低契约执行效率及经济自由竞争程

---

① 该法案涉及会计职业监管、公司治理、证券市场监管等重要法律方面的改革。萨班斯法案为公众公司的外部审计师创建了一个更严格的监督体制，特别是针对制度环境较为恶劣的外国公司及其附属机构。

度，进而阻碍并购谈判，增加并购后运营成本，降低收购公司并购绩效。

"南方"国家（地区）跨国公司在发展早期即开始国际化进程，例如，印度跨国公司通过跨国并购来获取战略性资产以促进组织转型。但由于样本数据的限制，关于"南方"国家（地区）跨国并购的文献并不多。现有关于关于"南方"国家（地区）跨国并购的研究也并未有统一的结论：芮（2008）认为中国企业通过跨国并购获取战略性资产来弥补其在国际竞争中的劣势，发挥其特有的所有权优势。布莱克和卡瓦霍（2010）以"南方"国家（地区）为研究对象，证实了丹尼斯和麦康尼尔（2003）的观点。古比和奥拉夫（2010）针对 425 家印度跨国公司在 2000 ~ 2007 年间的跨国并购进行了实证研究，结论是印度公司跨国并购交易对其绩效有显著正向影响。包腾和钱（2008）研究了 2000 ~ 2004 年中国上市企业 27 起跨国并购交易，认为跨国并购能为中国跨国公司带来绩效提升。陈和杨（2010）对 2008 ~ 2009 年 39 起中国企业跨国并购进行了实证研究，研究发现国家所有权倾向于降低中国跨国公司并购绩效。艾巴和菲克西（2009）研究了 1991 ~ 2004 年 58 家"南方"国家（地区）跨国公司 433 起跨国并购交易，结论显示："南方"国家（地区）企业跨国并购交易并未在金融市场上产生积极反应。阎大颖（2009）对东道国制度约束对中国企业跨国并购绩效影响和决定机制进行了多因素考察和实证研究。结果认为：东道国管制性制度约束越严格，中国企业跨国并购后绩效越差；东道国规范性约束越小，跨国并购后绩效越好。霍普和托马斯（2011）发现，一般而言，由于"北方"国家存在"国家骄傲"，（a hubris motivation）"南方"国家（地区）跨国公司在并购"北方"国家公司时通常要支付较高的价格，因此不利于收购公司价值提高。

2.2 现有研究的总结评述

总结上述文献，本书不难发现，传统对外直接投资理论对认识跨国直接投资的内在规律，特别是对把握"北方"国家跨国投资动机、模式及其战略变动具有重要的理论和现实意义，但也存在一些局限性。正是研究对象与世界经济环境的变化，使得传统对外直接投资理论对"南方"国家（地区）对外直接投资的解释力受到严格限制。

始于 20 世纪 50 年代后期的传统对外直接投资理论有三个主要特征：

第一，以"北方"国家跨国公司作为其特定的研究对象，而"北方"国家跨国公司则是凭借其垄断优势"走出去"的。第二，传统对外直接投资理论研究对象以北方工业化国家为母国，高度化的产业结构和成熟、健全的市场体系是这类母国经济的主要特征。第三，在"北方"国家跨国公司起步阶段，世界经济尚未进入"全球市场过剩"状态，世界经济增长以资本的规模扩张为决定因素。所有这些理论前提对"南方"国家（地区）跨国公司并不成立。跨国公司对外直接投资的经典理论—国际生产折中理论并不能解释"南方"国家（地区）对外直接投资活动：首先，在进行对外直接投资决策时，"南方"国家（地区）跨国公司并不具备传统理论中强调的"北方"国家跨国公司所具有的所有权和内部化竞争优势，相反"南方"国家（地区）进行对外直接投资正是为了从东道国获取、积累这些战略资产。由于母国技术、制度环境等因素，"南方"国家（地区）跨国公司在较短时间内不能从母国获得而这些战略资产。其次，国际生产折中理论中跨国公司所具备的竞争优势是一种静态比较优势，即只考虑跨国公司做出对外直接投资决策之前所具备的竞争优势而不考虑跨国公司在国际市场上能力和经验的积累。因此，这类理论对"南方"国家（地区）制定"引进来"的政策体系，或许有着更为重要的参考价值，而并不能为"南方"国家（地区）企业"走出去"战略选择提供切实可行的理论依据。

20 世纪 80 年代以来，"南方"国家（地区）跨国公司的形成和发展对传统的对外直接投资理论提出了挑战。一些专门解释"南方"国家（地区）企业对外直接投资行为的理论应运而生：

小岛清（1979）的比较优势理论认为，一国应从已经或即将丧失优势的产业（即边际产业）开始对外投资（即进行转移），该理论较好地解释了"二战"后日本的对外直接投资活动，但其不足之处在于：小岛清在阐述边际产业转移和政策主张方面只是针对 20 世纪六七十年代尚处于对外投资初期发展阶段的日本的状况，对于 80 年代日本崛起后的对外直接投资新趋势以及其他新兴工业国的对外直接投资状况，却未能提供翔实的理论依据。

早期的"南方"国家（地区）对外直接投资理论（Wells，1983；Lall，1983；Cantwell and Tolentino et al.，1990），始终把"南方"国家（地区）跨国公司的技术创新活动局限于对"北方"国家现有技术的继承和使用，所以不能解释一些"南方"国家（地区）的高新技术企业的对外投资行为，也无法解释"南方"国家（地区）跨国公司对"北方"国家的直接投资不断增加的趋势。特别是 80 年代中期以后，来自"南方"国家（地区）的对外直接投资出现了加速发展的趋势，特别是一些新兴工业化国家和地区的对外直接投资大量投向了"北方"国家，并成为当地企业有力的竞争对手。

近年来，越来越多的学者开始尝试从制度和相对制度即制度距离的角度来研究"南方"国家（地区）对外直接投资。但大多数现有文献仅针对某一国家和地区，未能构建出制度距离影响"南方"国家（地区）对外直接投资行为一般性的清晰模式。对于"南方"国家（地区）对外直接投资和传统"北方"国家对外直接投资模式的区别和特点，以及制度距离如何通过这些特点来影响"南方"国家（地区）对外直接投资的机制和渠道仍待进一步研究。另外，不同的类型、属性的制度因素，对跨国公司对外直接投资行为与绩效的影响机制并不相同（MN. Young and MW. Peng，2008）。大多数国外文献在实证研究中只从政治、经济、文化等不同的制度维度来检验不同类型的制度因素对"南方"国家（地区）对外直接投资活动的影响。没有深化和细化制度因素对"南方"国家（地区）OFDI 的影响；没有考虑到东道国制度发展水平的差异而导致的对"南方"国家（地区）OFDI 影响的差异。例如，很少有文献将制度分为管制性制度与规范性制度并用"制度距离"，即东道国与母国制度环境之间的差距（Kostova，1999）来集中阐述东道国与母国间管制性制度距离和规范性制度距离对跨国投资区位选择及绩效的影响机制。因此，还有待于进一步深化和细化研究母国与东道国制度差异对"南方"国家（地区）OFDI 影响。

传统和新古典公司并购理论主要以来自"北方"国家特别是美国企业的跨国并购为研究对象。传统理论主要研究经营多样化、运作绩效及市场潜力等因素对跨国并购绩效影响。新古典理论主要关注当收购公司与目标公司治理体系存在较大差距时，公司对相关利益群体权利保护等公司治理要素的改变对跨国并购后股东、收购公司价值的影响。另外，大多数新古典理论的研究都是从法律、金融制度的视角来研究跨国并购绩效，从管制性、规范性制度视角的研究较少。对于来自"南方"国家（地区）企业跨国并购绩效与制度的文献较少，主要存在以下缺陷：（1）样本量很少，普遍存在样本选择随意性，可能会影响结果的普适性；（2）没有考虑并购双方制度距离对并购绩效的影响，而这正是本书研究的重点；（3）上述文献中的实证模型遗漏了一些重要的控制变量，如"南方"国家（地区）独特的风险因素，缺乏系统性的研究。

由于缺少数据支持，国内关于制度与"南方"国家（地区）对外直接投资的研究较少，现有国内文献主要以中国为研究对象，并且研究时期较短。大多数国内文献通过实证研究来检验制度因素对中国对外直接投资行为的影响，缺少系统的理论体系。另外，从规范性制度与管制性制度两个维度的制度距离研究"南方"国家（地区）对外直接投资行为与绩效的文献很少，而这正是本书研究的重点。

第 3 章

制度距离对"南方"国家（地区）
对外直接投资影响的理论分析

3.1 "南方"国家（地区）跨国公司独特竞争优势

"南方"国家（地区）跨国公司指来自发展中国家及转型经济体、进行对外直接投资、在一个或多个国家从事价值增值活动并对跨国界经营活动进行有效控制的国际化企业（Luo and Tun，2007），其发展历史可以追溯至 20 世纪七八十年代的第三世界跨国公司。从历史发展来看，"南方"国家（地区）跨国公司经历了两次对外直接投资的浪潮。第一次浪潮是 20 世纪 60 ~ 80 年代，这次浪潮中兴起的发展中国家跨国公司被学术界称为第三世界跨国公司。第二次浪潮始于 20 世纪 90 年代，并伴随经济全球化的深入而不断高涨。"南方"国家（地区）跨国企业的第二次浪潮被视为经济全球化和区域化所致世界经济结构变化的结果，这些变化主要包括产业技术的巨大进步以及市场自由化和区域贸易集团的形成等。由于发展背景的不同，两次浪潮中"南方"国家（地区）跨国公司与传统"北方"国家跨国公司对外直接投资相比呈现不同特征。总体来看，尽管"南方"国家（地区）跨国公司在来源国、所选择的产业、竞争优势、目标市场和国际化路径等方面表现出较高的异质性，但自 20 世纪 90 年代开始，南方跨国公司发展呈现出如下特征：

3.1.1 "南方"国家（地区）跨国公司新特点

传统对外直接投资理论中，跨国公司来自经济发展水平、国民收入水平较高的工业国，即"北方"国家。"北方"国家跨国公司对外直接投资的比较优势源于尖端技术、强大研发能力、先进的管理技巧。由于信息不对称性及验证的困难性，这些优势是不会在短时间内削弱。"北方"国家跨国公司会向具有生产区位优势的其他"北方"国家投资，或者向劳动力成本较低的"南方"国家（地区）投资。同样，由于信息不对称及验证困难性，东道国比较优势也不会在短时间内减弱。对外直接投资、跨国并购通过内部公司治理体制替代了执行效率低下的外部契约，减少了跨国经营不确定性造成损失。在全球化背景下，由于所处的经济与制度环境的不同以及资源禀赋和文化的不同，与北方经济体相比，"南方"国家（地区）跨国公司对外直接投资呈现出与传统"北方"国家跨国公司不同的特征。"南方"国家（地区）跨国公司在世界对外直接投资发展中的作用日益重要，因此有必要甄别"南方"国家（地区）跨国公司的特点。"南方"国家（地区）跨国公司与"北方"国家跨国公司的关键区别在于：

（1）对外直接投资的动因的不同。联合国贸发会议（1998）将企业对外直接投资的动因分为以下几类，FDI 分成市场寻求型（market-seeking）、资源寻求型（resource-seeking）、技术寻求型（technology-seeking）和效率寻求型（efficiency-seeking）。传统理论认为企业进行对外直接投资的动因是运用企业在进入国际市场之前累积的既有的所有权优势，即资产运用型对外直接投资（asset exploiting FDI）。该理论认为，跨国公司的对外直接投资（OFDI）主要是跨国界运用其国内已拥有的资源，通过企业专有资产跨国界转移，与东道国廉价的资源优势相结合，进而获取垄断利润。"南方"国家（地区）对外直接投资（OFDI）的动因与其他国家类似，同时也有独特之处，受投资者禀赋的差异和比较优势和投资规模限制，"南方"国家（地区）投资呈现出多样化的对外直接投资动机。第一，市场寻求型对外直接投资（OFDI）。即对外直接投资的直接动机在于扩大原有市场，开辟海外新市场，避开各类贸易保护壁垒。"南方"国家（地区）国内传统行业产能过剩，市场已经接近饱和。贸易自由化和投资制度使得国内市场竞争激烈，因此很多企业为了开辟新市场进行境外投资。如韩国制造业 70 年代以美国市场为主体实施的出口导向型政策，90年代其对外直接投资重点转向东南亚和中国市场。第二，资源寻求型对外直接投资（OFDI）。根据东道国资源禀赋差异又可分为：第一种是自然资源寻求型，即母国经济高速增长，自然资源相对短缺。通过直接投资充分利用东道国的矿产、石油等资源成为缓解我国自然资源不足的方式之一。

资金大多投向矿产、林业、渔业等初级产业部门。这种投资在早期小规模对外直接投资中较常见。1987年原中国冶金进出口总公司与澳大利亚哈莫斯利铁矿公司合资开发澳大利亚恰那铁矿。1993~2002年,中国石油、中国石化、中国海油三大石油公司参与境外油气田开发项目近30个,累计达50多亿美元。第二种是劳动资源寻求型,即对外直接投资向廉价劳动力国家转移。例如80年代初,"四小龙"向中国内地投资即属此类。第三,技术或资产寻求型对外直接投资(OFDI)。获得是"南方"国家(地区)跨国公司对外直接投资的重要动因之一。企业为了获得当前缺乏的重要的所有权优势,如先进的技术、生产工艺、品牌、国际销售渠道、营销和管理技巧等战略资产的途径技术和管理经验进行境外投资。投资的方式包括收购、兼并国外掌握先进技术的企业;与国外拥有先进技术的企业合资兴建企业等。如韩国三星公司(Samsung)1995年购买全球个人电脑排名第六的AST研究公司40.75%的股份。第四,资金获取型对外直接投资(OFDI)。很多企业将对外直接投资(OFDI)视为融资的有效渠道,即以有效获取并利用国外资金为目的,通过在海外投资或得当地贷款或以母国技术、设备折价入股,进而利用当地配套资金进行生产经营。例如,很多中国大陆企业选择在中国香港、美国等地上市,利用境外资本市场融资。自1993年发行境内上市外资股以来,截至2010年12月末,我国共发行H股165只,累计筹资1627.72亿美元。20世纪80年代,中国中信公司与中国有色金属工业公司联手利用澳、英、美、日银行贷款,向澳大利亚波特兰炼铝厂投资1.2亿美元,购买其10%的股份。第五,制度规避型对外直接投资(OFDI)。东道国的优惠政策以及在通过境外企业在境内投资可享受境内提供的对外资的优惠待遇,也促使一部分企业在境外投资。此外,国内金融资源错配导致大型企业闲置资金较多,在国内无法找到合适的投资机会时,便投资海外。企业特别是大型国有企业的境外投资也受到国家战略的影响。"南方"国家(地区)跨国公司国际化进程的实践表明:跨国公司海外投资、经营并非要具备所有权优势形成的先决条件,而有可能是其在母国市场面临激烈的国际、国内竞争条件下,为了在较短时间内形成并积累竞争优势而进行海外投资活动所要实现的战略目标。当作为全球竞争的后来者(late comers),"南方"国家(地区)跨国公司进行对外直接投资时,其在母国市场经营所获得、积累的企业所有权优势往往不足以形成相对于"北方"国家本土企业的相对竞争优势,因此除了资产运用动因外,战略资产寻求成为"南方"国家(地区)跨国公司对外直接投的重要动因之一，并且其海外投资的资产运用和战略资产寻求动因是相互作用的（李珮璘，2010）。进入21世纪后，尤其是在向"北方"国家进行投资时，"南方"国家（地区）跨国公司的海外投资行为更多的是由获得、积累所有权优势的战略资产寻求动因所驱动（Torbjorn and Fredriksson，2008；Aleksynska and Havrylchyk，2011）。第六，发展战略导向型对外直接投资（OFDI）。即出于长期宏观战略和企业微观利益考虑，投资于没有眼前高额利润，但从长远看会产生高利润回报的地区、行业。如新加坡将工厂向马来西亚转移、在中国山东省和苏州市建立工业区，韩国积极参与构筑东北亚经济圈等。以及为感受当地市场环境变化，树立企业形象的"窗口型"对外直接投资，为了跟踪并获得先进技术外溢效应的"跟踪型"对外直接投资和与其他企业联合进行技术研发的"战略联盟式"投资。

（2）"南方"国家（地区）跨国公司的技术、管理经验都做出了本地化的改进："南方"国家（地区）跨国公司规模较小，使用成熟和更通用的产品，更适合当地下游企业低档次机器和设备，从而能更有效率地利用当地低水平甚至替代品投入。子公司专业化水平低，能将有效经济规模缩小到与当地小市场相当的程度；由专业化程度低和机器设备通用性高带来的灵活性，使企业在经营环境和市场条件变化时能调整其产品。"南方"国家（地区）非熟练劳动力充裕，"南方"国家（地区）企业在长期的经营运作当中，形成了完善的管理非熟练劳动力的技巧。

（3）"南方"国家（地区）跨国公司倾向于通过关系网络、贿赂东道国当地官员来达到商业目的。利用东道国制度缺陷来降低跨国经营风险的独特竞争优势。"南方"国家（地区）在国内经济工业化、制度的市场化与转型过程中，通常存在各种制度缺陷和限制。而"南方"国家（地区）在经济转型过程中存在的各种制度缺陷是"南方"国家（地区）跨国公司可以发挥其特有优势的重要来源，如获得政府强有力支持、知识产权保护缺失、企业财务、会计信息披露制度不完善等。在具有相同制度环境的其他"南方"国家（地区）市场，"南方"国家（地区）跨国公司在利用制度缺陷方面存在独特的竞争优势。

（4）在国际化进程战略方面，"南方"国家（地区）跨国公司与传统"北方"国家跨国公司存在本质区别：来自"南方"国家（地区）的跨国企业在获得必要的生产规模和积累相当的竞争优势之前就以体现全球中心观念①的全球市场为目标（Bartlett and Ghosha，2000；李珮璘，2010），而不是民族中心观念②或简单模仿当地企业的观念。

（5）企业所有权优势差异："北方"国家跨国公司的所有权优势来源于先进的专有技术或其他战略资产（如管理诀窍、营销技能、品牌效应、分销渠道等），而"南方"国家（地区）跨国公司在国际化初期通常会缺少这些战略性资产。因此，"南方"国家（地区）跨国公司在其他方面开发其独特的竞争优势。与东道国种族联系（Ethnic Relationships）、熟悉关系资产（Relationship assets）背景下的商务环境、政府资本及政策支持（Capital and Plotical Support from Home Government）带来的国际经营成本降低、利用东道国与母国相似恶劣制度环境下的经验（Institutional voids）等是"南方"国家（地区）跨国公司相对竞争优势的独特表现。例如，中国家族企业的所有权优势通常不是基于专有技术或无形资产，而是基于关系契约和关系资产（Tong，2003；Erdener and Shapiro，2005）。关系资产是"南方"国家（地区），特别是亚洲国家跨国公司竞争优势重要来源。关系资产是指建立、融入、维护社会关系网络的能力，即通过与控制社会资产的公司或其他经济个体建立利益关系从而获得某些社会资产的使用权。这种利用关系资产的能力是亚洲企业独特的竞争优势。关系网络表现为与东道国居民的种族或家族联系。关系网络促进了关于投资机会的市场信息的传播，富有成效的商务关系的建立便利了企业进入市场与发展的过程。因此，社会关系网络降低了投资和经营的风险。海外华人密切的经济联系和东亚经济商务往来中对社会关系网络的重视都会影响东亚国家对外直接投资的模式（Tong，2003）。种族和家族关系网络减少了在国外市场搜寻商业机会及进入市场规模接近饱和海外市场所导致的经营风险和交易成本，成为亚洲跨国企业特有的企业层面所有权优势（Li，2003）。因此，亚洲企业倾向于在与本国种族联系紧密的东道国投资。例如，大约80%的海外华人聚居在亚洲诸国，这其中近60%聚居在印度尼西亚、泰国和马来西亚。南北方国家制度的异质性是产生这种差异的主要原因。"北

---

① 全球中心主义（GeoCentism）：这是一种最彻底的国际化经营观念。在这一阶段，国际企业将以整个世界作为市场制订营销战略计划，以世界范围为基准开展营销活动，营销策略制定的国际标准化受到重视。

② 民族中心主义（ethnocentrism）将从自身文化发展出来的价值和理论应用于其他团体和人群；种族中心主义意味着偏见或曲解。其以意识判定群体优劣，再以群体优劣意识判定个人特性。

方"国家跨国公司在健全、完善的市场经济和制度环境下发展起来，企业竞争更多的是依靠积累先进技术、管理、营销、产品与品牌等方面的所有权优势。重视关系网络、利用制度缺陷是"南方"国家（地区）跨国公司区别于"北方"国家跨国公司所有权优势的一个重要特点。

（6）国际化进程演变特征不同。传统"北方"国家跨国公司通常遵循常规"先易后难"的阶段化演进过程，即传统跨国公司的成长要经历不规则出口活动、通过代理商出口、建立国外销售子公司和从事国外生产与制造的缓慢、渐进的逐步演化的过程，在国际化过程中同时伴随着国际化经验的学习与积累效应。在全球化背景下，由于国内市场制度改革和向国外开放市场所带来的竞争压力，后来者要遵循先行者的渐进式的阶段发展模式是不可能的；另外，经济全球化的深化为"南方"国家（地区）跨国公司提供了巨大的发展机遇，政府为提升国际竞争力大多为本国或本地区跨国公司的国际扩张提供政策支持，这弥补了南方跨国公司自身实力的不足，为其超越常规发展创造了条件。"南方"国家（地区）跨国公司也遵循阶段化演进路径。然而"南方"国家（地区）跨国公司的形成是以获得并培养所有权优势而不是所有权发挥、运用为起点的。因此，"南方"国家（地区）企业国际化进程通常按照非传统模式进行以便追赶甚至超越"北方"国家传统跨国企业，这其中包括内向型国际化，即通过代工生产与"北方"国家跨国公司本地生产或者全球供应结成联盟伙伴关系；或通过跨越、反转、压缩企业早期国际化阶段等方式加速国际化进程（Child and RoDrigues，2005；Li and Chang，2000；李珮璘，2010）。依据国际投资周期理论的思路，"南方"国家（地区）吸收与进行对外投资阶段，首先应先经历接受"北方"国家的对外直接投资，然后向邻近及经济发展水平接近的"南方"国家（地区）进行对外直接投资，在积累了相关国际经营经验后，最后实现"南方"国家（地区）向"北方"国家进行对外直接投资，这个阶段标志着"南方"国家（地区）对外直接投资活动的成熟。其机制是"南方"国家（地区）的一些产业同"北方"国家一定时期内淘汰下的技术构成相似的商品生产部门，由于"南方"国家（地区）具有后发优势，技术上较先进，本国劳动力成本低和资源丰富，进而形成竞争优势。近年来，"南方"国家（地区）开始纷纷挺进"北方"国家，进行逆向投资。其进入国际市场和行业并未遵循"先易后难"式渐进策略，而采用"先难后易"的国际化战略，即先向欧美等"北方"国家和地区投资，取得名牌地位后，再向"南方"国家（地区）投资。进入

20 世纪 90 年代以来，中国、印度尼西亚、韩国、委内瑞拉等国对"北方"国家的直接投资占其 FDI 总额的 50%；新加坡创新技术公司在美国、欧洲、东亚和东南亚拥有 60% 的全球份额；韩国三星集团在英国、德国、西班牙和匈牙利设立了 11 个生产基地，收购美国 AST 大部分股权；LG 电子集团公司在西欧、东欧进行投资，在意大利生产冰箱，在德国生产录像机，在德国、俄罗斯设立设计中心，在美国收购 ZEN、TW 多数股权等。海尔在国际化进程过程中，首先向德国、美国等"北方"国家投资。印度塔塔集团最先向英国、美国等"北方"国家投资。从 90 年代起，"南方"国家（地区）政府通过给予对外直接投资（OFDI）以免税，从海外汇回利润的免税期长达 10 年，同时建立出口信贷保险机构，并设立海外创业资本基金等优惠措施，使对外投资产业由资源劳动密集型向技术资本密集型过渡。目前，"南方"国家（地区）跨国公司的行业分布主要集中在食品和饮料（跨国化指数 40.8）、建筑（31.5）、石油（21.8）、造纸（39.9）、电子电器设备（37.2）、运输行业（46.6）等行业[1]。海尔等来自"南方"国家（地区）跨国企业将全球化竞争视作提升企业能力的机遇，其海外经营的成功实践验证了"南方"国家（地区）企业加速国际化进程的机制。来自"南方"国家（地区）的跨国企业通过与国际市场中"先行者"建立战略合作生产联盟等方式将传统理论中定义的作为国际竞争中"后来竞争者"的劣势成功地转化为"后来者"的相对竞争优势，并逐渐成长为知名国际企业（Bonaglia et al. , 2007）。许多来自"南方"国家（地区）的企业已经在全球竞争中脱颖而出，成为行业领军者。比如中国比亚迪股份有限公司成为世界上最大的镍镉电池的生产商，拥有手机电池市场 23% 的份额，中国国际海运集装箱（集团）公司在海运集装箱市场占有 50% 的市场份额，中国格兰仕集团有限公司拥有欧洲微波炉45% 的市场份额等[2]。中国海尔和日本松下在不同国际化阶段所花时间不同。海尔用了 6 年时间，从简单出口到首次进行 FDI，而松下则用了 9 年时间；海尔用了 5 年时间从设立首个境外生产工厂到首次进行海外并购，同样的阶段演进，松下耗时 12 年[3]。因此，除了产业、资源因素，来自

---

[1] UNTAD World Investment Report 2009. Transnational Corporations, . Agricultural Production and. Development. Press Conference. 17 September 2009, Geneva.

[2] http: //www. bcg. com. cn/export/sites/default/cn/files/publications/reports_ pdf/New_ Global_ Challengers_ Feb_ 2008. pdf.

[3] http: //jwc. nankai. edu. cn/course/software/marketing/marketing_cases/strategic_case_05. htm.

"南方"国家（地区）的跨国企业国内经营成长环境和国际化竞争环境也是影响企业国际化进程的重要因素。相对于"北方"国家企业而言，"南方"国家（地区）企业国际化进程确实出现缩短的趋势。其对外直接投资活动也呈现出不同的特征（Yang et al.，2009）。

（7）政府资本等政策支持：在"南方"国家（地区），政府部门通过实施产业规划战略为本国跨国企业提供资本支持。许多"南方"国家（地区）的政府通过实施优惠政策和制定相关法律，在财政、金融和税收等鼓励企业积极参与对外投资。主要措施有：制定海外投资法，鼓励民间企业对外投资；建立对外投资保险机制；提供海外投资金融支持和信息网络咨询；实行税收减免优惠等。80年代，韩国开始投资便利化进程，支持企业对外投资。比如采取相应减少政府干预、下放审批权、缩短审批时间等措施减少企业投资成本。同时，韩国政府同东道国政府签订多边双重关税协定，建立海外投资风险预警体系，保障企业海外投资及经营安全。新加坡政府颁布了如延长海外汇回利润的免税期、对获政府批准的海外投资风险基金实行双倍减息优惠等许多政策来促成本地企业与投资本地的海外跨国公司合作、组建大集团投资第三国。新加坡政府从1994年开始动用700多亿美元外汇储备和中央公积金，每年动用2%~3%，之后逐年扩大以保证对东南亚等地的投资。这是由"南方"国家（地区）独特的制度环境所决定的（Buckley and Clegg，2007），"南方"国家（地区）在经济转型过程中，逐步对外资开放市场、降低贸易壁垒，贸易自由化使国内企业所受到的政策性保护减少，企业在国内市场也将面临激烈的国际竞争。而转型期国内制度体系亟待完善，制度执行效率低下，企业难以在较短时间获得积累竞争力所需的战略资产。因此，政府战略规划部门为亟待快速提升竞争力而开展国际化经营的行业或企业提供资金、政策支持也成为"南方"国家（地区）跨国公司所有权优势的重要来源和影响因素。外资准入、对国内企业保护等母国制度体系的变革是促使拉美企业国际竞争力增强，克服跨国经营障碍的能力提高，从而进行对外直接投资、成为跨国公司的重要驱动因素（Cuervo-Cazurra，2008）。泰国企业在国际化扩张过程中呈现出动态演化的特点。金融危机前，关系资本和关系网络是泰国企业国际化进程中独特的竞争优势。而金融危机后，泰国跨国企业开始调整其国际化战略，更关注自身技术能力的提升及经济活动中私人关系网络的透明化、正式化（Pananond，2007；李珮林，2010）。因此，在独特的制度环境下，"南方"国家（地区）跨国公司所有权优势也会有所差异。另外，从所有权优势的层面看，"北方"国家市场化程度相对较高，"北方"国家跨国公司母国政府对经济活动干预较少，而绝大多数"南方"国家（地区）国内经济制度处于转型期或完善中，"南方"国家（地区）政府通常实行有计划地追赶战略，对企业国际化进程有相对较多的政策及行政干预，这导致"北方"国家跨国公司的所有权优势主要体现在微观企业层面，而"南方"国家（地区）跨国公司的所有权优势主要体现在国家层面。

（8）跨国经营方式多样化：波士顿咨询公司（2006）列出了"南方"国家（地区）来自工业产品、耐用消费品和电讯、制药、信息技术等领域前100家公司，这些公司不仅通过出口方式进行国际化经营，而且通过并购方式在内的FDI积极推进跨国化发展。20世纪70年代，韩国政府大力支持韩国IT产业发展，造就了三星、LG等通信行业的世界著名品牌。1995年，韩国三星集团所属的三星电子公司宣布购买在全球个人电脑业排名第六的美国AST研究公司40.75%的股份。LG电子集团公司收购美国收购ZEN、TW多数股权。韩国汽车制造商INZI收购了美国托莱多汽车供应商并在亚拉巴马州建厂。印度对外直接投资行业集中在IT及相关产业、医药、酒店、农产品和汽车产业，其中IT及相关产业占48%的比重。印度的IT服务和咨询公司萨蒂公司（Satyam）通过与美国建立战略联盟，共同开发ESCM商务系统并互换销售网络、为300多家国际企业提供服务。俄罗斯对外直接投资主要集中在冶金和钢铁行业。从2002年起，俄罗斯冶金业开始大规模向美国进行投资。2007年3月，诺里尔斯克镍业公司收购了美国OM集团旗下的镍资产，同时以11.6亿美元收购了国际黄金开采公司部分股权，并控股了美国唯一的钯生产商Stillwater Mining。2007年1月，俄罗斯"欧亚集团"以23亿美元价格收购了美国俄勒冈钢厂，涉及钢管、钢板、钢轨和轧材业务。2008年6月，俄罗斯谢韦尔钢铁公司（Severstal）收购美国煤矿资产。2009年，俄罗斯北方钢铁公司收购美国ECmark冶金公司、美国WCIsteel钢铁厂、SparrosPoint和PBS煤炭公司。俄罗斯企业通过一系列海外并购活动已累积拥有近10%的美国行业钢铁产能。巴西对外直接投资行业集中在能源（石油和煤气）、电机制造和建筑业。2006年巴西石油投资8000万美元收购壳牌公司在乌拉圭的加油站并参与其大陆架石油和天然气勘探业务。

（9）对外直接投资区位范围广泛，并不断向产业链高端延伸。南方跨国公司对外投资的区位范围广泛涵盖了"南方"国家（地区）及"北方"

国家。波士顿咨询公司（2006）报告按规模、绩效综合选取了100家"南方"国家（地区）跨国企业（其中包括中国的联想、海尔、华为，印度的 Tata、Mittal Steel）进行调研。1985～2005年，这100家南方跨国公司中有57%企业的海外并购活动是针对"北方"国家企业进行的，同时其跨国化经营活动也不断向高端产业和高价值附加值环节、领域拓展（Aulakh，2007）。

（10）灵活的组织结构。"南方"国家（地区）和地区的国外子公司与母公司的组织管理结构较简单明晰，国外分支机构经营的自主权较大。有些是以金融业务为主体，通过银行资本向海外扩张。由于海外子公司受政府干预较少，许多海外企业的利润可以不汇回国内而进行海外投资，较灵活的组织还开放了海外融资权和技术引进权使海外公司经营效率提高。如中国香港海外公司可以直接引进"北方"国家技术，依靠组织结构优势为产品模仿创新后再进入"北方"国家市场提供了畅通的营销渠道。一些"南方"国家（地区）在加强母公司研发活动的同时，也开始在"北方"国家设立子公司或研发机构从事创新研究，打破了"北方"国家对技术的垄断，获取了先进技术。如韩国三星公司在国外设立了11个研发中心，印度 WIPRO 计算机公司和中国联想集团在美国硅谷设立研发中心和办事处。格兰仕、康佳和长虹也纷纷在美国建立研发中心及技术合作战略联盟①。中国海尔集团1994～2001年先后在国外成立18个设计分部，在东京、洛杉矶、中国香港、蒙特利尔、维也纳、首尔、悉尼、阿姆斯特丹、中国台湾、硅谷设立了10个信息中心，19个全球技术合作战略联盟。1993年，华为开始了其研发国际化进程，从在硅谷建立第一家芯片研究所开始，目前已经在全球建立30多家分支机构。其全球研究机构覆盖美国、印度、俄罗斯、瑞典、英国等国家②。

（11）企业集团与中小企业并举的灵活对外直接投资模式。一些"南方"国家（地区）在政府投资、税收优惠和贷款优惠的推动下，按照市场导向、资源导向支持发展国内大集团形成优势产业群，利用规模经济的优势在企业国际化进程中发挥了重要作用。韩国政府60年代推行的经济复兴计划当中，采取一系列措施促进了如大宇、LG电子、鲜京、三星电子、东亚建筑、双龙水泥等大型企业集团的飞速发展。1997年，韩国进入

---

① 康灿华，苏芳．中国企业对外直接投资与技术创新 [J]．对外经贸实务，2006（6）：47-50.

② http：//course．shufe．edu．cn/course/gjmyx/xgal/ch9_2.htm.

"南方"国家（地区）50 强前列。而中国香港、中国台湾从 80 年代后在投资自由化政策的驱使下，主要依靠中小企业，根据国际市场行情，发挥其经营灵活的有利因素进行对外直接投资，使 90 年代以"四小龙"为主体的东南亚、东亚的对外直接投资占"南方"国家（地区）FDI 总额的 86% 以上①。

3.1.2 "南方"国家（地区）跨国公司制度优势

相对于"北方"国家跨国公司而言，"南方"国家（地区）跨国公司的劣势是长期在母国不完善的制度环境中经营，但是当在相似恶劣制度环境的"南方"国家（地区）进行对外直接投资时，这种劣势反而转成为一种"北方"国家跨国公司所不具备的优势。

"南方"国家（地区）跨国公司在恶劣制度环境下，经营并盈利的能力是其在制度环境同样恶劣的"南方"国家（地区）经营、运作的竞争优势：即使跨国公司对东道国的细节并不熟悉，但培养、维护和当地利益相关集团的关系网络，了解通过规范性制度操作来克服东道国制度缺陷、障碍的重要性；谙熟于贿赂东道国政治官员来克服障碍等潜规则的操作②是跨国公司在"南方"国家（地区）经营的一般性准则。"南方"国家（地区）跨国公司在这方面经验丰富，而且这种行为不受其母国法律、制度约束。但在法制健全的"北方"国家，跨国公司的海外子公司如果在东道国通过商业贿赂以达到获取订单等商业目的，不论其是否受到东道国政府制裁，其母公司将受到母国相应法律制裁。例如，20 世纪 70 年代以后，许多对外扩张的跨国公司利用一些"南方"国家（地区）市场立法不健全的弱点，通过贿赂关键人物以求迅速进入东道国市场，扰乱了全球市场秩序。于是，美国相继出台了一系列禁止海外贿赂的法案来制裁美国企业及其全球附属机构在美国和海外通过任何形式的商业贿赂等不正当竞争手段来获取商业利益：其中以 1977 年美国国会通过的《禁止海外贿赂法》最为著名。《禁止海外贿赂法》是最严厉的法律之一，对行贿者的惩罚极为严厉：公司一旦卷入商业贿赂丑闻，将面临巨额罚款、承担相应法律责

---

① 张海波. 东亚新兴经济体对外直接投资对母国经济效应研究 [D]. 辽宁大学，2011.

② 在不同的"南方"国家（地区），商业贿赂、潜规则的具体方式也并不相同。通过错误的方法和途径以及向不合适的人进行商业贿赂结果可能是事倍功半。这对于西方"北方"国家跨国公司而言是很难接受并付诸实践的。

任、公司声誉受损以及大大提高的运营成本。《禁止海外贿赂法》不仅要求母公司及其子公司都要依法行事，另外企业有义务建立内部控制系统和会计体系来监督其海外子公司的经营行为，否则即使是跨国公司的海外子公司、附属机构触犯了该法案，母公司也要承担责任。《禁止海外贿赂法》同时规定，公司所有的经营活动都要经最高管理层授权，一旦出现问题，母子公司高管都要面临巨额罚款甚至承担刑事责任（Feito-Ruiz and Menéndez-Requejo，2011）。

"南方"国家（地区）间独特的种族、语言、文化、思维方式、价值观念等规范性制度的相似性使管制性制度缺陷导致的投资风险对东亚及东南亚区域内的对外直接投资影响很小，基础设施建设、经济发展水平、市场规模等反映经济基础的因素对东亚、东南亚的区域内对外直接投资决策起到决定性作用。"南方"国家（地区）企业通常依靠社会关系网络获取外部资源，以弥补外部市场机制的欠缺。"南方"国家（地区）在国际化经营时会延续本国的网络发展模式，例如运用东道国的社会网络优势（Social Networks Advantage）在当地有效获取资源、降低经营风险。社会网络（Social Networks）指涵盖各种国际上社会交易活动的族群网络和商业集团（Bussiness Group）。商业集团是一种松散的组织体与紧密的组织活动相结合的跨国公司组织形式载体，如日本的综合商社及韩国的大型贸易企业。种族网络（Co-Ethnic Networks）定义为：一种以共同的种族、地缘或信仰为纽带而建立起的社会关系群体，比较典型的就是某个种族在母国或长期生存地区以外的移民群体及其在当地的社交网络（Migrant Networks）①，如海外华人网络（Oversea Ethnic Chinese Network）是全球众多移民网络中的重要组成部分。海外华人网络是指海外华人及其后裔根据在中国相同的祖籍地和相近的血缘关系等建立的正式或者非正式的社交网络，并以亲友关系形成族裔网络从事跨国商业活动。海外华人网络以依靠多圈层的关系和纽带形成有机的商业网络进行商业活动为特点（Hamilton，1996；阎大颖、孙黎等，2013）。有关移民种族网络与国际贸易和国际投资络的研究认为，以移民种族关系网络内的种族、地缘及信仰为纽带，凭借非正式的人际关系信用代替正式的法律及社会制度，以种族内部严格的商业道德作为交易的行为准则，从而形成企业界的关系网，以便能在陌生

---

① Rauch, J. E. and V. Trindade. Ethnic Chinese Networks In International Trade [J]. The Review of Economics and Statistics, 2002, 84 (1): 116 – 130.

的东道国寻求并拓展自身经济活动的发展空间，获得更多的商业机会（Gould，1994；Head and Ries，1998；Combes et al.，2005）。因此，企业更倾向于选择人文环境相似的东道国进行投资，以规避在陌生的海外商业环境下经营的风险。这种"南方"国家（地区）在东道国建立的网络体系称为关系资产（Relational Asset），是一种独特的所有权优势。关系资产、关系网络可以通过两种途径促进国际贸易和投资：第一，全球贸易、投资自由化浪潮下，跨境交易所面临交易成本和关税等正式的贸易、投资壁垒对贸易及投资的阻碍作用已经大幅降低。由于跨国交易双方缺乏信息沟通和互信机制，导致很多非正式壁垒引致交易执行的难度增加。如果东道国国内具有相同民族、语言、文化习俗，且熟悉所在地市场环境的关系网络可以充当着提供和传递信息以及有效匹配买卖双方的重要角色，便可以很大程度地降低非正式壁垒交易成本引致的风险，增进了双边贸易、投资规模①。第二，在东道国契约法律体系不健全的环境下，东道国内共同的种族间社会网络内部非正式的信用机制和对违背契约与合同执行行为的制裁措施，可以降低企业在陌生的营商环境及法律体系下跨国交易的谈判和执行成本，提高跨国交易的概率与经营绩效。近年来，全球化及区域经济一体化背景下，国际直接投资对母国经济、就业的促进作用愈加显著。企业跨境对外直接投资行为比简单的国际贸易活动面临更大的信息不对称及逆向选择问题，海外投资者需要投入更高的前期启动及调研成本才能与东道国当地供应商、客户、员工及政府机构建立长期、稳定、和谐的交往合作关系。因而，海外华人移民数量极其庞大、在国外成功的商业活动中积累了雄厚经济实力。因此，海外华人社会网络对国际贸易和投资的促进作用备受关注，海外华人、华侨群体及其在东道国成熟的社会网络积极促进了改革开放以来中国对外贸易和外资引进，为中国经济高速发展发挥了至关重要的作用。海外华人社会网络通过下述两种途径促进中国与东道国国的双边贸易与投资活动：第一，通过规范性制度网络联系，实现信息共享、传播及扩散效应，降低企业获得交易信息的风险与成本，提高交易效率；第二，通过维护华人族群持久的商业信誉长期以来自发建立的网络内部、非正式的奖惩机制来杜绝交易双方可能的违反契约执行问题（孙黎，1996；Rauch and Trindade，2002；Gao，2004；Lafourcade，et al.，2005）。

① Javorcik，B. S.，Çözden，et al. Migrant Networks and Foreign Direct Investment [J]. Journal of Development Economics，2001，94（2）：231-41.

法国著名社会理论家布劳代尔将当今资本世界分为经济资本、社会资本与文化资三种主要的资本构成形式。经济资本是社会资本的基础，社会资本在一定条件下可以转化为经济资本。社会资本是现实或潜在资源所构成的集合体，这些资源被某种持久性的、由成员间相互熟悉和认可的一种体制化的关系网络所拥有。社会资本在一定程度上可以商业信用票据发挥类似的作用。比如为网络内每个成员提供了从集体性拥有的资本（collectively-ownedcapital）视角下的信誉支持，及为其提供了赢得各种信誉的凭证①。

华人商业网络也属于社会资本的范畴。中华民族文化特有的道德、伦理、文化等价值观经过长期的演变而形成了一种以"五缘关系"（亲缘、业缘、物缘、神缘、地缘）②为代表的社会人际关系准则及行为规范。这些特定的准则及行为规范构成了华人商业网络中的社会资本。近现代以来，海外华人商业网络又通过对各种"五缘"性社团的整合，构建出海外华商经贸、投资网络所特有的、自然形成的海外运营模式。海外华商网络基于"五缘"标准，对潜在贸易、投资伙伴进行了细分，其中近亲的华裔关系被认为是最值得信任的贸易及投资伙伴，并对不同类别的贸易、投资伙伴采取不同的行为及交易模式。比如在与存在亲密文化与血缘关系的伙伴交易中采取积极合作关系，而对非华人等不值得信任群体则采取排斥的态度。这种基于社会网络的歧视性交易模式可以保护投资的利益不受侵害。比如这在一定程度上可以解释自改革开放以来，为何海外华商率先积极投资于中国大陆。

诺思（1990）将制度定义为一个社会的游戏规则，是人为设定的正式或非正式的约束来规范人们之间的相互关系及行为。而通过制度设计约束经济行为人的活动以节约经济活动中的搜寻成本、谈判成本、契约执行成本等各种成本是新制度经济学框架中的核心问题③。在经济欠发达东道国契约法律等管制性制度不完善的情况下，贸易和投资者的利益不能得到正式的契约法等管制性制度来保证契约的执行及其效率。因此，理性的贸易者、投资者会通过基于血缘、文化的种族关系网络中来保护交易契约的执

① Bourdieu, Pierre. The Forms of Capital ［M］. Handbook of Theory and Research For the Sociology of Education, New York: Greenwood Press, 1986, pp. 120 – 124.

② 林其炎. 五缘文化说［M］. 上海三联书店，1994：12 – 20.

③ North, D. Institutions, Institutional Change, and Economic Performance ［M］. Cambridge, MA: Harvard University Press, 1990, 1986, pp. 17 – 25.

行效率。例如，东南亚的华人商业群体就通过以儒家思想为基础的非正式制度安排，即 "华人中介商群体"（Ethnically Homogeneous Chinese Middleman Group）以降低契约执行的不确定性风险①。

新制度经济学理论框架为海外投资进入国际市场的高风险提供了交易保障。在管制性制度环境比较差的国家，企业通过正规渠道获取信息受到较大限制，投资障碍、壁垒、商业交易中的寻租现象较多。加之外国投资者对目标国家经营活动的规范性制度、语言风俗习惯、商业交易惯例不熟悉，必然面临较大的潜在投资风险。改革开放以来，尽管中国大陆的经济、法治制度环境方面的改革不断有所加强，但有关知识产权保护、契约及法律执行效率方面的制度环境仍待改进。语言和文化上的障碍、营商环境中非正式潜规则的存在、缺乏稳定性的法治环境等也在一定程度上提高了外国企业在华从事直接投资的交易成本，为外国投资者设置了经营障碍。而这样存在制度缺陷的营商环境却为海外华人企业对中国的投资提供了独特的机会。例如，20 世纪 80 年代我国提出对外招商引资政策之初，管制性或规范性制度性的巨大差异为来自 "北方" 国家的跨国企业设置了难以逾越的投资及经营障碍，而一些海外华人企业却能够率先通过个人或家族关系网络等非正规渠道绕开这些制度障碍，并将这些投资障碍转化为其投资的相对竞争优势②。

而东亚、东南亚区域外的跨国公司在向该区域进行直接投资时，管制性制度缺陷导致的投资风险是其对外投资区位选择的主要考虑因素之一。当私有财产、知识产权保护体系缺失，契约执行效率低下时，社会关系网络可以弥补管制性制度缺陷造成的经营风险。东亚、东南亚存在悠久的文化、种族认同感，思维方式、价值观念基本趋同，发展历程相似，即使是区内 "北方" 国家日本、韩国及亚洲四小龙等新兴工业化国家实现经济飞跃式发展的时间也并不久远，其在相似发展阶段所面临的世界经济环境也并无太大变迁。因此区域内各国对于如何在东道国化解管制性制度缺陷导致的投资风险，使跨国公司在东道国以较低的风险、成本获得较高盈利有

---

① Landa, Janet T. The Law and Bioeconomics of Ethnic Cooperation and Conflict in Plural Societies of Southeast Asia: a Theory of Chinese Merchant Success [J]. Journal of Bioeconomics, 1999, 1 (1): 269 - 284.

② 龙登高，赵亮，丁骞. 海外华商投资中国大陆：阶段性特征与发展趋势 [J]. 华侨华人历史研究，2008 (2).

丰富经验①。截至 2012 年中国企业分布于亚洲的对外直接投资（OFDI）存量约占 70%，这些地区占中国境外华裔人口近 90%②。实践表明，流向华裔集中的地区，如印度尼西亚、中国香港、马来西亚等华商密集度较高的东道国及地区的中国企业对外直接投资长期以来一直保持相当规模。由此可见，东道国华裔居民密集度越高，中国企业在东道国投资时所具有的相对竞争优势越强。因此，东道国的华商网络关系资源也是中国企业对外直接投资所必需的相对所有权优势之一。20 世纪 90 年代以前，由于和中国内地的种族、文化认同，使得中国香港金融业和商务服务业企业对于如何在南北方两种不同制度环境下经营、运作及盈利的经验要优于其他国家企业：既能够在"北方"国家注重正式契约制度环境下经营，也能够在注重关系网络和种族联系的南方制度环境下盈利。因此，中国香港一直是区域外跨国公司投资中国内地的中转。中国香港当地企业家与中国内地的人脉关系网络也在一定程度上抵消了中国内地管制性制度缺陷导致的投资风险③。19 世纪初期，德国的罗斯柴尔德家族在欧洲对外投资过程中起到和中国香港同样的作用。19 世纪，美国的摩根家族促进了欧洲金融业对美国制造业的直接投资。中国企业"走出去"的初期，华为、TCL 等大型跨国公司也是选择向东南亚、俄罗斯、越南等存在文化价值认同或存在政治认同的"南方"国家（地区）进行直接投资。以此来减少在陌生规范制度环境和国家管制制度环境下经营的风险和成本。非正式的社会关系网络也能促成契约的履行和实施。这种社会关系网络对对外直接投资而言是一把双刃剑，对于熟悉游戏规则的公司而言，社会关系网络促进了交易的进行，而对于其他公司而言则设置了无形的、非正式障碍和壁垒。关系网络将不同国界但有着共同利益或特征（如商业联系、种族认同、宗教、语言）的经济个体联系起来，通过克服信息障碍和制度距离来促进跨国投资。不同的社会关系网络规定了其特有的行为规范和准则，其成员在经济往来中必须要遵守该准则，任何违背、践踏准则的行为都会通过网络中的信息和沟通系统在关系网络中传播，违规者随即会受到有形（如经济损失）和无形（如在网络中声誉受损或在日后经济往来中被网络中成员排斥）的惩罚。一旦被网络中其他成员所排斥，便

①② Hsiang-Chih Hwang. FDI in A Closer Linked Asia［R］. Hong Kong APEC Study Centre working paper，Hong Kong：Lingnan University，2010.

② 李凝，胡日东. 转型期中国对外直接投资地域分布特征解析——基于制度的视角［J］. 经济地理，2011（6）：910-916.

不能获得并利用社会网络提供的信息来进行交易，这种惩罚机制对社会网络中的公司而言是较为严厉的。

规范性制度与传统高度有关，很难在短时间内发生较大的变化，属于缓慢变化的制度（North，1991；Roland，2004）。相对而言，管制性制度的变迁虽然要迅速得多，但它们的变迁路径和速度在不同的国家和历史时期往往有着迥异的特征，并呈现出差异化的形态。比如中国的国情特殊，改革开放史无前例，中国的决策者在 "以经济建设为中心" 的前提下，采取的是一条代价低、风险小、收益及时的 "渐进式" 的制度变迁之路。在转型时期的中国，"摸着石头过河" 是惯常的做法，关键性的改革往往从个别地区、产业、企业的试点开始，通过实验探索可行性、积累经验，然后逐步推广。中国式的变革特征在对外开放中表现得尤为典型，对外开放的区域是从经济特区开始的，逐渐扩展到沿海开放城市、沿海经济开放区、边境内陆城市和中西部地区。对外开放的产业从第二产业中的生产性项目、先进性项目和产品出口项目开始，逐渐扩展到第二产业的所有行业和第三产业。虽然市场化的进程在不断推进，非国有部门日益成为经济发展的重要引擎，市场的竞争性逐渐增强，但一些旧的体制因素依然存在，还在或多或少地影响着经济运行的效率，而更为复杂的涉及深层次矛盾的法治和产权等方面的改革成效不彰[①]。不同国家在规范和管制制度上的差异形成了制度距离。组织的生存和发展内嵌于一国的制度环境之中，虽然母国的制度环境并不一定是最有利的，但却是跨国公司最为熟悉和擅长的。对于跨国公司而言，一旦到东道国投资设厂，其成立的子企业便成为当地经济社区中的一员，来自母国和东道国的双重制度压力使外资企业面临着如何获得内外部合法性的困难（Di Maggio and Powell，1983）。虽然跨国公司有着内部管理一致性的需要，但是为了更有效地在东道国市场开展经营活动，它还必须接受并遵守当地的规则和体制。例如，中国的传统文化特别强调 "关系"，跨国公司在建立正常的业务联系之外，还需要与当地的政府官员建立必要的政治关系，以获得更多的政策和资源上的支持（Peng and Luo，2000；Li，2005）。企业国际化不仅需要通用性知识还需要特定的市场知识。所谓通用性知识是指如何从事海外生产、经营的一般性知识，这些通用的公知可以被简单、方便地应用到任何一个新的东道国

① 潘镇，殷华方，鲁明泓. 制度距离对于外资企业绩效的影响——基于生存分析的实证研究 [J]. 管理世界，2008（7）：103–116.

市场，而关于特定东道国市场的知识则是专用的，只有真正进入东道国市场，并从事相应商业行为才能获得①。因此，跨国公司在进入一个新的东道国市场环境之后，为减少对于东道国市场的陌生感，必须首先要进行信息的搜集与加工等一系列的商业体验或尝试，来建立与东道国政府、消费者、供应商和其他社会组织的良好关系，以避免受到歧视性对待②。然而，母国和东道国间的制度距离为上述活动设置了重重障碍，较大的制度差距使得在东道国的子公司难以像本土企业一样以较低的成本及风险来应对本土市场和环境的变化应对，提高了跨国公司对当地市场、经营环境的理解难度，进而使其根据本土市场需求变化调整生产模式、配送渠道、营销模式的能力。跨国公司内部的母子公司间实际上是一种由母公司对子公司管理层予以工作和责任的授权的委托代理关系。制度距离增加了母公司监督的困难，使母公司对子公司的管理容易产生代理问题。例如，由于信息不对称，母公司难以获得子公司的充分信息，其决策也可能由于沟通、协调障碍很难在子公司得到有效执行。为了减少上述跨国经营的风险，跨国公司需要在内部建立严格的监控机制，比如，母公司向增加外派员工，加强对子公司员工培训，强化以结果或以制度为导向的激励，以此来减少由于母子公司内部的信息不对称、沟通协调困难和激励不相容的问题造成的跨国经营成本上升③。知识的创造和扩散是跨国公司竞争优势的一个重要来源④。然而，制度距离为海外子公司企业有效接收并利用母公司的知识、技术设置的屏障使得跨国公司难以在东道国轻易将其特定的竞争优势与当地的廉价资源相结合，进而获得垄断利润。跨国公司的知识、技术在母国环境经过母公司长期的调整、整合进而积累并发展起来，但在母国与东道国间市场环境和制度环境存在差异的情况下，母公司的专用知

---

① Johanson, J. and Vahlne, J. E., 1977, "The Internationalization Process of the Firm: A Model of Knowledge Development and Increasing Market Commitment", Journal of International Business Studies, 8 (1), pp. 23 – 32.

② Henisz, W. J., and Williamson, O. E., 1999, "Comparative Economic Organization Within and Between Countries", Business and Politics, 1 (3), pp. 261 – 277.

③ Nohria, N. and Ghoshal, S., 1994, "Differentiated Fit and Shared Values: Alternatives for Managing Headquarters Subsidiary Relations", Strategic Management Journal, 15 (6), pp. 491 – 502.

④ Kogut, B. and Zander, U., 1993, "Knowledge of the Firm and the Evolutionary Theory of the Multinational Corporation", Journal of International Business Studies, 24 (4), pp. 625 – 645.

识、技术可能出现与当地需求不匹配的现象①。由于专用知识、技术具有的隐含性、因果模糊性和内嵌性等特点，其传递需要历经编码、解码、重新编码和接收的过程。当存在较大制度差异的情况下，专有知识传递的每一个环节都会由于接受和理解这些知识出现的偏差而障碍。另外，员工可能因母公司的专有知识与东道国市场环境不匹配而不愿意主动地进行专有知识的接收和使用。因此，制度距离的压力使根据东道国市场环境和员工特性进行知识和传递方式的适应性调整变得尤为重，但母公司会因此遭受所有权优势的规模和范围经济的损失②。制度距离提高了跨国企业在东道国的经营成本和经营风险，降低其了在道国投资的预期收益。

"南方"国家（地区）跨国公司的技术更适于制度体系存在缺陷的东道国："南方"国家（地区）跨国公司监督管理非熟练劳动力的独特管理技能；"南方"国家（地区）在经济转型过程中，制度体系仍不完善，知识产权保护的缺失、契约执行的低效率使得"北方"国家跨国公司在投资过程中知识产权泄露的成本过高。"南方"国家（地区）跨国公司国内同样存在缺陷，因此对于如何在恶劣制度环境下，使用合适的技术使公司成本降低的经验较"北方"国家更多。例如，"北方"国家对清洁生产有较严格的制度规定，跨国公司在生产过程中都会考虑污染排放和治理的成本。因此，基于公司声誉和品牌效应的考虑，当"北方"国家跨国公司在东道国投资时，都会对其在当地的合作企业设定较为严格的生产和环保标准，这将增加当地企业的生产成本，使东道国企业短期的增长效应并不明显。而"南方"国家（地区）政府基于追赶策略的考虑，会将短期增长效率作为考核外资绩效的重要指标之一。而"南方"国家（地区）跨国公司在对外投资时，通常不存在此类问题。

上述"南方"国家（地区）跨国公司优势在一定程度上抵消了"北方"国家跨国公司基于先进技术和充裕资本的竞争优势。

---

① Jensen, R. and Szulanski, G., 2004, "Stickiness and the Adaptation of Organizational Practices in Cross-Border Knowledge Transfer", Journal of International Business Studies, 35 (6), pp. 508 – 523.

② Kostova, T., 1999, "Transnational Transfer of Strategic Organizational Practices: A Contextual Perspective", Academy of Management Review, 24, (2), pp. 308 – 324.

3.1.3 "南方"国家（地区）跨国公司对外直接投资动因——基于制度距离视角

"南方"国家（地区）跨国公司对外直接投资动因：（1）支撑"南方"国家（地区）工业化过程的第一要素是先进的技术、品牌、管理技术等战略型资产。而只有在健全完善的制度环境下才能产生先进技术、管理经验、技术诀窍、品牌等战略型资产。母国恶劣的制度环境不利于"南方"国家（地区）跨国公司国际化战略，东道国完善的制度环境有助于"南方"国家（地区）跨国公司获得战略性资产，迅速积累竞争优势，由此可以解释以中国、印度、巴西等"南方"国家（地区）跨国公司主导的南北型对外直接投资。（2）通过"南方"国家（地区）间的直接投资来获得东道国资源和土地使用权以支撑国内的高速经济增长。"南方"国家（地区）在工业化过程中，对自然资源和先进技术的需求快速上涨，在国内资源不能满足这种需求时，对外直接投资成为一种发展战略选择。自然资源充裕的"南方"国家（地区），制度体系不完善，对自然资源保护力度弱，对经济增长速度和规模的追求远远超过对经济质量和结构的追求。因此，在自然资源的开发利用过程中出现寻租现象：自然资源管理机构从自然资源的开发使用中获得大量租金，而缴纳给政府的税费却只占很少一部分。寻租效应又滋生了腐败，腐败阻碍了制度质量的提高。而来自"南方"国家（地区）的跨国公司具备在国内相似恶劣制度环境下经营的经验，对相似市场环境、商业惯例的掌控游刃有余，并且在"南方"国家（地区），关系网络、潜规则对于解决制度障碍十分重要，而"南方"国家（地区）在这方面有较多经验，能够以较低的跨国经营固定成本获得大量经济发展所需的资源。由此形成大量的"南南投资"。（3）"南方"国家（地区）对外直接投资更倾向于选择制度环境更加恶劣的"南方"国家（地区）。制度环境恶劣的"南方"国家（地区）作为东道国而言更偏向于选择来自其他"南方"国家（地区）的投资。东道国政府或跨国公司倾向于加大对经济中关键产业的投资力度，而其他"南方"国家（地区）的类似产业在母国已经比较成熟，可以为东道国提供类似经验和诀窍，这一点是"北方"国家跨国公司无法提供的。尤其曾经存在殖民统治的"南方"国家（地区）间更为明显。

3.2 制度距离对对外直接投资区位选择影响的理论分析

本书借鉴达比和沃顿（2009）的研究，建立一个简单的跨国公司 FDI 模型，来说明制度距离对对外直接投资流向的影响。假定某跨国公司总部位于 S 国，该跨国公司面临的决策是要从一些潜在东道国中选择一个进行对外直接投资。h 国即为潜在东道国之一。假定其他条件不变的情况下，跨国公司投资区位策略选择取决于每期投资利润最大化。假定 s 国跨国公司对 h 国进行直接投资经营后，每期税后利润为 $\prod_{sh}$。那么 s 国跨国公司投资不同的东道国后，每期经营利润差异为：$\Gamma_{s12} \equiv \prod_{s1} - \prod_{s2}$。如果该跨国公司可以持续盈利，并且每期盈利相同，那么在该公司存续期内，对外直接投资每期利润的现值为：$PV(\prod_{sh}) = \dfrac{\prod_{sh}}{1 - \delta}$，$\delta$ 为贴现率。

跨国公司在东道国的经营面临诸多风险和不确定性因素，这里只考虑制度因素对跨国公司经营造成的威胁，γ_h 为跨国公司每期经营期间，导致跨国公司不能够正常运作并产生利润的东道国制度风险，比如东道国脆弱的经济体制不能抵御外部冲击而致使经济状况恶化，东道国将跨国公司所有权收归国有，等等。

ε_{sh} 为当期 s 国跨国公司在 h 国不能正常经营的概率，$\varepsilon_{sh} \equiv (1 - e_s^{\alpha}) \gamma_h$。$e_s$ 为 s 国跨国公司在本国国内，在相同制度风险条件下经营企业的经验。$e_s < 1$，$\alpha > 0$。如果东道国不存在任何阻碍跨国公司正常运作的制度风险，则 $\gamma_h = 0$。如果东道国存在妨碍跨国公司运作的制度风险，则 $\gamma_h > 0$。此时，如果跨国公司拥有在母国类似恶劣制度环境下正常运作的经验，那么该跨国公司在东道国的经营就较其他没有类似经验的跨国公司更有竞争优势。该跨国公司将在东道国经营所面临的恶劣制度环境引致的经营风险转移了出去。

考虑跨国公司在东道国面临的制度风险因素后，s 跨国公司在 h 国经营每期利润现值为：

$$EPV(\prod_{sh}) = \frac{\prod_{sh}}{1 - \delta + \delta \varepsilon_{sh}} \tag{3.1}$$

就上式对 e_s 求偏导数可得

$$\frac{dEPV(\prod_{sh})}{de_s} = \frac{\delta\alpha e_s^{\alpha-1}\gamma_h \prod_{sh}}{\left[1 - \delta + \delta\varepsilon_{sh}\right]^2} > 0 \qquad (3.2)$$

$$\frac{dEPV(\prod_{sh})}{dr_h} = \frac{-\delta(1 - e_s^{\alpha}) \prod_{sh}}{\left[1 - \delta + \delta\varepsilon_{sh}\right]^2} < 0 \qquad (3.3)$$

命题1：在其他条件不变情况下，东道国恶劣的制度环境降低了跨国公司预期利润。因此，潜在东道国制度环境越恶劣，对投资的吸引力越小。

命题2：在其他条件不变的条件下，母国与东道国间制度距离越小，跨国投资的不确定性风险越小，风险性成本越低。所以制度环境不完善的"南方"国家（地区）跨国公司会向制度环境同样薄弱的"南方"国家（地区）投资。

现在考虑跨国公司在两个潜在东道国1、2间做出投资决策。跨国公司会依据投资潜在东道国预期利润的现值来做出投资决策。如果满足下式，那么跨国公司将会向东道国1进行直接投资。

$$EPV(\Gamma_{s12}) = \frac{\prod_{s1}}{1 - \delta + \delta\varepsilon_{s1}} - \frac{\prod_{s2}}{1 - \delta + \delta\varepsilon_{s2}} > 0 \qquad (3.4)$$

将上式中的风险因素分解，得到（3.5）式

$$EPV(\Gamma_{s12}) = PV(\Gamma_{s12}) + \frac{\delta\left[(1 - \delta + \delta\varepsilon_{s1})\varepsilon_{s2} \prod_{s2} - (1 - \delta + \delta\varepsilon_{s2})\varepsilon_{s1} \prod_{s1}\right]}{(1 - \delta)(1 - \delta + \delta\varepsilon_{s1})(1 - \delta + \delta\varepsilon_{s2})}$$

$$(3.5)$$

（3.5）式表明，如果东道国2的制度环境相对完善，不存在侵蚀跨国公司在东道国正常经营并获得预期利润的风险，那么东道国1的区位优势就减弱了。前面的推论认为：跨国公司在与东道国类似恶劣制度环境下经营经验有利于跨国公司在制度风险较高的东道国经营并获利，但这种经验对于在制度环境良好的东道国经营作用并不明显。因此，假定跨国公司间其他条件相同，只有在不同制度环境下经营运作的经验差异，这种差异将导致跨国公司投资经营的预期利润差距。两家跨国公司分别来自不同的母国A和B。A国制度环境相对完善，B国制度环境相对恶劣，即 $e_B > e_A = 0$。东道国1存在侵蚀跨国经营利润的制度风险，而东道国2不存在此种风险，即 $r_1 > r_2 = 0$。据此可以将东道国和母国的制度风险排序如下：

$$r_1 = \varepsilon_{A1} > \varepsilon_{B1} > \varepsilon_{A2} = \varepsilon_{B2} = r_2 = 0 \qquad (3.6)$$

上述制度风险的特征对应母国A为"北方"国家，母国B为"南方"

国家（地区）。鉴于东道国 2 健全的制度体系，东道国 2 为"北方"国家；东道国 1 为"南方"国家（地区）。

将（3.5）式改写为：

$$EPV(\Gamma_{A12}) = PV(\Gamma_{A12}) - \frac{\delta r_1 \prod_{A1}}{(1 - \delta)(1 - \delta + \delta r_1)}$$

$$\quad \quad \quad \quad \quad \quad \quad \quad \quad \quad \quad \quad \quad \quad \quad \quad (3.7)$$

$$EPV(\Gamma_{B12}) = PV(\Gamma_{B12}) - \frac{\delta \varepsilon_{B1} \prod_{B1}}{(1 - \delta)(1 - \delta + \delta \varepsilon_{B1})}$$

如果不考虑由制度风险引致的海外经营、运作的不确定性风险，那么 A、B 两公司在同一东道国经营的预期利润应该是相同的。即 $\prod_h = \prod_{Ah} = \prod_{Bh}$，h = (1, 2)。

如果东道国 1 拥有区位优势，即 $PV(\Gamma_{A12}) = PV(\Gamma_{B12}) > 0$，并且 (3.7) 式中第二项表达式的符号为正，那么东道国 1 的制度风险会抵消该国的区位优势。实际上，如果东道国 1 的制度风险引致的跨国经营的不确定性足够大的话，那么东道国 2 健全的制度环境足以吸引 A、B 两国的跨国公司。然而，B 国有长期在相似恶劣制度环境下经营、运作并盈利的丰富经验，即 ε_{B1} 更小，这使得 B 国跨国公司在东道国 1 经营相对于 A 国而言更具竞争优势。如果东道国的区位优势能够抵消其制度风险，母国将选择向该东道国投资。因此 A 国倾向于向更制度环境更完善的东道国 2 投资，而 B 国倾向于向东道国 1 进行投资。

图 3.1 表明了跨国公司在制度风险环境下经营并盈利的能力如何影响东道国对外资的吸引力。在图 3.1 中，$EPV(\Gamma_{s12})$ 随着 s 国跨国公司在本国国内，在相同制度风险条件下经营企业的经验变化而变化。当 $EPV(\Gamma_{s12}) > 0$ 时，投资东道国 1 的高回报足以抵消投资该国所面临的制度风险。此时，如果母国跨国公司在类似恶劣制度环境下经营的经验越少，那么该跨国公司在恶劣制度环境下获取高回报的能力就越差，于是便会选择制度环境完善的东道国 2 进行直接投资。反之，如果母国跨国公司拥有处理由制度风险引致的经营中的不确定性的丰富经验，那么该公司便会向高风险、高回报的东道国 1 进行投资。

图 3.2 中，较低的一条线代表 $EPV(\Gamma_{B12})$，较高的一条线代表 $EPV(\Gamma_{A12})$。如果东道国 1 制度风险很小，和东道国 2 的差距可以忽略时，A、B 国的跨国公司都会选择向东道国 1 投资，以获取较高投资回报，即图 3.2 中左上角两条线交点处。投资东道国 1 的预期回报会随着东道国 1 制

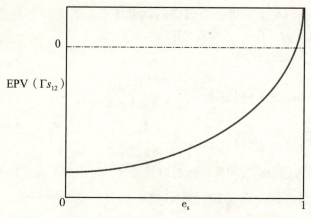

图 3.1　跨国公司在制度风险环境下经营并盈利的能力

度风险的增加而下降，但由于 A 国跨国公司缺乏在恶劣制度环境下经营并盈利的经验和能力，这种负面影响对于 A 国跨国公司而言会更加严峻，见图 3.2 中两条线间差距越来越大。因此，东道国 1 过高的制度风险使 A、B 两国跨国公司都倾向于向东道国 2 投资，即图 3.2 中最右边的区域。对于东道国 1 而言，存在着制度风险的一定水平，即图 3.2 中的中间区域。在该区间内，拥有在恶劣制度环境下经营并盈利能力的 B 国跨国公司倾向于向东道国 1 进行投资；而缺少类似经验的 A 国跨国公司倾向于向东道国 2 进行投资。

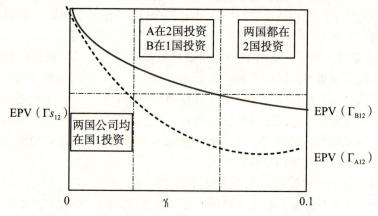

图 3.2　东道国相对制度风险与对外直接投资区位选择

3.3 制度距离与南方跨国公司对外直接投资区位选择机制

3.3.1 制度距离与南南对外直接投资区位选择机制

如图 3.3 所示，大多数制度环境恶劣的"南方"国家（地区）拥有充裕的自然禀赋资源。自然资源充裕的"南方"国家（地区），制度体系不完善，对自然资源保护力度弱，对经济增长速度和规模的追求远远超过对经济质量和结构的追求。因此，制度环境越是不完善，钻石、石油等自然资源的开发利用中出现寻租的可能性越大。当政府机构垄断能源和矿产品的开发权，当地企业和跨国公司为了获取自然资源的使用权必须向管理者进行商业贿赂时，寻租现象便产生。政府自然资源管理机构通过垄断自然资源的开发权获得大量租金，而缴纳给政府的税费却只占很少一部分。寻租效应又滋生了腐败，腐败阻碍了制度质量的提高（Acemoglu and Robinson，2006）。政府的寻租收入会通过政治体制可信度减低间接导致一国法律体系、知识产权保护体系等制度质量恶化（Brollo and Fernanda，2010）。"南方"国家（地区）跨国公司通过利用当地关系网络优势（比如侨民），母国国内经历的相似制度环境下经营运作经验，以及恶劣制度环境下通过商业惯例和潜规则（规范性制度）等独特竞争优势，以低成本在东道国达到自己的经济目的。

跨国公司以东道国盛行的方式和东道国行政机构沟通交涉以满足东道国市场中的寻租行为。如果母国和东道国间规范性制度存在较大差异，如文化模式、社会准则差异。跨国公司、东道国子公司、东道国需求方在进行跨文化沟通时，失败的可能性就会增加，从而增加跨国经营的成本和风险。"南方"国家（地区）的对外直接投资源自"南方"国家（地区）具备的独特竞争优势，即母国跨国公司具备在国内相似恶劣制度环境下经营的经验，对相似市场环境、商业惯例游刃有余的掌控（Cuervo-Cazurra，2008）。在"南方"国家（地区），关系网络、潜规则对于解决制度障碍十分重要。因此，"南方"国家（地区）在这方面有较多经验（Meyer and Eristin，2004）。

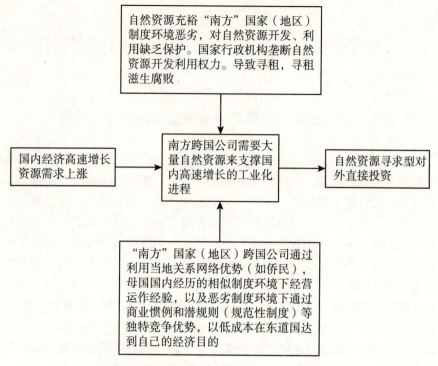

图3.3　制度距离与"南南投资"作用机制

3.3.2　制度距离与南北对外直接投资区位选择机制

　　如图3.4所示，技术诀窍、品牌、管理技能等战略资产是全球化背景下形成竞争优势的关键。因此，当"南方"国家（地区）跨国公司面对高度竞争的母国市场，便需要更多的战略资产，而当这类资产在制度环境不完善的母国国内又不易在较短时间内获得时，"南北投资"便顺势而生。"北方"国家进行了上百年的工业化进程，而"南方"国家（地区）需要在较短时间内提升自身竞争实力来面对国际、国内日益激烈的竞争。"南方"国家（地区）跨国公司拥有的国际认知度较高的品牌很少，因此"南方"国家（地区）跨国公司通过收购"北方"国家企业的知名品牌、分销渠道及知识产权等无形资产来积累自身竞争实力。比如中国联想集团收购IBM个人电脑事业部，TCL收购汤姆逊，吉利汽车收购沃尔沃，印度塔塔集团收购捷豹、路虎等。

　　文化等规范性制度方面的相似性对"南方"国家（地区）向"北方"

国家投资也发挥了重要作用。例如,拉美"南方"国家(地区)对"北方"国家的对外直接投资大多流向美国和西班牙;东亚"南方"国家(地区)对"北方"国家的投资主要流向日本和韩国;流向英国的"南方"国家(地区)直接投资中,来自非洲(主要是南非)的投资占到40%。同时,当母国跨国公司具有较强的资源支持及有效地辨识、获取和整合新资源的能力时,会促进对外直接投资的实施。当"南方"国家(地区)跨国公司处于高度竞争的国内市场并希望跻身世界前列时,就产生了对更多战略资产的需求。由于这种需求在制度环境仍亟待完善的国内不易满足,从而驱动了南方跨国公司向"北方"国家进行对外投资。中国的家电和个人电脑行业就是生存在一个开放的全球市场中,中国的跨国公司在国内市场也要面对世界最强大的竞争者,因此,中国跨国公司在获得必要的生产规模之前就要以全球市场为目标(Bartlett,2008),与"北方"国家跨国公司在产品特性、质量、价格上互相对抗。由于在成熟的国际市场上,差异化和品牌优势才是获得超额利润的关键。因此,在脆弱的战略态势下,中国跨国公司急需更多的战略资产来实现长期的差异化战略。在国际化进程中,中国跨国公司的最大弱点就是缺乏尖端技术和管理经验。由于技术和管理资源在国内不完善的制度环境下是有限的,而这些

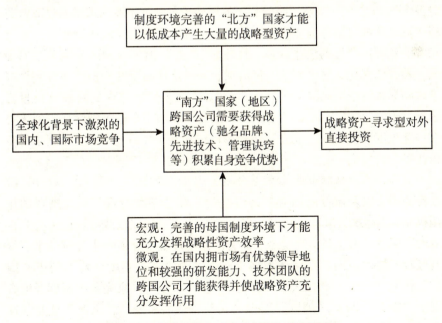

图3.4 制度距离与"南北投资"作用机制

战略性资产无法在短期内通过内部积累获得，由此引致了中国公司向"北方"国家的直接投资。战略型资产只有在完善的制度环境下才能充分发挥其效率，健全、完善的知识产权保护体系、公平、高效的仲裁体制是战略资产保值、增值的必要条件。另外，只有在国内市场拥有优势领导地位和较强的研发能力、技术团队的跨国公司才能获得并使战略资产充分发挥作用。

3.3.3 小结

本章首先分析了"南方"国家（地区）跨国公司新特点、独特的竞争优势。"南方"国家（地区）在经济转型过程中存在的各种制度缺陷是"南方"国家（地区）跨国公司可以发挥其特有优势的重要来源，即使跨国公司对东道国的细节并不熟悉，但培养、维护和当地利益相关集团的关系网络，了解通过规范性制度操作对克服东道国制度缺陷、障碍的重要性；谙熟于贿赂东道国政治官员来克服障碍等潜规则的操作是跨国公司在"南方"国家（地区）经营的一般性准则。"南方"国家（地区）跨国公司在这方面经验丰富，而且这种行为不受其母国法律、法规约束。但在法制健全的"北方"国家，跨国公司的海外子公司如果在东道国通过商业贿赂以达到获取订单等商业目的，不论其是否受到东道国政府制裁，其母公司将受到母国严厉的法律制裁。另外，"南方"国家（地区）间独特的种族、语言、文化、思维方式、价值观念等规范性制度的相似性使管制性制度缺陷导致的投资风险对"南方"国家（地区）区域内的对外直接投资影响很小。"南方"国家（地区）跨国公司在利用东道国制度缺陷的优势在一定程度上抵消了"北方"国家跨国公司基于先进技术和充裕资本的竞争优势。

另外，本章从制度距离角度分析了"南方"国家（地区）对外直接投资动因，以及制度距离对"南南投资"和"南北投资"区位选择的作用机制。"南方"国家（地区）跨国公司需要通过获取战略资产来提升自身的国际竞争力。只有在健全、完善的制度环境下才能产生先进技术、管理经验、技术诀窍、品牌等战略资产。母国恶劣的制度环境不利于"南方"国家（地区）跨国公司国际化战略，"北方"国家完善的制度环境有助于"南方"国家（地区）跨国公司获得战略型资产，迅速积累竞争优势。由此形成以中国、印度为代表的"南方"国家（地区）对"北方"

国家直接投资。"南方"国家（地区）在工业化过程中，对自然资源和先进技术的需求快速上涨，在国内资源不能满足这种需求时，对外直接投资成为一种发展战略选择。"南方"国家（地区）能够以较低的跨国经营固定成本获得大量经济发展所需的资源。由此形成大量的"南南投资"。

第 4 章

制度距离与 "南方" 国家（地区）对外直接投资区位选择
——跨国实证分析

本章的主要工作是在第 3 章理论分析的基础上进行 "南方" 国家（地区）层面上的实证工作，来检验制度距离对 "南方" 国家（地区）区位选择的影响。

4.1 制度与对外直接投资

制度是 "社会活动的准则"（North，1990）、"规范性的和管制性的社会结构和活动" 来保证社会经济活动的平稳运行（Scott，1995）。在本研究中我们定义制度为一些成文的规定，包括国家中央和地方的法律、法规、合同等，包括企事业部门的规则规定，这些管制性制度在生产生活中具有重要的影响作用，其与规范性制度相辅相成，共同促进社会发展。制度可分为管制性的管理机构在政治、法律领域的强制性规定（如政府的腐败程度、行政透明度经济自由化、监管制度等）和规范性的社会事务（如伦理规范对创业的态度等）（Butler and Joaquin，1998；Kobrin，1952；Night，1985）。

管制性制度是指由国家权力或组织相确立的一些行为准则的综合。以各种成文的法律、法规、政策、规章、契约等确定的形式被明确下来，并且由经济行为人所在的组织采取一定的约束手段及强制力进行监督和保证实施。而规范性制度是与法律、契约等管制性制度相对而言的概念，是指由源自价值观、信念、信仰、伦理规范、道德观念、风俗习惯和意识形态等对人的行为形成不成文的限制与约束（Zueker，1987；Seot，2001；Baron, 1995; 张维迎, 2001; 赵锡斌, 2004)。不同国家有其不同的制度风险, 从而影响其市场的稳定 (Simon, 1984)。制度受到当地文化的影响, 因而从一定程度上讲文化是制度体系的基础 (Leung, 2005)。

管制性制度和规范性制度作为制度的两个不可分割的部分, 是一个对立的统一体, 既相互依存, 在一定的条件下又可以相互转化。同时, 规范性制度具有自发性、非强制性、广泛性和持续性, 而管制性制度则有不同。

斯科特 (1995) 将制度定义为: 由文化认知因素、规范因素和规制因素构成, 提供社会生活的稳定性和意义。诺思 (1990) 把制度作为一个整体与系统的观点将制度分为宪法秩序或宪法规则、操作规则和规范性行为准则三个部分。宪法秩序或宪法规则规定确立集体选择的条件的基本规则, 这些规则是制定规则的规则。宪法的规则主要是规则的制定、规则的应用、规则的管理和规则的坚持与评判。这一类规则包括确立生产、交换和分配的基础的一整套政治、社会和法律的基本规则。这些规则, 一经制定, 那就要比以它为根据制定出来的操作规则更难以变动, 因而变化缓慢。这第一类制度的重点在于集体选择的条款和条件。宪法安排, 系在宪法框架内所创立的这一类包括诺思 (1990) 的分类中所提到的操作规则。它包括法律、规章、合同和规范性的行为准则。与宪法秩序一样, 这些行为准则也要比制度安排变化缓慢, 难以更改。这一类的准则对于赋予宪法秩序和制度安排以合法性来说是很重要的。实际上, 规范性行为准则是规范性研究社会的基础。

这个概念包括梁 (2005) 提到的文化背景和诺思 (1990) 的分析框架中所描写的意识形态。此外, 诺思 (1990) 认为宪法秩序和规范性行为准则被认为是外生变量, 而制度安排则被视为内生变量。

基于斯科特 (1995) 对制度的定义, 考夫曼和克雷 (2010) 构建了一套指标来测度两国间规范性制度和管制性制度的差异。管制性制度是指: 一国既存的法律、法规; 规范性制度是指: 根植于社会的信仰、价值观、道德规范以及国民思维方式、理解、表述问题的特定方法。管制性制度反映了对公民社会、经济活动的许可权, 规范性制度界定了公民活动的性质, 和公民对自身行为能力的判断 (Eden and Miller, 2004)。制度距离会引致三种不同表现形式的 "外来者劣势": 第一, 对东道国环境认知和理解障碍。制度环境、制度安排能够影响企业对东道国经营环境的认知。当东道国与母国间存在较大的制度差异时, 跨国公司管理人员就很难获得东道国环境的知识，跨国企业管理人员很难理解、适应并学习如何在东道国陌生的制度环境下经营。而当跨国企业管理人员感知到东道国陌生环境信息以后，制度环境还会影响跨国企业管理人员对该环境信息的理解。制度距离越大，跨国企业管理人员就需要付出更多的信息沟通成本，由此也更容易导致对东道国环境信息理解的偏差[1]。而且，由于国际直接投资活动涉及政府、竞争对手、企业员工、供应商等多层次的复杂交流，所以源自制度距离的对东道国环境感知和理解障碍会影响到企业经营的各个方面[2]。第二，制度距离所产生的专有知识复制障碍。专有知识对企业技术的促进作用取决于特定的技术环境。技术创新、战略形成过程、品牌或商誉的形成需要独特的制度环境。国际直接投资理论认为，跨国公司在东道国的生产、经营当中，不仅需要不断地创造新的专有知识，还要会复制已有的专有知识。然而专有知识的特性决定利润跨国公司在东道国复制、扩散专有知识也会受到制度环境、制度安排的约束[3]。专有知识的形成与制度环境的交互作用要求专有知识复制、扩散的制度环境相似性条件。东道国与母国间制度距离越大，对跨国企业在东道国复制专有性知识的阻碍作用越大。第三，制度距离所产生的跨国企业协调和治理障碍。跨国公司母公司在全球激烈的国际竞争中就面临协调和治理全球子公司的运作。跨国企业母子公司间在市场反应、系统控制或协调、人力资源政策等方面的冲突会随着制度距离的增大而进一步凸显出来。另外，随着母国与东道国间制度距离的增大，母子公司之间的信息不对称、激励不兼容、委托—代理等问题将产生大量的信息成本，极大地增大跨国公司信息管理与协调系统的负荷，并显著地增加跨国公司治理的复杂性，进而失去战略控制。跨国经营管理人员有限的知识背景和能力可能难以成功地克服这些全球治理障碍[4]。因此，如何在陌生的东道国环境下有效地协调全球子公司的运作就会成为制度距离背景下，跨国公司的一种挑战。

① Dow and Karunaratna, 2006, Developing aMultidimensional Instrument to Measure Psychic Distance [J]. Journalof International Business Studies, 37 (5), pp. 1578 – 6021.

② Loree, D. W. and S. E. Guisinger, 1995, "Policy and Non-Policy Determinants of U. S. Equity Foreign Direct Investment", Journal of InternationalBusiness Studies, 26 (2), pp. 1281 – 2991.

③ Martin, X1and R. Salomon, 2003, "Tacitness, Learning, and InternationalExpansion: A Study of ForeignDirect Investment in a Knowledge Intensive Industry", Organization Science, 14 (3), pp. 1297 – 3111.

④ Lu, J. W. and P. W. Beamish, 2004, "InternationalDiversification and Firm Performance: The S-CurveHypothesis", Academy of Management Journal, 47 (4), pp. 1598 – 6091.

　　健全的制度环境是经济持续、稳定增长的保障。恶劣的制度环境会从以下三方面影响对外直接投资效率：首先，对外直接投资是包含知识产权与契约的资本存量，而非短期的资本流量，因此，东道国恶劣制度环境风险使跨国投资遭受经营损失的程度更大；其次，在恶劣的制度环境下，相对于东道国国内企业而言，母国企业私有财产、知识产权与契约受保护程度较低，东道国制度缺失使东道国企业通过关系网络等其他手段来达到经济利益。

　　即使面临上述风险和问题，流向制度环境恶劣东道国的直接投资规模依然在增加，如表4.1所示。东道国在长期制度缺失、市场扭曲的环境下演化出了制度安排及制度执行的替代机制。东道国企业积累并掌握了基于关系网络的治理模式下如何应对风险及规避制度缺陷造成损失的技能。这种技能是其在制度环境同样存在缺陷东道国投资、经营并盈利的独特竞争优势。

表4.1　　　　　　　南"北方"国家（地区）FDI 占世界比重变化

年份	世界 FDI 年均流量（百万美元）	"南方"国家（地区）FDI 年均流量（百万美元）	占世界比重（％）	"北方"国家FDI 年均流量（百万美元）	占世界比重（％）
1986～1990	158354	26714	16.9	131622	83.1
1991～1995	228332	77766	35.0	148333	64.9
1996～2000	814962	202906	25.8	604067	74.1
2001～2005	750164	239904	34.7	489789	65.3
2006～2010	1521120	548928	41.4	890910	58.5

　　资料来源：UNTAD http：//unctadstat. unctad. org/tableviewer/tableview. aspx？ reportid = 88.

　　管制性制度是指能够维持市场经济顺畅运行的各种政策、规章、制度等。如契约的执行效率、政府效率、政府对经济的干预程度等。规范性制度是指：根植于社会的信仰、价值观、道德规范以及国民思维方式、理解、表述问题的特定方法。

　　管制性与规范性制度相似性决定了跨国公司能否在较短时间适应东道国制度环境，并以较低的摩擦整合成本经营、盈利。母国与东道国间管制性与规范性制度环境相似性越大，母国跨国公司对东道国制度环境熟悉越容易。规范性制度环境的相似性在一定程度上可缓和管制性制度距离的影响。例如，中国香港和中国台湾与中国大陆的管制性制度体系差距较大，但由于使用共同语言和共同的文化传承使中国香港、中国台湾的跨国公司能够迅速掌握如何利用东道国制度缺陷的方法，如如何与政府及其代理机构官员建立关系网络等。对东道国市场了解和运作经验对跨国公司市场进入战略的影响十分重要。跨国公司会优先选择与母国规范性制度环境较为接近的东道国投资，以减少跨国经营中的不确定性，并增加对东道国市场的了解（Johanson and Vahlne，2009）。

因此，本书将制度进一步细分为管制性制度与规范性制度，并用"制度距离"，即东道国与母国制度环境之间的差距（Kostova，1999）来集中阐述东道国与母国间管制性制度距离和规范性制度距离对跨国投资区位选择的影响机制。

4.2 研究设计：样本、变量和计量方法

4.2.1 变量及其测定

制度指标采用世界银行的国家治理指数据库，该指数汇集并整合了针对全球许多公司、公众和专家学者的调研结果。调研问卷的问题由国际知名的调研机构、智库、政府组织及非政府组织设计。该指数由对以下六项指标的打分构成：政府效率（GE）、政府监控和管制水平（RQ）、市场法治程度（RL）、公众话语权和问责制（VA）、高度的政治稳定性及较少发生暴乱事件（PS）、社会及公众对腐败的容忍和控制程度（CC）。对每一个打分指标的最低打分为 -2.5，最高打分为2.5（Kaufmann，2010）。各个变量的具体含义如下：

市场法治程度（RL）：指社会能否为经济活动创造一个公平、有效的制度环境。在该环境中，政策具有稳定性和连贯性；知识产权受保护的程度和契约的履行程度很高。传统理论认为，跨国公司在市场法治程度低的东道国投资会面临投资被东道国政府征用风险，另外，跨国公司经常会面对东道国供应商、客户的机会主义行为，由于不熟悉当地的仲裁体系，便无法通过仲裁机制来解决契约履行问题。例如，俄罗斯对知识产权和私有财产保护体系的缺失是阻碍对外直接投资的重要因素之一。"南方"国家（地区）跨国公司对于如何在恶劣的市场法治环境下经营会比"北方"国

家更有经验。"南方"国家（地区）跨国公司对法律、法规的应用更为灵活，更善于利用合约关系以外的途径，对客户和供应商的选择也更为谨慎，因为在不完善的仲裁体制下，契约纠纷很难得到公正、有效的解决。而"北方"国家跨国公司习惯在稳健的制度环境下经营，在稳健的制度环境下，知识产权和私有财产权利会得到明确、有效的保护，政府不能够通过国家意志随意改变政策、法规等。跨国公司因合作方契约执行失效造成的损失可以通过公证的仲裁体系得到补偿。"南方"国家（地区）市场法治程度越低对"南方"国家（地区）跨国公司吸引力越大。

政府监控和管制水平（RQ）：政府监控和管制水平指一国市场上是否存在干扰经济正常运行的政策、措施。比如是否存在价格管制政策，是否存在较差的银行监管体系，在市场准入、许可证发放等商业领域是否存在过多的政策规定，政府通过政策、法规调控经济活动是采取谨慎的态度还是频繁地使用调控手段。过多的法律、法规限制了企业经营的自由。法律、法规设计的质量和水平决定了其效率。高质量的行业规制约束了企业行为，同时减少了经营中的不确定性。反之，较差的规制体系导致投资的扭曲并增加经营中的不确定。因此，企业会减少投资，特别是大型、生产型固定资产投资。南方跨国公司的特性决定了其能够在较差的规制体系下投资、经营并盈利。来自"南方"国家（地区）的跨国公司在较多政府管制的环境下发展、运作，并掌握了如何应对国内官僚约束的技能。这种技能是"南方"国家（地区）企业在其他"南方"国家（地区）投资经营的相对竞争优势。"南方"国家（地区）企业不仅谙熟如何建立并维护与政府官员的关系网络，而且掌握了一旦政府机构发生变化如何调整其关系网络。因此，"南方"国家（地区）企业对政府政策改变、政策出台时机可以做出及时应对策略，以使自己的经济利益最大化。而"北方"国家在完善、稳健的"游戏规则"中经营，政府干预经济的程度很低。因此，"南方"国家（地区）市场管制越多，管制质量越差，政策连贯性、可预见性越差，对"南方"国家（地区）跨国公司吸引力越大。

政府效率（GE）：政府实行高效政策及提供公共品的代价。体现了官僚机构提供公共服务的代价，政府雇员的竞争力，政府雇员政治独立性以及政府的公众可信度。如果政府效率低下，跨国公司在投资时需要投入更多的资源来弥补由于政府低效造成的公共品缺失。尽管低效率的政府会侵蚀跨国投资、经营的利得，"南方"国家（地区）跨国公司适应了在母国政府环境下经营、运作，因此掌握了如何在低效、政策色彩浓厚的政府机构、缺乏高质量的公共品环境下盈利的能力，并积累了如何在"南方"国家（地区）投资公共品的经验，而公共品的缺失造成的经济、社会活动低效是许多最不发达"南方"国家（地区）面临的普遍问题。而政府低效率是影响"北方"国家跨国公司投资"南方"国家（地区）的重要因素之一，东道国政府低效会给"北方"国家跨国公司增加许多不确定性成本，限制了其在经营中实现规模经济的可能性。因此，"南方"国家（地区）政府效率越低，对"南方"国家（地区）跨国公司吸引力越大。

社会及公众对腐败的容忍和控制程度（CC）：腐败使得社会经济活动规则失效，促成经济交易活动需要支付更多的额外成本，而这些成本浪费社会资源、降低社会经济的效率，减少对外直接投资。"南方"国家（地区）跨国公司在腐败制度环境下经营、运作，相对于"北方"国家跨国公司而言更有经验。例如，"南方"国家（地区）跨国公司在母国经营环境中会通过支付租金、向政府雇员提供名义职位来换取相关行政管理环节的通畅，或减少在经营中面对繁文缛节的行政环节等。因此，南方跨国公司更倾向于通过租金支付来获得订单，这是其在腐败程度较高的"南方"国家（地区）经营的独特比较优势。而"北方"国家跨国公司母国制度环境健全、完善，对上述潜规则的操作很少，而且本国均有严格立法，严禁跨国公司的商业捐助及政治献金。另外，国际非政府组织会密切关注"北方"国家跨国公司的公众行为，这也在一定程度上限制了"北方"国家跨国公司进行商业贿赂的可能性。因此，"南方"国家（地区）对腐败的控制越低，"南方"国家（地区）跨国公司投资的竞争优势越大。

公众话语权和问责制（VA）：公民的自由权和政治权利。反映了公民参与政府选举、参与政治活动的权利。即使东道国公众话语权和问责制水平较低，跨国公司依然愿意向该国回报较高的商业机会投资。"南方"国家（地区）跨国公司在公众话语权和问责制水平较低的东道国投资具有显著的竞争优势，由于在母国曾经集权体制下经营中，积累了如何在集权统治体制下通过利用制度缺陷使自身经济利益最大化的经验及技能。而国际组织的密切关注和母国严苛的法律制裁限制了"北方"国家跨国公司在独裁体制下的投资和经营。比如，20 世纪 80 年代，美国以联邦立法的形式，限制美国跨国公司在南非的投资，并要求已经在南非投资经营的美国公司撤回投资，以制裁南非的种族隔离制度。因此，"南方"国家（地区）公众话语权和问责制水平越低，"南方"国家（地区）跨国公司投资的竞争优势越大。

　　高度的政治稳定性及较少发生暴乱事件（PS）：一国政府治理制度被突然的政权变动干扰的可能性，这种干扰可能会扭曲现有政策并导致民众不能正常、和平地选举出替代政权。东道国政治稳定性和政权正常更迭的频繁程度会影响政策的效力，导致跨国公司现有合约权益得不到保障。例如，2001年阿根廷金融危机导致国内经济崩溃，国内政权在两周内经历了三次更迭，新政权出台新立法，严格限制外国直接投资，尤其是能源和公益事业的外国投资。所有跨国公司都会因缺乏稳定性的政治体系和频繁的政权更迭而遭受经济损失。而"南方"国家（地区）跨国公司由于曾在母国类似环境下经营，积累了如何在类似环境下保证自身经济利益的经验和诀窍。例如，土耳其历史上经历过多次较严重的政治波动，因此土耳其跨国企业在其国际化进程当中，首先选择了中东和苏联等一些国内政治波动频繁的东道国进行投资，并取得了较高业绩水平。土耳其企业在母国类似政治波动频繁的制度环境下经营并盈利的能力是其国际化进程取得成功的主要因素之一。另外，"南方"国家（地区）一旦发生政治动荡，"北方"国家跨国公司一般会是新政权首先限制并制裁的目标，这降低了"北方"国家跨国公司在南方东道国投资的意愿。因此，"南方"国家（地区）政治稳定性较差及发生暴乱事件可能性越高，"南方"国家（地区）跨国公司投资的竞争优势越大。

　　本书用样本国家2004～2009年的国家治理指数来测度一国制度质量。其中，用国家政府效率、政府监控和管制水平、市场法治程度的差距来衡量一管制性制度。用国家公众话语权和问责制、高度的政治稳定性、较少发生暴乱事件、对腐败的容忍和控制程度方面的差距来衡量一国的规范性制度。用每一年度东道国与母国间表示管制性制度的三项指标平均值之差的绝对值来测度管制性制度距离，用每一年度东道国与母国间表示规范性制度的三项指标平均值之差的绝对值来测度规范性性制度距离。如果只用制度质量之差的绝对值来定义制度距离，只能反映母国与东道国间制度距离的绝对量，却不能体现两国间制度差距的方向性。为了体现制度距离的方向性，用 $RD_{s-h} > 0$ 表示母国管制性制度质量优于东道国管制性制度质量，即向制度环境更差的东道国进行投资；$RD_{s-h} \leq 0$ 表示母国管制性制度质量差于东道国管制性制度质量，即向制度环境优于母国的东道国进行投资。

　　由于规范性制度是指根植于社会的信仰、价值观、道德规范、国民思维方式、理解、表述问题的特定方法以及社会关系和社会组织网络，其中世界观和价值观是该体系的核心。因此,规范性制度的形成经历了长期的演变并具有稳定性和潜移默化改变的特性,东道国与母国间规范性制度距离只反映在绝对量的差别上而并没有方向性的差别,即无法甄别母国规范性制度优于或是差于东道国的信仰、价值观、道德规范等。因此,本书并未对东道国与母国间规范性制度距离进行方向性的划分。

除了国家治理制度距离,其他东道国与母国特性也在"南方"国家(地区)对外直接投资中起到重要作用。

国家经济环境:国民富裕程度和基础设施建设。"南方"国家(地区)跨国公司在国民富裕程度较低的"南方"国家(地区)经营具有较强的竞争优势。由于过去相似的发展经历(如较低的国民财富水平和严重的贫富分化)和制度环境,"南方"国家(地区)跨国公司能更接近最不发达"南方"国家(地区)民众的需求。而"北方"国家跨国公司要付出更多的额外成本来了解"南方"国家(地区)消费者的需求,并花费较高的成本来调整产品(如缩小产品规格、改用廉价的配料、为消费者购买提供财务信贷等),以满足东道国消费者特殊需求。本书用东道国人均国民生产总值的对数 Hln(GDPPG)来表示东道国富裕程度。"南方"国家(地区)跨国公司在基础设施建设较差的"南方"国家(地区)经营具有较强的竞争优势。"南方"国家(地区)跨国公司在较差的基础设施环境下经营,因此掌握和更合适的技术和管理诀窍。而"北方"国家跨国公司习惯于在完善的基础设施环境下经营,其所有权优势必须依托完善的制度环境和基础设施建设才能充分地发挥出来。因此,当"北方"国家跨国公司进入南方市场时,必须要面对的一个挑战是:其在母国经营时所依托的基础设施建设网络,如全国范围内的分销渠道网络、物流运输网络、高效的通信网络等在很多"南方"国家(地区)市场存在不同程度的缺失。本书用东道国每千人拥有的固定和移动电话数量以及新铺设道路千米数占总道路千米数的比重来测度东道国基础设施建设建设水平。

东道国市场规模:东道国市场规模是跨国投资决策的重要影响因素之一。也是东道国吸引对外直接投资的重要区位因素。东道国市场规模越大,跨国公司直接投资越容易实现规模经济和范围经济效应。"南方"国家(地区)对外直接投资多为水平型 FDI,水平型 FDI 的动因是降低交易成本争夺更大市场份额,东道国市场需求的潜力是市场寻求型对外直接投资的主要影响因素。我们参考布洛瑟斯(2008)等的研究,用人均 GDP

（PGDP）来衡量当地市场的需求潜力，实际 GDP 反映了东道国的经济规模，较大的东道国地区市场会降低向该市场提供产品的成本以及单位产出的固定成本，因而对于 FDI 中的水平型 FDI 有显著正影响（Markusen，1984）。该项指标越高，表明居民购买力越强，对市场寻求型投资而言越具有吸引力。本书用东道国真实国民生产总值对数 Hln（GDP）来作为测度东道国市场规模的代理变量。

国家地理环境：弗洛里斯和阿吉莱拉（2007）的研究发现，东道国地理位置会通过交通成本、关税及非关税壁垒等因素，间接影响向当地的投资（如吸引进口替代型的外资，但削减效率寻求型的外资）。距离是阻碍投资的重要因素，距离越远，文化、语言、心理距离越大，因此投资管理、控制成本就越大。由于母国与东道国间地理环境相似性，"南方"国家（地区）跨国公司在南南直接投资中具有相对竞争优势。东道国与母国间地理距离越小，跨国企业经营运作的运输、沟通、协调成本越低，两国间的直接投资联系越密切。"南方"国家（地区）间的地理距离相对较小，绝大多数南北国家间没有共同边界。"南方"国家（地区）间地理距离较小，是"南方"国家（地区）跨国公司在南南直接投资中的又一独特竞争优势。例如，尼泊尔的外国直接投资中，一半以上来自中国和印度，印度主要投资于尼泊尔的连锁餐饮和酒店业务，中国主要投资于尼泊尔的制造业。此外，对外直接投资通常与国际贸易是相互联系的，国际直接投资伴随着商品的国际流动。因此，两国间国际直接投资距离的远近也是与经济成本（包括管理成本和控制成本）、风险等因素联系在一起的（程惠芳和阮翔，2004）。本书用两个指标：东道国与母国首都间的地理距离与两国间是否拥有共同边境来测度东道国与母国间地理环境相似性。用人口加权计算的东道国、母国双边距离计算两国间地理距离（单位 kms），变量 LnD 表示两国间地理距离的对数（数据来源于 http://distancecalculator. globefeed. com/World_ Distance_ Calculator. asp），用虚拟变量 Border 来表示两国间是否有共同边境，若两国有共同边境值则赋值为 1，反之为 0。数据来自 CEPII 数据库。

文化环境：文化环境会影响南南直接投资。但在文化环境方面，"南方"国家（地区）跨国公司相对于"北方"国家跨国公司而言并不具备明显的竞争优势。国家间文化环境的相似性可以追溯到由人口流动带来的文化传播。比如殖民统治，外国殖民统治势力将宗主国语言、文化、宗教、行为方式、司法体系等在殖民地传播或强制推行。因此，共同的殖民统治经历导致本来地理距离较大且并无任何联系的国家间相似的文化特征和属性。例如，澳大利亚、加拿大、爱尔兰、新西兰、南非和美国等国家间的高度文化相似性源于上述各国均曾为英国的殖民地或附属国，因此上述各国尽管在国家经济环境、地理环境等国家属性方面差距较大，但在官方语言、宗教、司法体系等国家属性方面相似度很大。本书用虚拟变量colony来表示母国与东道国间是否曾经存在殖民统治关系，若两国在历史上存在过历史关系则赋值为1，否则为0；用comlag来表示母国与东道国间是否使用共同官方语言，若两国使用相同官方语言则赋值为1，否则赋值为0。数据来源于美国中央情报局世界概况数据库。

海外投资示范效应（LnEx）：企业的跨国经营经验与对外直接投资地区和模式的选择密切相关（Johanson and Vahlne，1977）。跨国经营的经验也会影响企业实现内部化所有权优势的能力（Makino and Delios，2004）。随着企业对东道国市场经验的积累，企业国际化程度会不断加深，从出口、海外销售子公司到国外生产发展。母国与东道国间活跃的出口联系为母国企业构建了了解东道国文化、政策制定过程、政府效率、通行的商务惯例及消费者偏好的重要途径。企业对东道国市场经验的积累使得东道国国家特性在影响对外直接投资区位选择中的重要性日益增加。企业在东道国市场经验的积累为企业在东道国一系列经济活动奠定了东道国社会认可度的基础，并为未来母国企业投资提供了示范效应，降低了由制度不确定性引致的跨国投资风险。增加了本国其他企业向同一东道国进行后续投资的倾向。随着母国企业在制度环境相似东道国市场经验积累的不断增加，企业倾向于开始在制度距离较大东道国积累市场经验的过程。另外，母国企业对东道国市场经验的积累通过出口、海外销售子公司、直接投资等国际化形式在东道国建立良好商誉，并使东道国消费者对母国品牌熟悉程度和好感度增加。这有助于母国企业在东道国在较短时间内获得当地社会组织认可，这种组织认可度能够在同一母国企业间产生正向的溢出效应。目前的文献测度母国跨国公司海外投资经验的方法可以归为三种：第一种用母国在东道国的子公司和分支机构的总数来表示（Darby and Wooten，2009）；第二种在采用微观企业数据研究跨国并购绩效时，用样本中并购方企业在东道国的子公司和分支机构总数来表示（阎大颖，2009；Du，2009）；第三种方法是国内研究中国对外直接投资时普遍使用的指标，即用对外直接投资滞后若干期来表示中国海外投资经验（韦军亮、陈漓高；2009）。采用第一种方法虽然可信度更高，但无法获得母国在东道国子公司和分支机构的数据国别，UNTAD 与 OECD 数据库只能获得一国在世界各国子公司和分支机构的总数，而本书的研究核心，国家间对外直接投资流量与制度距离都是双边数据，因此采用这种方法会造成数据不匹配；第二种方法需要采用微观企业数据，这与本书研究也是不匹配的；第三种方法对滞后期的选择并无科学依据，而且存在自相关问题，虽然一些学者通过 GMM 估计方法克服了自相关问题，但得出的结果并不能形成一致结论。因此，本书用母国与东道国间的贸易联系即母国对东道国的出口额的对数 lnEx 来表示母国在东道国投资的经验。数据源自世界银行 WDI 数据库。此外，贸易与投资是互补关系，随着国际资本流向出口部门的增加，贸易和非贸易要素合作的加强，它们之间相互促进、互补的关系更明显；双边贸易量也反映两国既有的经济联系。

东道国与母国是否签订自由贸易协定或同为某区域贸易组织成员 (RTA)：若两国签订自由贸易协定或属于同一区域经济贸易组织成员国，那么两国间双边投资成本和壁垒将得到大幅度削减，从而便利两国间的对外直接投资流动。因此，如果两国为同一区域经济贸易体成员国或者两国签订过自由贸易协定，该变量赋值为 1，否则为 0。根据世界贸易组织网站的资料整理获得。

母国与东道国间人力资源禀赋差距 (ED)：东道国与母国间劳动力平均受教育水平差距是决定对外直接投资区位选择的重要因素之一，两国间教育水平越接近，母国的生产、管理技术在东道国应用的成本越低。因此本书将母国与东道国大专以上学历入学率之差的绝对值，定义为两个国家之间的教育水平差距。数据来源于世界银行数据库。

母国制度质量 (SInst)：传统对外直接投资理论认为，跨国公司在拥有先进技术等对外投资的绝对优势资源时，才会进行对外直接投资。母国增强契约执行的法律效力，发展以市场为导向的资源配置体系等制度质量方面的改进有助于减少国内市场不确定性导致的经营风险 (Acemoglu and Robinson，2005；Gaur and Lu，2007；La Porta and Shleifer，2004) 较强的契约执行法律效力能够减少市场阻滞的风险，促进投资专业化。投资专业化对资产专业化有较高要求，因此会产生大量沉没成本，一旦遭受市场阻滞风险，损失较为严重。通过专业化的投资，企业能够积累技术、差异化产品和服务等竞争优势。市场导向型的资源配置体系降低交易成本、消除人为的商业障碍、促进母国企业间的公平竞争，使当地企业以较低成本积累竞争优势 (Rodrik and Subramanian，2004)。当企业拥有的对外直接投资的优势资源达到相当规模时，企业便开始进行跨国投资。另外，母国的制度质量决定了该国企业跨国投资的能力和意愿。自由、简明、稳健的制度环境减少本国企业跨国投资的间接成本，而冗繁的对外投资手续、多变的对外投资政策增加了本国企业对外投资的额外成本。母国政府及其代理机构通过正式或非正式执行管制性制度和规范性制度来影响企业对外直接投资战略和行为（Scott，1995）。"南方"国家（地区）政府为本国企业提供以较低成本获得原料、资金的机会，或以补贴的形式鼓励本国企业对外投资。这在一定程度上可以弥补"南方"国家（地区）企业对外直接投资时所不具备的区位和所有权优势。另外，冗繁的行政手续会影响对外直接投资的规模、行业及区域分布。因此，母国的制度环境会对本国企业国际化进程产生深远的影响。例如，中国自改革开放后，开始效仿新加坡、韩国、马来西亚等亚洲新兴经济体，通过母国制度、政策影响对外直接投资区位选择和行业分布：20 世纪八九十年代，中国企业跨国投资主要是设立商业服务机构，为国有制造企业向东道国出口提供便利；20 世纪 90 年代末至今，中国企业跨国投资主要集中于能源和矿产资源相关行业，以满足国内飞速经济增长所引致的日益膨胀的能源需求。另外，中国企业开始通过跨国并购的形式获得"北方"国家的知识产权、品牌、营销渠道等战略资产以迅速提升国际竞争实力。因此，母国制度质量越高，企业跨国投资可能性和规模越大。变量说明与数据来源如表 4.2 所示。

表 4.2　　　　　　　　　　　　　　**变量说明与数据来源**

变量名	含义	单位	资料来源
OFDI 存量	东道国吸收来自"南方"国家（地区）的直接投资	百万美元	数据源自 OECD、IMF、UNTAD 数据库以及各国相关网站及对外投资统计公报，经整理汇总而成
IND	东道国与母国间制度距离		根据世界银行国家治理指标数据库计算得到
RD	东道国与母国间管制性制度距离		
ND	东道国与母国间规范性制度距离		
SInst	母国制度绝对水平		

续表

变量名	含义	单位	资料来源
HInst	东道国制度绝对水平		
LnD	东道国与母国间地理距离	千米	http：//distancecalculator. globefeed. com/World_ Distance_ Calculator. asp
Hln（GDP）	东道国市场规模	万美元	世界银行历年《世界发展指标》
Hln（GDPPG）	东道国人均收入水平	美元	世界银行历年《世界发展指标》
GDPs	母国经济发展水平	万美元	世界银行历年《世界发展指标》
Colony	母国与东道国间是否曾经存在殖民统治关系	.	美国中央情报局世界概况数据库
Border	两国间是否有共同边境		CEPII 数据库
Comlag	母国与东道国间是否使用共同官方语言		美国中央情报局世界概况数据库
LnEx	海外投资示范效应，母国对东道国的出口额的对数	万美元	世界银行 WDI 数据库
RTA	东道国与母国是否签订自由贸易协定或同为某区域贸易组织成员		世界贸易组织官方网站
ED	母国与东道国间人力资源禀赋差距，母国与东道国大专以上学历入学率之差的绝对值		世界银行 WDI 数据库
Infra	东道国基础设施建设水平，东道国每千人拥有的固定和移动电话数量以及新铺设道路千米数占总道路千米数的比重	千米	CEPII 数据库
Resouce	能源资源禀赋，用东道国燃料、矿石出口占该国出口商品的比重来表示东道国自然资源的丰裕度	%	世界银行 WDI 数据库
TM	战略性资产禀赋，用东道国本国居民及非本国居民在本国申请的注册商标数来表示东道国拥有的战略资产		世界银行 WDI 数据库

资料来源：笔者根据相关数据编制得来。

4.2.2 数据描述性分析

为了验证这些问题，首先需要构建包括"北方"国家和"南方"国家（地区）双边对外直接投资流量的数据。数据源自 OECD、IMF、UNTAD 数据库以及各国相关网站及对外投资统计公报，经整理汇总而成。共60 个国家，其中 24 个"北方"国家，36 个"南方"国家（地区）；涵盖了亚洲、拉丁美洲、中东欧和北美国家，见表 4.3。由于数据可获得性，非洲国家中只能获得南非对外投资的完整数据，因此只选择南非作为非洲国家代表的样本。由于大多数"南方"国家（地区）对外直接投资的数据统计始于 20 世纪 90 年代中后期，因此研究年限为 2004~2009 年。最后共获得 16920 个双边对外直接投资数据。

表 4.3	样本国家区域分布
"南方"国家（地区）	"北方"国家
乌克兰、印度、斯里兰卡、捷克、匈牙利、波兰、巴基斯坦、埃及、印度尼西亚、韩国、中国、菲律宾、墨西哥、孟加拉国、中国香港、土耳其、越南、老挝、缅甸、俄罗斯、泰国、马来西亚、南非、罗马尼亚、立陶宛、爱沙尼亚、白俄罗斯、保加利亚、哈萨克斯坦、阿塞拜疆、拉脱维亚、智利、秘鲁、哥伦比亚、阿根廷、巴西	美国、英国、德国、法国、日本、瑞士、瑞典、希腊、冰岛、奥地利、芬兰、卢森堡、丹麦、葡萄牙、加拿大、澳大利亚、挪威、荷兰、新西兰、西班牙、意大利、比利时、阿联酋、新加坡

资料来源：笔者根据相关样本信息编制得来。

在研究期间内，全球对外直接投资流量呈显著上升趋势，其中来自"南方"国家（地区）的对外直接投资呈显著增加趋势，虽然由于 2008 年金融危机的影响，全球对外直接投资流量受到较大的负面影响，来自"南方"国家（地区）对外直接投资增量有所下降，但其增长趋势仍十分明显。金融危机对来自"北方"国家对外直接投资影响更大，见图 4.1。

表 4.4 中，"北方"国家双边对外直接投资样本只占总样本的 15.6%，但"北方"国家间的对外直接投资流量占同期世界对外直接投资总流量的 68.85%。与之相反，南南国家双边对外直接投资样本只占总样本的 41.86%，但南南国家间的对外直接投资流量却只占同期世界对外直接投资总流量的 11.2%。"北方"国家向"南方"国家（地区）直接投资占总样本的比重为 23.9%，其同期对外直接投资流量占世界总流量的 15.37%。"南方"国家（地区）向"北方"国家的直接投资占总样本比

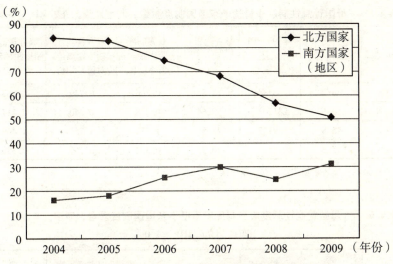

图4.1 2004～2009年全球对外直接投资结构变化

资料来源：笔者根据相应数据计算绘制而成。

重为41.7%，其同期对外直接投资流量却只占世界总流量的4.59%。

另外，从表4.5和表4.6中可以看出国家间明显的制度质量差距："北方"国家与"南方"国家（地区）间的制度距离最大，"南方"国家（地区）间的制度距离总体上较南北国家而言较小，但相对于"北方"国家而言仍较大。这表明"南方"国家（地区）间在制度质量方面的多样化特征，并且源于"南方"国家（地区）的对外直接投资可能与传统的源自"北方"国家的对外直接投资的模式并不相同。另外，不论按哪种对外直接投资类型分类，国家间管制性制度距离均要大于规范性制度距离，只有"北方"国家间这两种类型制度距离的差距并不是很明显。

表4.4   未分类样本

OFDI 类型	占总样本比重（%）	年均 OFDI 流量（百万美元）	占总流量的比重（%）	双方制度距离绝对值平均值	双方管制性制度距离绝对值平均值	双方规范性制度距离绝对值平均值
S－S	41.8	83503	11.20	0.684	0.726	0.652
N－N	15.6	573467	68.85	0.215	0.219	0.207
N－s	23.9	114630	15.37	1.639	1.826	1.452
S－N	18.6	34227	4.59	1.804	1.973	1.648

资料来源：笔者根据相关数据编制得来。

表4.5 母国管制性制度质量优于东道国制度质量，制度距离为正：$RD_{s-h} > 0$

OFDI 类型	占总样本比重（%）	年均 OFDI 流量（亿美元）	占总流量的比重（%）	双方制度距离绝对值平均值	双方管制性制度距离绝对值平均值	双方规范性制度距离绝对值平均值
S－S	38.2	68334	17.88	0.706	0.749	0.663
N－N	13.6	201203	52.64	0.228	0.240	0.217
N－s	45.8	109137	28.55	1.572	1.753	1.409
S－N	2.3	3571	0.93	0.302	0.267	0.330

资料来源：笔者根据相关数据编制得来。

表4.6 母国管制性制度质量制度质量低于东道国制度质量，制度距离为负：$RD_{s-h} \leqslant 0$

OFDI 类型	占总样本比重（%）	年均 OFDI 流量（亿美元）	占总流量的比重（%）	双方制度距离绝对值平均值	双方管制性制度距离绝对值平均值	双方规范性制度距离绝对值平均值
S－S	40.6	19638	6.86	0.657	0.834	0.519
N－N	16.4	24063	84.10	0.219	0.236	0.206
N－s	1.2	4024	1.41	0.210	0.19	0.235
S－N	41.7	21830	7.63	1.789	1.855	1.732

资料来源：笔者根据相关数据编制得来。

4.2.3　计量模型设定

为了验证源自南、北国家对外直接投资行为、模式的差距，本书采用引力模型的方法进行回归，引力模型源于物理学，其含义是物体间的引力与质量正相关，而与距离负相关。该方法在应用于双边对外直接投资研究中十分普遍。丁伯根（1962）、菲南（1963）最早将贸易引力模型应用到国际贸易领域，他们发现，一个国家的贸易流向及流量决定于两国的经济规模和地理距离，出口量的大小与进出口国的国民生产总值成正比，与两国距离成反比。林德曼（1966）将人口、GNP、地理距离、优惠贸易协定、贸易商品结构和心理距离变量作为引力模型的解释变量，发现人口和GNP具有较高的解释力。斯利瓦斯塔瓦和格林（1986）加入政治稳定性、文化相似度、殖民历史等变量，认为政治稳定性和文化相似度具有较强的解释力。1979 年以前的引力模型由于其理论基础的不确定，曾遭到质疑，于是研究者们开始从不同的经典理论模型结构来推导引力模型。安德森 (1979) 在假设贸易产品的差别性前提下，即 "阿明顿（Armington）" 假设（Armington，1969），运用 CD 效用函数和 CES 效用函数推导了引力模型。之后在其研究思路上进行了扩展（Bergstrand，1985；Helpman，1987；Deardorff，1995；Feenstra，2001；Javorkcik，2002；Aleksynska and Havrylchyk，2011）。从而印证了用引力模型研究双边贸易的可行性。之后大量学者在一般均衡框架下利用引力模型研究双边贸易问题，并取得了与经验事实一致的结论（Goodlnan，1973；Airken and Obutelewiez，1976）。鉴于引力模型很好地解释了国际贸易问题，不少学者将引力模型延伸到国际投资的研究（Anderson，1979；Markusen and Maskus，2002；Hejiazi，2005）。伊顿和田村（1994）、贝纳斯耶特（2007）、汉丘森（2008）等学者的研究将引力模型广泛应用于解释国际投资的区位分布。

利用引力模型研究 FDI 区位分布时，通常将原始投资引力模型（Andeoon，1979）适当变形，以检验所需研究变量。在初步回归中，本书依据上述文献和机制分析，估计绝对制度距离对对外直接投资的影响。因此，估计模型设定如下：

$$\ln(\mathrm{OFDI_{sht}}) = \beta_0 + \beta_1 \mathrm{IND} + \beta_2 \mathrm{Controls_{sht}} + \varepsilon_{it}$$

其中，下标 i 和 t 分别表示国家和年份，β_0 代表截距项，IND 为东道国与母国间制度距离，Controls 为各项控制变量，ε_{it} 代表整个回归方程的误差项，服从独立同分布。

4.3 计量回归结果及分析

4.3.1 初步回归结果

回归结果如表 4.7 所示，引力模型中传统变量回归系数符号均与理论预期相符合，通过显著性统计检验。东道国与母国间存在共同边境、使用共同官方语言以及在历史上曾经存在殖民统治关系对东道国与母国间对外直接投资流量存在积极的作用。而东道国与母国间地理距离对两国间双边对外直接投资流量存在负面影响。东道国市场潜力即东道国真实 GDP 估计系数的符号为证，并在 1% 水平上通过显著性检验，表明东道国市场规模和潜力对吸引对外直接投资有重要的作用。东道国人均 GDP 估计系数符号为正，并在 1% 显著水平上通过统计检验，表明母国更倾向于向人均收入较高的东道国进行投资。"北方"国家跨国企业倾向于向与本国人均收入水平接近的北方及"南方"国家（地区）进行投资，人均收入较高的北方、"南方"国家（地区），消费者的偏好比较接近，可以减少跨国经营的运作成本。"南方"国家（地区）跨国公司倾向于向人均收入较高的其他"南方"国家（地区）进行投资，人均收入水平较高的"南方"国家（地区），国内消费者的偏好、经济属性与"南方"国家（地区）相似度更大，因此"南方"国家（地区）跨国公司国内产品可以只做较小改动就在其他"南方"国家（地区）销售。RTA 估计系数为正，并在 5% 的显著水平上通过检验，表明东道国与母国签署过自由贸易协定或同为某区域贸易组织成员关系在一定程度上削减了双方对外直接投资流动的成本，对两国间双边对外直接投资流量存在促进作用。

表 4.7　　　　　制度距离与对外直接投资区位选择估计结果

	Bi-ofdi（双边对外直接投资流量）
常数	2.53 ***
	(0.025)
IND	−0.463 ***
	(0.021)
HInst	0.124 ***
	(0.010)
SInst	0.017
	(0.063)
lnEx	0.481 ***
	(0.016)
Hln(GDP)	0.724 ***
	(0.012)
Hln(GDPPG)	0.400 ***
	(0.015)
colony	0.203 ***
	(0.017)
comlag	0.809 **
	(0.024)

	Bi-ofdi（双边对外直接投资流量）
lnD	-0.548^{***}
	（0.011）
Border	0.545^{***}
	（0.018）
RTA	0.427^{**}
	（0.027）
ED	-0.023
	（0.080）
Infra	-0.022
	（0.079）
是否控制时间效应	是
N	16920
R-squared	0.556

注：***、** 分别表示 1%、5% 的显著性水平。

　　东道国基础设施建设的估计系数的符号为负，且未能通过显著性检验，说明东道国基础设施建设对两国间双边对外直接投资流量的作用并不明显。首先，"北方"国家基础设施建设已经相当完善，因此，基础设施建设对"北方"国家间对外直接投资流动的作用并不明显。而"南方"国家（地区）的基础设施建设经过十几年的发展也达到一定水平，所以基础设施建设并不是"南方"国家（地区）吸引其他"南方"国家（地区）或"北方"国家直接投资的重要因素。其次，"南方"国家（地区）间对外直接投资较为集中的行业为商业服务与金融服务业，这表较多的南南直接投资尚处于设立商业服务中介机构，为国内出口和未来大规模直接投资提供服务的阶段，因此对基础设施建设完善度并不敏感。最后，人均国民收入较低的"南方"国家（地区）基础设施建设薄弱。"南方"国家（地区）跨国公司在较差的基础设施环境下经营，因此掌握更合适的技术和管理诀窍。因此，"南方"国家（地区）跨国公司在基础设施建设较差的"南方"国家（地区）经营具有较强的竞争优势。

　　母国与东道国间人力资源禀赋差距（ED）的估计系数为负且不显著。这表明两国劳动力受教育水平差距对直接投资的影响并不显著。

　　东道国制度质量估计系数为正，并且在 1% 水平上通过显著性统计检验，与达比和沃顿（2009）的研究结果一致。为东道国制度水平对两国间双边对外直接投资的促进作用提供了依据。虽然制度距离越小，母国与东道国间对外直接投资流量越多，但在其他条件相同的情况下，母国倾向于向制度质量较高的东道国投资。对于南方跨国公司而言，尽管"南方"国家（地区）跨国公司拥有长期在母国在恶劣制度环境下经营的竞争优势，但在其他条件相同的情况下，"南方"国家（地区）跨国公司会倾向于对制度质量相对较高的"南方"国家（地区）投资。例如，尽管"南方"国家（地区）跨国公司具有在腐败、不完全、多变的制度环境下，利用制度缺陷并盈利的经验，但在其他条件相同的情况下，"南方"国家（地区）跨国公司还是会选择制度相对透明、契约执行效率相对较高的东道国投资。20世纪60年代，中国台湾跨国公司通过向当地海关官员进行商业贿赂来达到避免因海关繁文缛节造成的额外成本。而越南海关腐败盛行、效率低下，许多官员即使索要并收取了商业贿赂后仍不能使中国台湾企业达到其经济目的。

母国制度质量估计系数符号为正，但未能通过统计显著性检验。不能为母国制度质量的改进对国内企业跨国投资的促进作用提供可靠的依据。绝大多数"北方"国家经历上百年的工业化进程，制度体系经过实践中的不断改进和完善，已经臻于相对完善、稳定的状态。"南方"国家（地区）工业化进程刚刚开始，而其面临的国际环境和"北方"国家面临的发展环境有很大的改变，随着世界经济一体化趋势，"南方"国家（地区）企业在国内市场要面临更为激烈的国内和跨国企业竞争。许多"南方"国家（地区）的制度体系尚不完善，存在很多制度缺陷亟待完善、改进。因此"南方"国家（地区）企业为了在短时间内积累并形成自身的竞争优势，会在企业发展早期及国家工业化进程刚刚开始时便开始以对外直接投资为主要形式的国际化进程，以应对激烈的国际国内竞争，迅速形成企业竞争力。

制度距离估计系数符号为负，并且在1%的显著水平上通过统计检验。为东道国与母国间制度距离对双方对外直接投资双边流量的促进作用提供了可靠的依据，即东道国与母国间制度距离越小，两国间双边对外直接投资流量越大。

4.3.2　管制性制度距离、规范性制度距离与"南方"国家（地区）对外直接投资区位选择

制度是"社会活动的准则"（North，1990）或"规范性的和管制性的社会结构和活动"来保证社会经济活动的平稳运行（Scott，1995）。任何经济活动都需要制度的支持，来保护知识产权和契约的履行。无论是国家制定的强制性制度体系（包括法律、法规以及法庭等负责监督执行法律、法规的国家机器），还是非强制性的社会规范（包括社会网络、网络中的行为规范和惩罚机制等）。"南方"国家（地区）企业所面临的独特的管制性制度和规范性制度环境对其选择对直接投资实际经济效应的影响十分突出（Hoskisson and Eden，2000；Wright and Cooper，1993）。因此，本书将东道国与母国间制度距离进一步细分为两国间管制性制度距离和规范性制度距离，阐述管制制度和规范制度对"南方"国家（地区）对外直接投资的影响机制。回归结果列于表 4.8 中。

表 4.8　　　　　　　不同性质制度距离与对外直接投资区位选择

	Bi-ofdi（双边对外直接投资流量）
常数	3.48 ***
	(0.016)
RD	0.328 ***
	(0.016)
ND	− 0.411 ***
	(0.014)
HRinst	0.128 **
	(0.015)
SRinst	0.025
	(0.077)
lnEx	0.430 ***
	(0.010)
Hln(GDP)	0.785 ***
	(0.011)
Hln(GDPPG)	0.435 ***
	(0.012)

续表

	Bi-ofdi（双边对外直接投资流量）
colony	0.221 ***
	(0.010)
comlag	0.775 ***
	(0.020)
lnD	− 0.531 ***
	(0.016)
Border	0.527 ***
	(0.013)
RTA	0.396 **
	(0.030)
ED	− 0.015
	(0.085)
Infra	− 0.020
	(0.082)
是否控制时间效应	是
N	16917
R-squared	0.535

注：*** 、** 分别表示1%、5%的显著性水平。

引力模型中传统变量回归结果均与表4.7中回归结果基本一致。东道国与母国管制性制度的估计系数的符号及显著性水平与表4.7中东道国与母国制度的估计系数符号和显著性水平基本相符。

规范性制度距离的估计系数符号为负，并在1%的显著水平上通过了统计检验。为东道国与母国间规范性制度距离对双方对外直接投资双边流量的促进作用提供了可靠的依据，即东道国与母国间规范性制度距离越小，两国间双边对外直接投资流量越大。母国跨国公司的经营活动受东道国社会信仰、价值观、道德规范、国民思维方式、社会习俗等规范性制度的制约，这些因素决定了跨国公司需要承担的公共社会责任、能够发挥的独特企业优势。依据规范制度论，通常母国与东道国的规范性制度差距越小，两地居民的心理距离越近。若母国跨国公司对当地社会规范和习俗较为熟悉，便容易获得东道国当地社会组织网络的认可，从而减少了企业跨国经营、运作的额外成本以及相关利益群体网络的构建。

管制性制度距离的估计系数符号为正，并在1%的显著水平上通过了统计检验。表明东道国与母国间管制性制度距离与两国间双边对外直接投资流量呈显著正相关关系，即东道国与母国间管制性制度距离越大，两国间双边对外直接投资流量越大。而这与表 4.7 中未将制度距离细分为管制性制度距离与规范性制度距离的估计结果出现不一致，与本书推测不符。由于本书双边对外直接投资样本中"南方"国家（地区）间与"北方"国家间各种不同类型的双边对外直接投资各占有一定比重，可能出现不同效应的混淆和叠加。因此，为了甄别管制性制度距离对来自"南方"国家（地区）直接投资与来自"北方"国家直接投资的不同影响，本书引入一个虚拟变量 North，当 North = 1 时，母国为"北方"国家；反之，当 North = 0 时，母国为"南方"国家（地区）。估计结果见表 4.9。

表 4.9　　　制度距离与不同来源对外直接投资区位选择估计结果

	Bi-ofdi（双边对外直接投资流量）
常数	3.46 ***
	(0.020)
RD	0.340 ***
	(0.022)
RD × North	− 0.545 ***
	(0.018)
ND	− 0.307 ***
	(0.023)
ND × North	− 0.285 ***
	(0.020)
HRInst	0.126 **
	(0.025)
SRInst	0.031
	(0.068)
lnEx	0.562 ***
	(0.021)
Hln(GDP)	0.782 ***
	(0.014)
Hln(GDPPC)	0.433 ***
	(0.012)
colony	0.217 ***
	(0.015)

续表

	Bi-ofdi（双边对外直接投资流量）
comlag	0.772 ***
	(0.023)
lnD	− 0.530 ***
	(0.012)
Border	0.524 ***
	(0.015)
RTA	0.392 **
	(0.028)
ED	− 0.014
	(0.085)
Infra	− 0.004
	(0.092)
是否控制时间效应	是
N	16917
R^2	0.527

注：***、** 分别表示1%、5%的显著性水平。

引力模型中传统变量回归结果均与表4.7中回归结果基本一致。东道国与母国管制性制度的估计系数的符号及显著性水平与表4.7中东道国与母国制度的估计系数符号和显著性水平基本相符。

规范性制度距离的估计系数符号为负，并在1%的显著水平上通过了统计检验。这个系数反映的是规范性制度距离对来自"南方"国家（地区）的对外直接投资流量的影响，即东道国与母国间的规范性制度距离越小，源自"南方"国家（地区）的对外直接投资流量越大，即"南方"国家（地区）跨国公司会向与母国规范性制度环境接近的东道国进行投资。ND 与 ND*North 的估计系数之和反映了东道国与母国间规范性制度距离对来自"北方"国家对外直接投资流量的影响，ND 与 ND*North 的估计系数之和为负并在1%的显著水平上通过统计检验。反映了来自"北方"国家跨国公司更加倾向于对与本国规范性制度环境相似的东道国进行投资。这与表4.6中未将制度距离细分为管制性制度距离和规范性制度距离的回归结果相吻合。另外，ND 与 ND*North 的估计系数符号显著均为负，表明就规范性制度距离而言，其对来自"南方"国家（地区）对外直接投资与来自"北方"国家的对外直接投资的影响方向是一致的，即南

"北方"国家均倾向于对与母国规范性制度环境相似的东道国进行投资。这个结果也表明，在将制度细分为管制性制度与规范性制度之后，表4.6中，管制性制度距离的估计系数符号与表4.6中制度距离估计系数符号的不一致可能会与对外直接投资母国来源国的性质有关，即管制性制度距离对源自南"北方"国家的对外直接投资的作用方向可能是不一致的。

管制性制度距离的估计系数符号为正，并在1%的显著水平上通过了统计检验。这个系数反映的是管制性制度距离对来自"南方"国家（地区）的对外直接投资流量的影响，即东道国与母国间的管制性制度距离越大，源自"南方"国家（地区）的对外直接投资流量越大。这与表4.6中未将制度距离细分为管制性制度距离和规范性制度距离的回归结果相吻合。RD 与 RD*North 的估计系数之和反映了东道国与母国间管制性制度距离对来自"北方"国家对外直接投资流量的影响，RD 与 RD*North 的估计系数之和为负并在1%的显著水平上通过统计检验。反映了来自"北方"国家跨国公司更加倾向于对与本国管制性制度环境相似的东道国进行投资。这与哈比卜和祖拉维奇（2002）、恩勒科恩斯卡和哈维勒切克（2011）的研究结果相一致。但 RD 的估计系数的符号显著为正表明东道国与母国间的管制性制度距离对来自"南方"国家（地区）的对外直接投资的影响呈显著正向关系，来自"南方"国家（地区）的跨国公司有可能会向管制性制度环境优于本国的东道国进行直接投资，也有可能会向管制性制度环境较本国较差的东道国进行投资。由于本书采用东道国与母国间制度指标之差的绝对值来定义两国间的制度距离，因此表4.7、表4.8 的回归结果未能表明来自"南方"国家（地区）对外直接投资的流向与东道国和母国间管制性制度距离方向性的关系。

4.3.3 不同方向性制度距离与"南方"国家（地区）对外直接投资区位选择

本书对源自"南方"国家（地区）对外直接投资的样本数据进行进一步的分析，以检验由表4.8 所示的回归结果与理论假设相悖是否与上述推测相符。将管制性制度距离按其方向性进一步细分：$RD_{sh} > 0$ 表示母国（"南方"国家（地区））管制性制度质量优于东道国制度质量；$RD_{sh} \leq 0$ 表示母国（"南方"国家（地区））管制性制度质量比东道国要差。管制性制度距离的方向性决定了其对直接投资影响效果的非对称性，向管制性制度环境更优于本国的东道国投资是具有较大吸引力的。由表4.7、表4.8及表4.9的回归结果表明：来自"北方"国家的对外直接投资总是倾向于向与母国管制性、规范性制度环境相似的东道国进行直接投资。因此，对管制性制度距离的进一步细分对源自"北方"国家的直接投资而言并不重要。对管制性制度距离的进一步细分对源自"南方"国家（地区）的直接投资而言却很重要。在表4.10中，引力模型中传统变量回归结果与前面的回归结果相一致。规范性制度距离估计系数的符号和显著性也表现出与前面回归结果较强的一致性。按管制性制度距离的方向性进将来自"南方"国家（地区）的样本细分为两组后，在对每组样本的回归中，管制性制度距离的估计系数符号仍为正，并在1%显著性水平通过统计检验。表明管制性制度距离对来自"南方"国家（地区）的直接投资与绩效的影响仍为正向的。"南方"国家（地区）跨国公司既会向管制性制度环境更差的东道国投资，也会向管制性制度环境更完善的东道国投资。两国间的管制性制度距离越大，对外投资流量越大。表4.10中的结果并不能解释表4.9所示的回归结果与理论假设相悖的疑问。这能否说明管制性制度距离的方向性决定了其对直接投资影响效果的非对称性的假设并不成立？那么究竟是什么原因导致了来自"南方"国家（地区）直接投资与两国间管制性制度距离相关性在理论中与实证中相悖的问题？

表4.10　　不同方向性制度距离与来自"南方"国家（地区）对外直接投资

	$RD_{sh} > 0$	$RD_{sh} \leqslant 0$
常数	2.35 ***	2.48 ***
	(0.017)	(0.020)
RD	0.374 ***	0.131 ***
	(0.012)	(0.011)
ND	−0.326 ***	−0.330 ***
	(0.023)	(0.025)
HRInst	0.122 **	0.132 ***
	(0.025)	(0.022)
SRInst	0.037	0.042
	(0.089)	(0.073)
lnEx	0.547 ***	0.551 ***
	(0.011)	(0.017)

续表

	$RD_{sh} > 0$	$RD_{sh} \leq 0$
Hln(GDP)	0.659 ***	0.817 ***
	(0.015)	(0.010)
Hln(GDPPC)	0.394 ***	0.457 ***
	(0.016)	(0.013)
colony	0.208 ***	0.224 ***
	(0.015)	(0.012)
comlag	0.756 ***	0.780 ***
	(0.022)	(0.020)
lnD	-0.572 ***	-0.596 ***
	(0.010)	(0.012)
Border	0.532 ***	0.535 ***
	(0.016)	(0.020)
RTA	0.403 **	0.425 **
	(0.024)	(0.023)
ED	-0.009	-0.010
	(0.115)	(0.092)
Infra	-0.002	-0.007
	(0.112)	(0.105)
是否控制时间效应	是	是
N	6937	3384
R^2	0.527	0.530

注：*** 、** 分别表示1%、5%的显著性水平。

4.3.4 不同类型对外直接投资动因与"南方"国家(地区)对外直接投资区位选择

本书从来自"南方"国家(地区)直接投资的动因来进行进一步的分析：

技术诀窍、品牌、管理技能等战略资产是全球化背景下形成竞争优势的关键。因此，当"南方"国家(地区)跨国公司面对高度竞争的母国市场，便需要更多的战略资产，而当这类资产在制度环境不完善的母国国内又不易获得时，对外投资就顺势而生。当"南方"国家(地区)跨国公司处于高度竞争的国内市场并希望跻身世界前列时，就产生了对更多战略资产的需求。由于这种需求在制度环境仍亟待完善的国内不易满足，从而驱动了"南方"国家（地区）跨国公司向"北方"国家进行对外投资，即"南方"国家（地区）跨国公司会向管制性制度环境更完善的东道国投资（$RD_{sh} \leq 0$）。

另外，"南方"国家（地区）在工业化过程中，对自然资源的需求快速上涨，在国内资源不能满足这种需求时，对外直接投资成为一种发展战略选择。在当今经济飞速发展的国际化进程中，为适应更加激烈的国际和国内竞争，很多"南方"国家（地区）政府推行经济"赶超"战略。而经济"赶超"战略则需要大量、廉价的自然资源投入来支持国内经济快速、持续增长。自然资源充裕的最不发达"南方"国家（地区），制度体系不完善，对自然资源保护力度弱，对经济增长速度和规模的追求远远超过对经济质量和结构的追求。对自然资源的开发利用中出现寻租的情况：自然资源管理机构从自然资源的开发使用中获得大量租金，而缴纳给政府的税费却只占很少一部分。寻租效应又滋生了腐败，腐败阻碍了制度质量的提高。而来自"南方"国家（地区）的跨国公司却具备在国内相似恶劣制度环境下经营的经验，对相似市场环境、商业惯例的掌控游刃有余，并且在"南方"国家（地区），关系网络、潜规则对于解决制度障碍十分重要，而"南方"国家（地区）在这方面有较多经验，能够以较低的跨国经营固定成本获得大量经济发展所需的资源。因此"南方"国家（地区）会向管制性制度环境更差的东道国投资（$RD_{sh} > 0$）。

由此可见，管制性制度距离的方向性反映了"南方"国家（地区）跨国公司对外直接投资动因的差异。东道国的自然资源禀赋与战略性资产是影响"南方"国家（地区）对外直接投资战略决策的重要因素，实证分析中，如果未对这两个决定因素予以考虑，便可能造成回归结果的偏差。

因此，本书在表4.10的基础上引入东道国自然资源禀赋状况与战略性资产状况后，进一步考察来源于"南方"国家（地区）的对外直接投资与管制性制度距离的关系。

另外，母国与东道国间人力资源禀赋差距的回归系数始终不显著。本书用大专以上学历入学率来测度一国人力资源水平可能存在缺陷与不足。"南方"国家（地区）与"北方"国家在教育水平、教育结构上存在较大差距，因此，用同一教育指标来定义南、北方国家的教育水平可能会导致回归结果的偏差。在分离出来自"南方"国家（地区）直接投资样本后，本书用大专以上学历入学率来测度"北方"国家人力资源禀赋，用中学入学率来测度"南方"国家（地区）人力资源禀赋，用小学入学率来表示最不发达"南方"国家（地区）人力资源禀赋。数据源自世界银行数据库。

东道国自然资源禀赋（Resources）：东道国自然资源禀赋是资源寻求型对外直接投资区位选择的重要因素。科尔克和皮恩克斯（2005）认为，能源、黑色和有色金属是自然资源寻求型投资的主要目标。近年来，随着经济发展，"南方"国家（地区）的资源需求日趋增加。国内稀缺资源的可持续供应，是经济可持续发展的战略保障。从经验事实看，"南方"国家（地区）企业频频收购国外资源性资产（Morck et al.，2008）。特别是金融危机后，"南方"国家（地区）对外直接投资（OFDI）在非洲和拉美地区明显增加，这可能与该地区丰富的资源有关。所以，"南方"国家（地区）对外直接投资（OFDI）的资源寻求动机值得关注。值得注意的是，由于资源开发带来巨大租金，引发资源丰富国家的腐败和寻租效应，从而导致制度环境恶劣（Robinson et al.，2006）。因此，资源丰富的国家往往制度环境恶劣，给中国资源型 OFDI 带来不确定因素。因此，本书根据数据可得性，用东道国燃料、矿石出口占该国出口商品的比重来表示东道国自然资源的丰裕度。数据源自世界银行数据库。

东道国战略资产禀赋（TM）：罗和董（2007）认为，来自"南方"国家（地区）的企业为克服后发劣势，一个重要途径就是通过以"北方"国家为目标地的投资（甚至是控股收购），获取先进技术等的战略性资产。由于"南方"国家（地区）企业的技术研发和创新能力总体上与国际领先水平仍有差距，以获取技术为动机的 OFDI 也将不断上升。战略资产主要包括：品牌、管理诀窍及分销渠道。对外直接投资理论认为："南方"国家（地区）获得战略资产，并在短时间内建立竞争优势是"南方"国家（地区）跨国公司向"北方"国家投资的驱动因素之一。品牌可以体现国家的外在形象，反映一国的产品实力、企业实力、产业和经济实力。品牌在某种程度上提高了企业和国家的认知程度，体现了一国的整体实力和良好形象。例如，全球 100 个最有价值的品牌中有 62 个世界知名品牌属于美国，在全球最有价值排名前十位的品牌中，有 8 个属于美国①。因此，本书用东道国本国居民及非本国居民在本国申请的注册商标数来表示

---

① 根据世界银行 WDI 数据库整理、计算所得。

东道国拥有的战略资产。数据源于世界银行数据库。回归结果由表 4.11 所示。

表 4.11　　　　　管制性制度距离与"南南投资"区位选择

	$RD_{sh} > 0$	$RD_{sh} \leqslant 0$
常数	2. 62 **	2. 74 **
RD	-0. 372 ***	0. 385 ***
	(0. 012)	(0. 019)
RD × Resouce	0. 079 ***	0. 023
	(0. 024)	(0. 054)
RD × TM	0. 016	0. 085 ***
	(0. 049)	(0. 018)
ND	-0. 326 ***	-0. 278 ***
	(0. 015)	(0. 012)
HRInst	0. 115 ***	0. 120 ***
	(0. 030)	(0. 027)
SRInst	0. 033	0. 031
	(0. 052)	(0. 057)
lnEx	0. 609 ***	0. 582 ***
	(0. 014)	(0. 010)
Hln(GDP)	0. 662 ***	0. 728 ***
	(0. 013)	(0. 014)
Hln(GDPPC)	0. 432 ***	0. 444 ***
	(0. 011)	(0. 016)
colony	0. 232 ***	0. 251 ***
	(0. 010)	(0. 013)
comlag	0. 806 ***	0. 820 ***
	(0. 010)	(0. 010)
lnD	-0. 613 ***	-0. 617 ***
	(0. 015)	(0. 011)
Border	0. 583 ***	0. 592 ***
	(0. 026)	(0. 020)
RTA	0. 534 **	0. 537 **
	(0. 021)	(0. 020)

	$RD_{sh} > 0$	$RD_{sh} \leq 0$
ED	−0.032* (0.020)	−0.045* (0.026)
Infra	−0.016 (0.154)	−0.012 (0.151)
是否控制时间效应	是	是
N	6937	3384
R^2	0.561	0.583

注：***、**、*分别表示1%、5%和10%的显著性水平。

引力模型中传统变量回归结果均与前面回归结果基本一致。东道国与母国管制性制度、规范性制度距离的估计系数的符号及显著性水平也与前面的回归结果保持了一致性。

表4.11中管制性制度距离的回归结果验证了本书的假设，即东道国自然资源禀赋是决定南南直接投资的重要因素之一，而东道国战略性资产是决定南北直接投资的重要因素之一。

在控制了东道国自然资源禀赋之后，在对 $RD_{sh} > 0$ 样本组回归中，管制性制度距离的估计系数符号为负，并在1%的显著水平通过统计检验。表明“南方”国家（地区）跨国公司会选择在向管制性制度环境更差且自然资源充裕的最不发达“南方”国家（地区）投资。在控制了东道国战略性资产之后，在对 $RD_{sh} \leq 0$ 样本组回归中，管制性制度距离的估计系数符号为正，并在1%的显著水平通过统计检验。“南方”国家（地区）跨国公司在向管制性制度环境优于本国的东道国投资时，会选择与母国管制性制度环境差异较大的东道国进行投资，以获得品牌、管理技能、销售渠道等战略性资产。

另外，在考虑了“南方”国家（地区）与“北方”国家在教育水平、结构上存在较大差距，并调整了教育水平指标后，东道国与母国间人力资源差距的估计系数和显著性水平均有所改善。为东道国与母国间人力资源差距与两国间直接投资流量的负相关关系提供了显著依据。东道国与母国间教育水平越接近，母国的生产、管理技术在东道国应用的成本越低，两国间的直接投资越多。

4.4 本章小结

由于数据的限制，虽然南南直接投资流量已经接近"南方"国家（地区）对外直接投资流量近1/3，国内仍缺乏对南南直接投资影响因素的系统系研究。本章通过对"南方"国家（地区）对外直接投资数据的收集整理并通过实证研究，试图对如下问题作出回答：来自"南方"国家（地区）的直接投资与来自"北方"国家直接投资在模式上是否相同？除了影响对外直接投资的传统因素之外，影响南南直接投资的新因素有哪些？

传统的引力模型中变量，如共同边境、共同官方语言等的作用对南"北方"国家都存在重要作用。规范性制度距离对源于"南方"国家（地区）和"北方"国家的直接投资的作用机制是相同的，即母国跨国公司倾向于对规范性制度环境接近的东道国进行投资。虽然制度距离越小，母国与东道国间对外直接投资流量越多，但在其他条件相同的情况下，母国倾向于向制度质量较高的东道国投资。母国制度质量的改进对国内企业跨国投资的促进作用未能得到证实。传统影响对外直接投资的因素对南南直接投资影响仍很显著，这也解释了南南直接投资以区域内直接投资为特点的现象。

本章验证了以前学者的研究结论，即"北方"国家倾向于对管制性、规范性制度距离与母国相似的东道国进行投资。而本章也发现，来自"南方"国家（地区）的对外直接投资与制度距离，特别是管制性制度距离的关系和作用机制比较复杂：

管制性制度距离可以视为"南方"国家（地区）企业向"北方"国家对外直接投资的驱动力：当"南方"国家（地区）跨国公司向管制性制度环境优于母国的东道国投资时，倾向于选择与母国管制性制度差距较大的东道国投资，以获取战略性资产。尽管"南方"国家（地区）跨国公司在投资初期会因不熟悉东道国管制性制度环境而付出额外的成本，但东道国公平、透明、高效、健全的管制性制度体系衍生出高质量的品牌、管理技能、销售渠道等战略资产是"南方"国家（地区）企业在较短时间内积累竞争力所必需的。

当"南方"国家（地区）跨国公司向管制性制度环境较本国更差的

东道国投资时，倾向于选择与母国管制性制度环境相似的东道国投资，以利用东道国管制性制度缺陷，以较低成本达到经济目的。这为近年来迅速发展的南南直接投资提供了印证。

当"南方"国家（地区）跨国公司向管制性制度环境更差于母国的东道国进行投资时，倾向于对管制性制度环境与母国差异性较大的东道国进行投资，但如果管制性制度环境与母国差异较大的东道国自然资源（特别是能源和矿产资源）充裕，那么可以抵消管制性制度距离对两国对外直接投资的负面影响。管制性制度距离差距与东道国自然资源禀赋是来自"南方"国家（地区）对外直接投资的又一重要驱动力。在当今经济飞速发展的国际化进程中，为适应更加激烈的国际和国内竞争，很多"南方"国家（地区）政府推行经济"赶超"战略。而经济"赶超"战略则需要大量、廉价的自然资源投入来支持国内经济快速、持续增长。自然资源充裕的最不发达"南方"国家（地区），制度体系不完善，对自然资源保护力度弱，对经济增长速度和规模的追求远远超过对经济质量和结构的追求。因此支持"南方"国家（地区）经济"赶超"战略所需的自然资源（特别是能源、矿产资源）更容易在管制性制度环境恶劣的最不发达"南方"国家（地区）获得。

忽略恶劣的管制性制度环境，只注重自然资源（特别是能源、矿产资源）的获得可能会在未来给来自南方的直接投资带来一系列问题。近年来，恶劣的管制性制度环境、自然资源的战略重要性增加、油气资源国有化的巨额利润使玻利维亚、厄瓜多尔、委内瑞拉开始了能源、矿产资源的国有化进程，加强对本国能源、矿产资源保护力度。这已经对来自"北方"国家的直接投资产生了负面影响。最不发达"南方"国家（地区）对本国自然资源失控造成的损失与出于国家经济安全的考虑能否促进知识产权保护体系并不完善的最不发达"南方"国家（地区）重新与外国投资者对合约进行商谈，以增强对自然资源的国有控制权，仍待考察。未来各国管制性制度环境的改善是确定趋势，因此"南方"国家（地区）在利用东道国制度缺陷方面的独特优势会渐渐消失，影响对外直接投资的传统因素仍然是重要的。"南方"国家（地区）跨国公司在向北方东道国投资时，不能忽视规范性制度差距，应借助于当地中介服务机构或在当地寻找合作伙伴，以较低成本获得东道国社会认可。

第 5 章

中国对外直接投资区位选择：基于知识产权制度距离的研究

  对外直接投资作为全球化的重要组成部分，极大地改变了世界经济的面貌。因此，对外直接投资区位选择及如何通过投资网络布局提高投资绩效一直是学者和政策制定者关注的焦点。除了市场规模、税收、贸易政策、汇率、利率政策、生产成本、基础设施等这些传统因素在已有的研究文献中得到了广泛深入的研究外，近年来关于母国与东道国间的制度距离，这一新的影响因素在对外直接投资中的作用开始受到越来越多的关注（Cuervo-Cazurra et al., 2008; Habib et al., 2002; Aleksynska and Havrylchyk, 2011）。另外，来自中国的对外直接投资（OFDI）增长迅速。联合国贸发会议《2013 年世界投资报告》统计，2012 年中国的对外直接投资（OFDI）流量达到了 840 亿美元，成为世界第三大对外投资者（仅次于美国和日本）。截至 2012 年，中国对外直接投资存量达 5.09 万亿美元。2012 年中国对外直接投资流量、存量分别名列全球（地区）的第 5位和第 17 位，成为推动全球直接投资的一股新生力量。制度距离、中国对外直接投资已分别成为直接投资理论和直接投资实践当中两个值得关注的新焦点。中国已成为对外直接投资的主要来源国之一，投资对象覆盖了世界 170 多个国家和地区其中既有知识产权保护制度较为完善的发达国家，也有知识产权保护体系薄弱的发展中国家，那么我国与东道国间的知识产权保护差距是否对中国 OFDI 的区位选择产生影响？影响的程度有多大？其影响程度是否与我国企业的投资动机有关？这将是本章主要探讨的问题。

5.1　知识产权保护、制度距离与对外直接投资

近些年来，许多文献都从制度因素的角度研究了对外直接投资的问题，其中知识产权作为制度因素的重要方面也受到了众多学者的关注，然而到目前为止，学术界关于知识产权（IPR）制度在对外直接投资区位选择中的作用并没有得到一致的结论。可以说，知识产权（IPR）制度对 FDI 流动的影响是复杂和微妙的。曼斯菲尔德（1994）、塞尤姆（1996）认为强大的知识产权保护能鼓励知识产权持有者开展贸易和投资，恰当的保护可以确保国外投资者的技术不会泄露给竞争者，所以模仿的风险降低将导致对受保护产品更多的净需求。尼科尔森（2002）也认为一个更强的知识产权保护制度将会鼓励企业到海外生产，因为他们的所有权优势将会得到适当的保护。利波尔（2006）指出一个提高其知识产权制度的国家可能会吸引知识密集型产品的进入或吸引 FDI 流入或鼓励国际技术转移。上述讨论表明，那些创造知识的企业是不太可能在知识产权制度薄弱的国家进行生产的，因为知识产权保护不利将会提高泄密和被模仿的风险。帕克和利波尔（2005）认为知识产权的持有者由于担心其权利被侵犯而不愿到知识产权制度薄弱的发展中国家销售他们的技术。然而一些学者对此提出了不同见解。布拉加（2000）认为完善的知识产权制度可以为拥有无形资产的企业提供市场力量，而且可能会引发企业的退资，减少他们对国外市场的服务。也就是说，一个强大的知识产权制度体系对 FDI 可能产生负效应，它有可能会使跨国公司从当地生产转向技术授权模式来服务东道国。然而知识产权制度不是激励跨国公司投资海外的唯一因素，如果是，大规模的 FDI 将会流入 OECD 成员国及地区，但相反的是，中国、巴西、印度这些高经济增长、市场规模大且知识产权保护较弱的国家吸引了大部分 FDI（Maskus，2000）。因此，知识产权制度对 FDI 影响的净效应在理论上仍不确定。

与理论研究一样，近期大量针对知识产权制度和 FDI 之间关系的经验研究也给出了不一致的结果。近藤（1995）分析了 1976 ~ 1990 年美国对33 个欧洲、亚洲和拉美国家的直接投资，发现专利保护与 FDI 的相关性并不显著。尽管他的研究样本是由发达国家组成的，但他仍然认为没有证据显示专利保护促进 FDI。但帕克（2003）对此提出了异议，他认为1995

年之前的研究没能捕捉到"与贸易有关的知识产权协定"（TRIPS）带来的利益。他利用1990～2000年的数据考察了后TRIPS时代，发现强化知识产权制度对FDI产生正效应。但是其研究也指出知识产权制度的效果依赖于经济发展水平和其他关键的未被考察的国家特征，如文化和制度质量等。此外，研究还显示在最不发达国家中知识产权的作用最显著，其次是发展中国家。他的研究结果与知识产权制度对FDI的作用受到经济发展水平影响的观点是一致的。其他学者如史密斯（2001）、莱赛尔（2002）、马尔辛斯卡（2004）的研究也得到了相同的结论，即高水平的知识产权制度促进FDI流入，但前者进一步指出究竟是选择贸易、投资还是技术许可的市场进入模式，对企业来说要衡量的因素很多，因此不同的企业会根据他们对于保护的敏感度而做出不同的决策。尼克尔森（2007）就知识产权和行业特征对跨国企业的交互作用进行了考察，并且得出了与前人不同的结论。他发现资本密集型企业倾向于通过FDI的模式控制其在知识产权制度薄弱国家的生产技术优势；而且他还进一步指出，当东道国的知识产权保护程度较高时，研发投入高的企业更愿意通过技术许可的方式进入。亚当斯（2010）利用1985～2003年75个发展中国家的数据分析了知识产权制度对发展中国家FDI流入的影响，发现知识产权制度的提升有利于FDI的流入，而且TRIPs对发展中国家改进知识产权保护具有重要意义。上述经验研究表明，知识产权制度对FDI的作用会受到样本差异、观测和未观测到的国家特征以及行业特征、企业投资动机的影响，而且研究还显示知识产权制度的保护力度越大不一定会促进企业的对外直接投资。

　　最近的研究中，有学者开始尝试从制度距离的角度研究其在对外直接投资中的作用。哈比卜和祖拉维奇（2002）认为，在研究对外直接投资决策时，不能只考虑东道国的制度质量和环境，还要考虑东道国和母国的相对制度质量和环境，即制度距离。跨国公司更愿意向制度、文化与母国更接近的东道国进行投资，这样可以减少经营中的不确定性。但其研究对象主要为"北方"国家。许（2002）从理论上论证了制度距离和跨国公司的区位选择的关系：拥有长期全球战略的跨国公司会选择制度距离较小的东道国投资；而实施跨国本土化战略的跨国公司会选择制度距离较大的东道国进行直接投资。两国间制度距离越大，跨国公司海外经营的固定成本越高；但是他们并未从实证上证实该结论。跨国公司向和母国制度差距较大的东道国进行对外直接投资时，需要面对两国间司法仲裁机制、契约保证等管制制度差异形成的风险（Henisz，2006）。跨国公司通过以东道国盛行的方式和东道国行政机构沟通交涉以满足东道国市场中的寻租行为来维护自身的经济或商业利益。如果母国和东道国间规范性制度存在较大差异（如文化模式、社会准则差异等），跨国公司、东道国子公司、东道国需求方在进行跨文化沟通时，失败的可能性就会增加，从而增加跨国经营的成本和风险。迈耶和阮（2004）认为发展中国家的跨国公司在处理发展中东道国的关系网络、潜规则等制度障碍上具备丰富的经验。奎尔沃和詹克（2008）也发现母国跨国公司具备在国内相似恶劣制度环境下经营的经验，对相似市场环境、商业惯例游刃有余的掌控，这也证明了发展中国家的对外直接投资源自其具备的独特竞争优势。克莱森和凡贺令（2008）利用"南方"国家（地区）银行业双边对外直接投资与制度距离数据进行实证检验，证实了上述观点。即如果东道国与母国间政治、商业环境相似，母国越容易适应东道国投资经营环境，其跨国经营的摩擦性成本越低。因此，当母国国内经济环境对腐败容忍度较高时，该国跨国公司更倾向于向国内腐败盛行的东道国投资。达比和沃顿（2009）用公共治理作为制度度量指标，对母国制度质量影响其对东道国对外直接投资决策的机制进行了理论和实证分析。结论认为，如果母国公共治理环境恶化，那么东道国良好的公共治理环境并不会对母国跨国公司对外直接投资有任何促进作用。

近几年国内关于我国对外直接投资区位选择动因的研究开始关注到制度因素的作用，武娜和刘晶（2013）研究了东道国知识产权保护对中国对外直接投资（OFDI）的影响。刘晶和朱彩虹（2012）探讨了制度距离与"南方"国家（地区）对外直接投资区位选择的关系。祁毓和王学超（2012）考察了东道国劳工标准对中国对外直接投资（OFDI）的影响。张宏和王建（2009）、蒋冠宏和蒋殿春（2012）认为东道国经济、商业制度等因素对中国 OFDI 流量存在显著影响。张建红和周潮红（2010）研究了东道国产业保护政策通过调节效应间接地影响企业国际化成效的机制。但上述文献均未涉及母国与东道国间知识产权制度距离在母国对外直接投资中的作用。

综观现有的国内外文献存在两方面的问题，一是关于东道国知识产权制度对母国对外直接投资的作用并未有明确、一致的结论；二是从制度距离角度对 FDI 的研究，大都是从经济制度、金融制度、贸易制度、商业制度、文化制度的母国与东道国距离进行考察，缺乏从知识产权制度距离的角度的研究。基于此，本书将以我国与东道国知识产权制度距离作为研究对象，重点考察其对我国海外直接投资区位选择的影响。

5.2 知识产权制度对企业海外投资行为的影响机理

知识产权制度已成为支持创新和新商业发展的基础制度建设的重要组成部分。一个有效的知识产权制度不仅促进新知识的创造和传播，而且对企业投资的区位决策、定价和市场结构都极为重要。下面我们将讨论知识产权制度对企业海外投资行为的作用机理。

第一，知识产权制度对企业的对外直接投资具有激励作用。企业行为根本的动因来自市场对它的激励。知识经济的核心在于知识、技术的创新。知识产权制度是通过国家法律的形式确认企业和个人的智力活动成果以保护其合法权益来达到促进知识创新的目的。如果没有知识产权制度的保护，知识产品的外溢性特点将会使其被任何人无偿使用，知识创新就失去了动力。知识产权制度使企业的知识创新成果得到日后的回报，它是企业创新的动力。另外，知识产权制度的保护并不是永久性的，促进知识的传播同样是它的使命，这一点也激励企业要不间断地持续创新，这样才能使企业保持市场竞争力。如果知识产权制度缺失，知识资本就难以形成，而没有知识资本，就谈不到企业的所有权优势，如果缺少所有权优势，企业的对外直接投资根本无法实现。因此，知识产权制度是企业直接投资的制度安排和激励。第二，知识产权制度具有降低知识不确定性风险的作用。知识资产与物质资产的最大区别在于前者的不确定性，这种不确定性来自知识难于定价以及知识的公共产品属性。知识的产生是人的智力和实践劳动的结果，由于它易于传播和扩散的外部性，知识极易被免费搭乘者索取，如果没有外部契约的保障，知识外泄的风险将全部由知识生产者承担。另外，知识产品的研发时间长、风险大、费用高，生产成本高是知识产品的重要特点。知识投入和收益的极度不对称将违反市场经济的基本原则。只有用制度才能降低不确定性，保障知识生产者的权利。有利的知识产权保护制度将鼓励企业在海外生产和进行研发活动。尼克尔森（2002）指出一个更强的知识产权保护制度将会鼓励企业到海外生产，因为他们的所有权优势将会得到适当的保护。第三，知识产权制度可以降低 FDI 的交易费用。跨国公司在东道国投资时，该国知识产权制度的建立和执行，免除了跨国公司为保护知识产权而须与竞争对手谈判的成本。各跨国公司公共选择的结果是将他们的利益权利赋予知识产权制度，节约了跨国公司 FDI 的交易费用。制度替代市场降低了 FDI 的进入成本。第四，知识产权制度可以影响 FDI 的区位选择和行业分布。知识产权制度在不同行业中的重要性是明显不同的。对低技术产品和服务的投资，如纺织、服装、电子装配、酒店等行业，对东道国知识产权制度的依赖程度相对较低，相对来说，这些行业更注重东道国市场的机遇和投入成本。对于那些拥有难以被模仿的知识产品的投资者来说，可能也不会太关注东道国的知识产权制度（Markusen，2000）。相反，那些技术易被模仿的行业，如制药、化学、食品加工和软件等行业，会更加关心东道国知识产权制度的保护能力。此外，那些计划在海外进行研发活动的企业也会重视东道国的知识产权保护。克莱恩德（2002）也注意到在知识产权保护薄弱的国家，大多数跨国企业更愿意投资于非制造部门或采掘行业而非技术密集型的行业。

5.3　计量模型和数据描述

5.3.1　计量模型、变量选择与描述

为考察东道国知识产权保护对中国对外直接投资（OFDI）的影响及地区效应，本书在借鉴亚当斯（2010）有关知识产权保护与 FDI 模型的基础上，构建基本模型如下：

$$\ln(\mathrm{OFDI}_{it}) = \beta_1 \mathrm{IPRP}_{it} + \gamma X_{it} + \alpha_i + v_{it} \tag{5.1}$$

其中，被解释变量 OFDI 是中国对 i 国在 t 时期的直接投资存量金额，覆盖的时间及区域跨度为 2003 ~ 2011 年中国对 145 个国家（地区）直接投资存量额，数据来源于历年《中国对外直接投资公报》。IPRI 是本书重点关注的东道国知识产权保护状况的衡量变量。世界知识产权联盟通过对该领域专业人士进行问卷调研，编制了世界知识产权保护指数。该指数考察世界各国对经济成果的保护程度，由三项分指标构成：知识产权保护（对专利权、商标权保护程度），私有财产保护、知识产权保护政治与法律环境。其原始数据值为 1 ~ 10，该变量值越高，表明一国整体知识产权保护程度越强。根据数据可得性，本书使用这三项分指标平均值来表示东

道国综合知识产权保护水平。

X 为控制变量，本书将控制变量分为 9 类：市场规模，用 GDP 来衡量；能源资源禀赋，用东道国燃料、矿石出口占该国商品出口比重表示；贸易开放度，用进出口贸易总额占 GDP 的比重表示；基础设施，采用每百人拥有的移动电话数和互联网用户作为替代变量；战略性资产禀赋，采用东道国居民和非居民申请专利和注册商标的数量表示；东道国人均收入水平，即人均 GDP，用以衡量东道国经济发展程度。上述变量的数据来源于世界银行历年《世界发展指标》。此外，知识产权保护制度的完善与强大并不足以刺激企业的海外直接投资，它只是制度体系中的重要一员，其他的重要制度因素还包括税收、投资规则、贸易政策、竞争规则等，它们都会与IPRI 一起影响企业的对外直接投资决策，因此本书实证部分在重点关注IPRI 因素的同时，还考虑了东道国的制度环境的作用，该变量来自于美国自由遗产基金会全球经济自由指数；地理距离，用东道国与母国间双边贸易额加权的两国间距离表示，来源于 http：//distancecalculator. globefeed. com/World_ Distance_ Calculator. asp。α_i 为个体效应，v_{it} 为随机误差项，假设$E(v_{it}) = 0$，见表 5.1。

表 5.1　　　　　　　　　　　变量统计描述

变量	符号	观测值	标准差	均值	最小值	最大值
OFDI 存量	OFDI	1187	2.4934	7.9988	0	16.706
知识产权制度距离	Dis_ IPRI	1233	1.8337	0.3181	-4.422	4.701
制度质量	INT	1233	0.373	3.995	0.693	4.499
地理距离	DIS	1233	1.042	5.092	1.870	7.348
东道国市场规模	GDPh	1233	2.136	24.432	19.829	30.339
东道国人均收入水平	GDPpc	1233	1.700	8.141	3.817	11.493
母国经济发展水平	GDPs	1233	0.494	28.864	28.125	29.621
贸易开放度	Openess	1233	2.245	21.149	1.945	17.295
基础设施建设水平	Infra	1226	1.333	3.640	-2.659	5.345
能源资源禀赋	Res	1145	1.897	0.8533	-4.605	4.453
战略性资产禀赋	Sa	1203	2.314	7.691	0.004	12.572

5.3.2　模型估计与分析

我们首先利用固定效应和随机效应模型估计模型（5.1），豪斯曼

（Hausman）检验支持随机效应，结果列于表5.2第二列。由于篇幅限制，固定效应的结果没有列出。从模型估计结果来看，模型总体拟合度较好。知识产权制度距离变量在5%的水平上具有显著性，表明中国对外直接投资（OFDI）更倾向于进入与本国知识产权保护差距较大东道国。知识产权制度距离指数每增加1，对外直接投资（OFDI）增长0.162%。

从其他影响中国对外直接投资（OFDI）因素的估计结果来看，母国经济发展水平、两国间地理距离、东道国制度环境、两国间贸易开放度、东道国基础设施建设都是中国对外直接投资（OFDI）的重要影响因素，并与传统对外直接投资理论相吻合。东道国战略性资产禀赋与中国对外直接投资（OFDI）是正相关的，但并不显著，表明东道国战略性资源禀赋并未提高中国对其的直接投资。这与的研究结果并不相符，可能是因为总样本为发达国家与发展中国家的混合。东道国能源资源禀赋与中国对外直接投资（OFDI）是正相关的，但并不显著，这表明在该研究期内中国能源资源导向型的对外直接投资特征并不明显，其所占比例在总投资以及世界范围的投资上并不大。

表5.2　　　　　　　　　　全样本估计结果

变量	静态面板模型（1） （1）OLS 估计	动态面板模型（2） （2）系统 GMM	（3）差分 GMM
Dis_ IPRI	0.162 ** (0.002)	0.394 *** (0.000)	0.261 *** (0.000)
INT	0.134 * (0.049)	0.236 * (0.017)	0.184 * (0.039)
GDPh	0.493 *** (0.000)	0.548 *** (0.000)	0.441 *** (0.000)
GDPs	1.608 *** (0.000)	2.095 *** (0.000)	1.768 *** (0.000)
GDPpc	0.0084 (0.697)	0.1016 (0.551)	0.0940 (0.620)
Dis	-0.757 *** (0.000)	-0.620 *** (0.000)	-0.533 *** (0.000)
Infra	0.177 * (0.049)	0.536 ** (0.007)	0.518 ** (0.003)

续表

变量	静态面板模型（1） （1）OLS 估计	动态面板模型（2） （2）系统 GMM	（3）差分 GMM
Sa	0.0097	0.233	0.182
	(0.765)	(0.702)	(0.573)
Res	0.121	0.210	0.0905
	(0.413)	(0.465)	(0.457)
Openess	0.476 **	0.381 *	0.172 *
	(0.002)	(0.013)	(0.010)
LOFDI		0.866 ***	0.515 ***
		(0.000)	(0.000)
Adj R^2	0.655	—	—
Sargan 检验	—	30.39	36.56
AR（1）	—	–8.38	–11.51
AR（2）	—	–1.23	–1.37

注：***、** 和 * 分别表示 1%、5% 和 10% 的显著性水平。

5.3.3 动态面板的稳健分析

为了更充分地考虑中国对外直接投资的连续型，我们在模型（5.1）的基础上引入 $\ln(OFDI)$ 的滞后项，即构成动态面板模型。

$$\ln(OFDI_{it}) = \delta\ln(OFDI_{i,t-1}) + \beta_1 IPRP_{it} + \gamma X_{it} + \alpha_i + v_{it} \qquad (5.2)$$

对于动态面板，一般存在两种估计方法。一是阿雷拉诺和邦德（1991）的差分广义矩（DISGMM）估计。差分 GMM 是在一阶差分去除不随时间变化的个体特征后，利用因变量的滞后期作为工具变量，其缺点是较易低估滞后解释变量。二是阿雷拉诺（1995）以及布伦戴尔（1998）提出的系统广义矩估计（SYSGMM）。系统 GMM 是利用滞后期的水平值和一阶差分值作为工具变量，以及一阶差分随机项的正交矩和水平随机项的正交矩，其优点是能够提高估计的效率，并且可以估计不随时间变化的变量的系数，可以更有效地处理内生性的问题。表 5.2 给出了模型（5.2）的差分 GMM 和系统动态 GMM 的回归结果。

萨甘（Sargan）检验统计量表明，差分 GMM 的工具变量在 5% 的水平上可以接受，系统 GMM 的工具变量在 1% 的水平上可以接受。残差的自相关检验表明存在显著的一阶自相关，但二阶自相关不显著，这与模型的理论设定相吻合。模型（5.2）的两种估计结果中，对外直接投资（OF-DI）的一阶滞后项的系数显著为正，表明中国对东道国的直接投资的确呈现动态连续性，早期跨国公司投资示范效应确实存在。在产业集聚效应和企业间经验扩散的促进下，母国内同领域及相关上下游的企业将具有在东道国开展投资的激励，从而增加在东道国后期的投资。

与随机效应模型相比，知识产权制度差距的显著性有所改善。由于战略性资产包括专有技术、专利、商标等无形资产，因此我们想考察不同知识产权保护水平是否会因为东道国拥有的战略资源禀赋差异对中国对外直接投资（OFDI）产生不同影响。估计结果显示，知识产权保护与战略资产禀赋交叉项的估计量在 10% 的检验水平上显著为正，说明东道国战略资产禀赋进一步提高了知识产权保护对中国对外直接投资（OFDI）的促进作用，即东道国战略性资产越充裕，其强化的知识产权保护对中国的对外直接投资（OFDI）越有吸引力。

5.3.4　对不同方向知识产权制度距离东道国的比较分析

由于本书双边对外直接投资样本中发展中国家与发达国家国家间各种不同类型的双边对外直接投资各占有一定比重，可能出现不同效应的混淆和叠加。因此，我国企业有可能会向知识产权制度环境优于本国的东道国进行直接投资，也有可能会向知识产权制度环境较本国较差的东道国进行投资。由于本书采用东道国与母国间制度指标之差的绝对值来定义两国间的知识产权制度距离，因此总样本的回归结果未能表明来自我国企业对外直接投资的流向与东道国和母国间知识产权保护差距方向性的关系。将知识产权保护差距按其方向性进一步细分：$RD_{sh} > 0$ 表示母国（我国）知识产权制度质量优于东道国制度质量；$RD_{sh} \leq 0$ 表示母国（我国）知识产权保护制度质量比东道国要差。知识产权制度距离的方向性决定了其对直接投资影响效果的非对称性，向知识产权保护制度环境更优于本国的东道国投资是具有较大吸引力的。

同时，进一步从我国对外直接投资的动因来进行进一步的分析：
技术诀窍、品牌、管理技能等战略资产是全球化背景下形成竞争优势的关键，当这类资产在国内不易获得或者等不到知识产权制度的有力保护时，企业便具有了强烈的对外直接投资动机。而且，科技水平高的发达国家，知识产权制度相对更完备，知识产品只有在完善的知识产权保护环境下才能充分发挥其效率，健全、完善的知识产权制度体系，公平、高效的仲裁体制是战略资产保值、增值的必要条件。因此，当中国企业面对高度竞争的国内国际市场时，去知识产权制度更完备的发达国家寻求战略资产成为主要驱动因素（$RD_{sh} \leqslant 0$）。

我国企业在工业化过程中，对自然资源的需求快速上涨，到海外寻求自然资源成为企业对外直接投资的另一主要动机，因此自然资源充裕的发展中国家成为这类投资的主要受资国。然而，这些国家的制度体系不完善，对自然资源保护力度弱，对经济增长速度和规模的追求远远超过对经济质量和结构的追求，这也导致对自然资源的开发利用中出现了寻租的情况，寻租效应又滋生了腐败，腐败阻碍了制度质量的提高。即便如此，丰富的自然资源依然具有强大的吸引力，而且来自发展中国家的跨国公司具备在国内相似恶劣制度环境下经营的经验，更容易适应当地的市场环境和商业惯例。而我国企业在处理关系网络、利用潜规则解决制度障碍方面有较多经验，能够以较低的跨国经营固定成本获得大量经济发展所需的资源。因此我国企业为寻求自然资源会向知识产权制度环境更差的东道国投资（$RD_{sh} > 0$）。

由此可见，知识产权制度距离的方向性反映了我国企业对外直接投资动因的差异。东道国的自然资源禀赋与战略性资产是影响我国企业对外直接投资战略决策的重要因素，实证分析中，如果未对这两个决定因素予以考虑，便可能造成回归结果的偏差。因此，本书在表 5.2 的基础上引入东道国自然资源禀赋状况与战略性资产状况后，进一步考察我国的对外直接投资与东道国知识产权制度距离的关系。

表 5.3 报告的是中国分别对 $RD_{sh} \leqslant 0$ 和 $RD_{sh} > 0$ 样本组的动态面板模型估计结果。从萨甘（Sargan）检验和序列自相关 AR（1）、AR（2）的估计结果来看，工具变量的选择依然可靠。从估计结果来看，回归结果验证了本书的假设，即东道国自然资源禀赋是决定我国对知识产权制度环境较差国家直接投资的重要因素之一，而东道国战略性资产是决定我国向知识产权制度环境较强国家投资的重要因素之一。

表5.3　　　不同方向性知识产权制度距离与我国对外直接投资的估计结果

变量	RD$_{sh}$ > 0		RD$_{sh}$ ≤ 0	
	（4）系统 GMM	（5）差分 GMM	（6）系统 GMM	（7）差分 GMM
Dis_ IPRI	− 0.213 *	− 0.175 *	0.619 **	0.473 *
	（0.024）	（0.026）	（0.005）	（0.033）
Dis_ IPRI × Sa			0.0732 *	0.0121 *
			（0.030）	（0.026）
Dis_ IPRI × Res	0.0424 **	0.0249 *		
	（0.011）	（0.030）		
INT	− 0.0917 *	− 0.0732 *	0.331 *	0.279 *
	（0.032）	（0.030）	（0.021）	（0.027）
GDPh	0.584 *	0.527 *	0.274	0.139
	（0.031）	（0.030）	（0.582）	（0.392）
GDPs	0.854 ***	0.838 ***	1.290 ***	1.055 ***
	（0.000）	（0.000）	（0.000）	（0.000）
GPPpc	0.122	0.110	0.0422	0.0374
	（0.375）	（0.468）	（0.336）	（0.356）
Dis	− 0.553 **	− 0.411 **	− 0.611 **	− 0.544 **
	（0.005）	（0.009）	（0.004）	（0.007）
Infra	0.300 *	0.219 *	0.228 *	0.217 **
	（0.035）	（0.039）	（0.028）	（0.011）
Sa			0.208 ***	0.174 ***
			（0.000）	（0.000）
Res	0.179 *	0.135 *		
	（0.016）	（0.013）		
Openess	0.0922 *	0.0556 *	0.269 **	0.115 **
	（0.016）	（0.012）	（0.002）	（0.005）
LOFDI	0.764 ***	0.334 ***	0.790 ***	0.789 ***
	（0.000）	（0.000）	（0.000）	（0.000）
Wald chi2	3705.11 ***	1546.79 ***	3745.74 ***	1131.30 ***
Sargan	33.90	31.16	31.57	24.33
AR(1)	− 6.85	− 5.82	− 7.66	− 8.56
AR(2)	− 0.33	− 0.11	− 0.24	− 0.15

注：*** 、** 和 * 分别表示1%、5% 和10%的显著性水平。估计的 Hansen 检验值和 Sargan 检验值基本一致，故在此省略。所有模型均加入了年度虚拟变量。

当引入知识产权制度距离与能源资源禀赋及战略资源禀赋的交叉项后，我国与东道国不同方向性知识产权制度距离对中国对外直接投资（OFDI）存在截然不同的影响效应。表5.3中知识产权制度距离的回归结果验证了本书的假设。在控制了东道国自然资源禀赋之后，在对 $RD_{sh}>0$ 样本组回归中，知识产权制度距离的估计系数符号为负，并在10%的显著水平通过统计检验。表明我国企业会选择在向管制性制度环境更差且自然资源充裕的不发达国家投资。在控制了东道国战略性资产之后，在对 $RD_{sh} \leqslant 0$ 样本组回归中，知识产权制度距离的估计系数符号为正，并在10%的显著水平通过统计检验。我国企业在向知识产权制度环境优于本国的东道国投资时，会选择与母国差异较大的东道国进行投资，以获得品牌、管理技能、销售渠道等战略性资产。

综合表5.3中（4）～（7），我们发现在出口能源资源丰富的国家（$RD_{sh}>0$ 样本组国家），知识产权制度距离对中国对外直接投资（OFDI）存在负向影响；而在战略性资产较丰富的国家（$RD_{sh} \leqslant 0$ 样本组国家），知识产权制度距离对中国对外直接投资（OFDI）的正向影响有显著增强。

在控制变量中，绝大多数回归结果与总样本回归的结果相一致，只是东道国能源资源禀赋、东道国战略性资产禀赋、东道国制度质量的分样本回归结果与总样本回归不同。

在代表战略性资源的专利和商标申请数方面，（6）和（7）的回归系数均显著为正，这表明获得战略性资产，并在短时间内建立非价格竞争优势是中国企业向与知识产权保护水平优于我国的东道国投资的驱动因素之一。发达国家的高新技术研发力度、创新能力以及企业家才能培养氛围都处于世界领先水平，中国跨国企业通过跨国并购获得发达国家先进的技术、知名的品牌、广泛的营销渠道、高效的管理方式来增强国内企业的国际竞争力。

在东道国能源资源禀赋变量上，（4）、（5）均显著为正。另外 $RD_{sh}>0$ 样本组中，东道国制度水平回归系数显著为负，而在 $RD_{sh} \leqslant 0$ 样本组中，东道国制度水平回归系显著为正，与总样本回归结果一致。这进一步验证了本书关于我国直接投资的动因的假设。

5.3.5　结论及政策建议

我们的研究结果表明，总体而言，中国对外直接投资（OFDI）倾向于流向知识产权制度标准较高的国家，中国企业会因东道国禀赋不同而对东道国知识产权保护水平要求有所差异。在区分 $RD_{sh} \leq 0$（战略性资源丰富）与 $RD_{sh} > 0$（能源资源禀赋丰富）样本后，我们进一步发现战略性资源丰富东道国，知识产权制度距离的正向作用会大大增强，战略性资产越充裕，两国间知识产权保护差距越大，其强化的知识产权保护对中国的对外直接投资（OFDI）越有吸引力；而能源资源禀赋丰富的东道国，两国间知识产权制度距离越接近，对我国企业对外直接投资（OFDI）吸引力越大，能源资源在一定程度上抵补了其恶劣的知识产权保护环境对中国对外直接投资（OFDI）的阻碍作用。这是由中国对外直接投资（OFDI）的两种不同动机决定的，中国企业为获取战略资产并在较短时间内积累国际竞争力向发达国家进行直接投资，为获得充裕、廉价的能源资源向发展中国家投资。东道国的知识产权保护水平对中国对外直接投资（OFDI）的影响因投资动机而存在差异。

近年来，随着全球化和知识经济的不断深化，知识产权制度的战略重要性进一步上升，对于知识产权制度相对薄弱的中国来说，提高和完善知识产权制度体系将具有深远的意义。一方面，世界知识产权保护协定覆盖的范围越来越广，各发展中国家改善知识产权制度环境是大势所趋，中国在利用东道国制度缺陷方面的独特优势会渐渐消失，而且包括各类诸边和双边国际协定特别是有发达国家参与的协定中越来越关注知识产权的保护，所以提升我国的知识产权制度环境是必然之举；另一方面，中国对外直接投资规模不断扩大，从发达国家获取战略性资产成为企业对外直接投资的主要动机之一，但有关外国知识产权转让和许可的法律问题以及识别潜在技术和知识产权资产，是中国企业面临的首要难题。不同国家和地区知识产权法律的复杂性和机制差别非常大。中国企业理解知识产权的归属及其在东道国或地区的可强制执行性和可转让性至关重要。取得技术有时可能只是问题的一部分，而往往更大的问题是转移使用、维护和升级技术所需的技能和诀窍。因此缩短和弥补我国与发达国家的知识产权制度距离，有利于我国企业适应当地的制度环境，并保障其将获取的战略性资产向国内转移以提升我国的科技水平。

第6章

制度距离与"南方"国家（地区）
跨国并购绩效
——基于中国跨国企业海外并购的实证研究

　　金融危机发生前两年跨国并购交易项目数和交易额均较之前增幅显著。2009 年触底后反弹，2011 年热度继续回升，成交数量达到 5769 项，金额为 5259 亿美元，占当年外国直接投资流入量约 35%。2011 年，全球跨国并购额在金融危机引发的回落后又波动反弹，跨国并购成为企业对外投资的重要模式，尤其受到"南方"国家（地区）企业青睐。2012 年，受经济环境影响，全球跨国并购额大幅下挫 41%，为 3101 亿美元，降至 2009 年以来最低水平①。

　　受金融危机持续影响，"北方"国家加快海外撤资，减持海外资产。2012 年，在"北方"国家企业跨国并购额减少 56%，降至 1763 亿美元的情况下，"南方"国家（地区）加快了跨国并购步伐，2012 年跨国并购额同比增长 10.7%，增至 1147 亿美元，占全球跨国并购额的 37%。"南方"国家（地区）大型跨国公司在危机后更加偏好以跨国并购形式实现的对外直接投资。2011 年，全球规模最大的前 100 家跨国企业海外并购交易额为 1900 亿美元，占其当年并购交易总额的 72%，比上一年度同比增加 20 多个百分点。1987～2009 年，"南方"国家（地区）的跨国企业跨国并购价值在全球跨国并购价值总额中的份额从 4% 提高到 13%，达成的交易数目从 5%，提高到 17%②。2012 年，"南方"国家（地区）国有企业成为海

---

　　① 宗芳宇. 跨国公司发展的新趋势新特点和对我国的启示，国务院发展研究中心对外经济研究部"对外投资与促进中国跨国公司发展研究"课题组.

　　② 毕马威. 大潮汹涌梦想可及——再思中国企业全球化 [J]. 国际工程与劳务，2013 (5).

外并购的主要力量，海外并购动机可以归为技术、知识产权、品牌等战略资产寻求型，以及自然资源寻求型。全球金融危机正改变世界经济格局，中国和印度的对外直接投资流量继续保持大幅度的增长，其作为全球重要投资来源地的地位也在不断增强。全球金融危机导致的世界汇率频繁波动和"北方"国家优质战略资产价格下跌等为中国企业海外并购创造了大量机会。中国成功地转型成为对外投资的主要来源国：2013年，中国企业对外直接投资存量在全世界排名第3位，在所有"南方"国家（地区）中排名第1位，吸收外资与对外投资的比例为1：0.7，已接近发达国家的水平，成为新兴对外投资的主体①。来自"南方"国家（地区）的企业正经历全球化背景下旧的商业模式、产品及工艺流程的变革，为企业国际化提供了绝佳的时机。现实中来自"南方"国家（地区）的企业家们也正在积极地思考如何在企业发展的战略上充分开发和利用这个时机。"南方"国家（地区）跨国企业在为本国独特的问题创造解决方案的同时，着眼于在其他国家应用自己的解决方案，对全球经济格局产生了深远影响，来自"南方"国家（地区）的新生跨国企业与"北方"国家老牌跨国企业的竞争逐渐显现。2010～2011年跨国并购成交额如表6.1所示。

传统跨国公司理论并不能解释为什么如中国和印度这样来自"南方"国家（地区）的企业在不具备所有权优势的基础上仍然进行积极的对外直接投资与海外购并这一现象。羽翼未满的"南方"国家（地区）跨国企业与"北方"国家的老牌成熟的跨国企业相比，其所有权优势要低得多，甚至是所有权劣势。对"南方"国家（地区）企业发起的跨国并购研究发现，这些企业对"北方"国家企业的并购，平均要比其来自"北方"国家的竞争对手支付16%的"国家溢价"（Hope，2009）。为什么"南方"国家（地区）企业在高昂成本和所有权劣势的情况下还积极地实施国际化战略？在实施跨国并购过程中，"南方"国家（地区）企业的战略动机和决定因素有哪些？

---

① 笔者根据中国国家商务部2013年度中国对外直接投资统计公报相关资料、数据整理计算得来。

表 6.1 **2010～2011 年按部门及经济体分列的跨国并购成交额** 单位：百万美元

		2010 年				2011 年			
		所有产业	初级产业	制造业	服务业	所有产业	初级产业	制造业	服务业
世界		344029	76475	131843	135711	525881	124475	200165	201241
"北方"国家		257152	52783	102486	101882	409691	81186	176213	152293
"南方"国家（地区）/经济体	发展中国家	82378	23672	27500	31208	83220	25018	17566	40636
	转型经济体	4499	20	1857	2621	32970	18271	6386	8312

资料来源：笔者依据联合国贸易与发展会议相关数据编制。

6.1 "南方"国家（地区）企业跨国并购绩效评价

跨国并购是一种战略合作方式。跨国公司借助于这种方式拓展现有业务范围、利用现有能力借助杠杆效应以及实现市场多元化战略。另外，跨国并购是全球公司治理体系趋同的重要机制。近 20 年来，跨国并购的重要性与日俱增。全球跨国并购的数量从 1995 年的 4274 件增加到 2010 年的 7384 件。同期跨国并购交易价值从 2372 亿美元增至 2.2 万亿美元。目前，全球 76% 的对外直接投资以跨国并购的方式实现[①]。尽管"北方"国家跨国公司一直是跨国并购的主力，"南方"国家（地区）跨国公司已经以较快速度和规模进入国际并购市场。来自"南方"国家（地区）跨国公司的并购价值从 2004 年的 1128 亿美元增至 2009 年的 5062 亿美元，年均增长率达 25.91%。2009 年 62% 来自"南方"国家（地区）的对外直接投资是以跨国并购的方式实现的[②]。跨国并购成为"南方"国家（地区）企业进入国际市场，实现国际化进程的主要方式。"南方"国家（地区）企业跨国并购是"南方"国家（地区）企业战略发展的重要途径。通过跨国并购，"南方"国家（地区）企业可以发挥自己独特的竞争优势，拓展现有的业务范围，实现市场多样化，学习完善的公司治理水平，在较短的时间内，增强企业国际竞争实力。波士顿咨询集团（2006）对 100 家"南方"国家（地区）跨国公司全球业务拓展进行了详细调研。该报告指出，"南方"国家（地区）跨国公司并购领域涉及工业、耐用消费

①② http://unctad.org/en/pages/publications/Global-Investment-Trends-Monitor-(Series).aspx.

品、电信、制药、信息技术等多种行业。1998～2005 年，报告中的"南方"国家（地区）跨国公司对"北方"国家公司的并购占其并购总数的57%。2006 年印度跨国并购数量比 2004 年增长了 121%，2006 年印度跨国并购价值为 210 亿美元，较 2004 年的 9 亿美元增长了 2233%。除印度以外，中国、巴西、俄罗斯等"南方"国家（地区）的跨国并购也表现出同样强劲的增长趋势。中国大陆企业海外并购交易总金额达历史新高，从 2011 年的 424 亿美元增至 2012 年的 652 亿美元，上升幅度达 54%。同时，中国企业跨国并购交易成功率逐年增高。2012 年已完成或进行中的交易额中，失败的交易额约 70 亿美元，即失败交易的交易额只占交易总额的 11%，相对于 2009 年 41% 的并购失败率有明显改进①。

表 6.2 为 1991～2012 年 8 个跨国并购较活跃的"南方"国家（地区）海外并购目标产业和东道国区域分布情况。印度的海外并购活动最为频繁，占该期间"南方"国家（地区）跨国并购总数的 48.85%；马来西亚占 14.68%；中国占 12.5%；南非占 9.19%；巴西、墨西哥、菲律宾、俄罗斯的海外并购活动仍有很大增长空间，共占 14.78%。印度企业海外并购主要集中于商业服务业和制药行业，中国和马来西亚对金融服务业的并购最多，南非对商业服务业的跨国并购最多，墨西哥在电信行业的跨国并购最多，俄罗斯和巴西的海外并购主要集中在金属及其制品行业，菲律宾的跨国并购主要集中在食品行业。印度企业对英国、美国企业的跨国并购较多，中国和马来西亚企业对中国香港企业的跨国并购最多，南非企业对英国企业的跨国并购较多，墨西哥企业最多的跨国并购是针对美国企业，俄罗斯和巴西企业对乌克兰和阿根廷企业的跨国并购最多，菲律宾企业对美国企业跨国并购最多。

表 6.2　主要"南方"国家（地区）目标并购产业和投资区域分布

国家（地区）	并购案例数占比（%）	五大目标产业	主要东道国（地区）
中国	12.5	金融服务业 矿业 石油天然气 商业服务 汽车	中国香港 美国 澳大利亚 新加坡 加拿大

---

① http：//www.ceh.com.cn/jryw/2013/172804.shtml.

续表

国家（地区）	并购案例数占比（%）	5 大目标产业	主要东道国（地区）
巴西	3.86	金属及其制品	阿根廷
		石油天然气	美国
		食品	葡萄牙
		矿业	加拿大
		商业服务	秘鲁
印度	48.85	商业服务	美国
		制药	英国
		软件预装	德国
		化工产品	新加坡
		金属及其制品	法国
马来西亚	14.68	金融服务业	中国香港
		商业服务	新加坡
		地产抵押	澳大利亚
		航运业	中国
		耐用消费品批发	印度尼西亚
墨西哥	5.51	电信	美国
		水泥制品	巴西
		食品	阿根廷
		电台、电视台等传媒	西班牙
		商业服务	哥伦比亚
菲律宾	2.40	食品	美国
		商业服务	中国香港
		金融服务	德国
		耐用消费品批发	新加坡
		石油天然气	澳大利亚
俄罗斯	3.01	金属及其制品	乌克兰
		商业银行	美国
		石油天然气	英国
		电信	德国
		商业服务	哈萨克斯坦
南非	9.19	商业服务	英国
		矿业	澳大利亚
		金融服务	美国
		软件预装	德国
		耐用消费品批发	加拿大

资料来源：笔者根据《历年世界投资报告》相应数据计算而成。

　　大部分"南方"国家（地区）跨国并购是针对"北方"国家和地区的企业：1991～2012 年 8 个跨国并购较活跃的"南方"国家（地区）企业跨国并购主要目标公司所在国分布如图 6.1 所示。

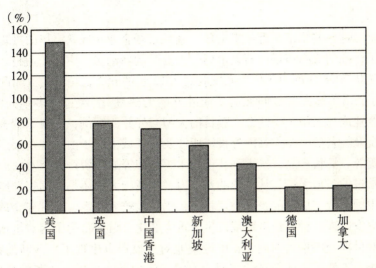

图 6.1　1991～2012 年"南方"国家（地区）跨国收购目标公司所在国区域分布

资料来源：根据《历年世界投资报告》相应数据计算绘制而成。

　　1991～2012 年，这 8 个跨国并购较活跃的"南方"国家（地区）企业对美国企业跨国并购共 149 起，对英国企业跨国并购共 72 起，对中国香港企业跨国并购共 69 起，对新加坡企业跨国并购共 59 起，对澳大利亚企业跨国并购共 22 起，对德国企业跨国并购共 19 起，对加拿大企业跨国并购共 19 起。大多数"南方"国家（地区）企业跨国并购是针对"北方"国家企业进行的。"北方"国家制度体系完善、公司治理水平较高，因此，"南方"国家（地区）企业更加倾向于通过收购"北方"国家企业来学习、效仿"北方"国家企业较高的公司治理水平，在短时间内提升竞争力。

　　另外，在"南方"国家（地区）企业对"北方"国家企业的并购中，"南方"国家（地区）企业还是会优先选择与本国规范性制度距离较小，与母国有着曾经相似发展经历或者与母国有着较长时间的殖民统治关系的"北方"国家和地区。如中国、马来西亚的跨国并购最多发生在中国香港、新加坡，墨西哥对美国企业的跨国并购最多。英国为南非、印度对企业跨国并购首选东道国，美国为菲律宾跨国并购首选东道国等。

6.2 中国企业海外并购绩效评价

全球跨国并购市场近年来出现"新兴市场企业对成熟市场的投资规模超过了传统的成熟市场向新兴市场的投资"的新动态。中国企业海外并购总金额从 2008 年的 103 亿美元发展到 2012 年的 652 亿美元，五年间增加 5 倍有余，在过去五年间掀起了海外并购的热潮①。经过十多年的尝试，中国企业成功实施了一些令人瞩目的大型海外并购案例，积累了较多的海外投资及经营的经验。其海外投资所涉及的领域也逐步由单纯购买能源或矿产资源、销售产品，扩大到获得技术、品牌等战略资产，以及向产业链的高端进发。但无论是从企业的竞争力、创新能力，还是跨国管理经验来看，中国企业与成熟的跨国公司相比，仍存在较大差距。2008 年全球金融危机爆发以来，世界经济环境发生了重大变化。目前，为了因对全球金融危机对世界经济格局的调整，中国企业对外投资也出现了一些新的特点。中国企业正处于全球经济调整期，中国经济和企业也进入改革的转型期。如何在这个时期加强自身实力，加快缩短与世界一流企业差距的时间，逐步由本土运营向国际化、全球化运营进行转变，是摆在中国企业面前的一项重要命题。近几年来，中国企业"走出去"经历了快速增长，覆盖行业越来越广，取得了举世瞩目的成就。但也应看到，企业海外运营还存在投资地区不平衡，行业结构失衡，主要集中在附加值较低的产业链中低端等问题。今后十年，在中国经济结构调整和产业升级的关键转型期，中国企业的创新能力和综合实力能否通过利用海外市场和资源、实现全球化的运营得到提升将对中国经济长期发展起到决定性的作用。中国企业对外投资在未来十年也将进入一个新的发展阶段，中国企业如何通过加强自身实力在复杂的世界经济环境中实现高效的对外直接投资，是近期将面临的主要挑战。

---

① http：//www.ftchinese.com/story/001051601？full＝y？ccode＝2g139005.

6.2.1　跨国并购成为中国企业国际化主要方式

随着中国经济的快速发展，中国企业的对外直接投资（OFDI）成为继出口之后，中国企业国际化的又一新生力量。中国企业以跨国并购方式实现的对外直接投资占比从 2003 年的 18% 上升至 2009 的 40.4%，2012 年的 55.2%，呈逐年增加之势①。2008～2012 年，"南方"国家（地区）跨国公司主导的新一轮全球并购热潮中，中国自 2009 年以来已占据领先地位。就交易金额而言，2012 年"南方"国家（地区）对"北方"国家的投资中近 70% 来自中国。表明在中国外商直接投资（FDI）增速放缓甚至停滞的背景下，对外直接投资（OFDI）特别是以获取技术、市场渠道、管理技能和原材料为重点的投资并购活动正在成为中国获得稀缺要素越来越重要的途径。

据商务部的统计，2012 年中国境内投资者共对全球 141 个国家和地区的 4425 家境外企业进行了直接投资，累计实现非金融类直接投资 772.2 亿美元，同比增长 28.6%。国际会计师事务所普华永道 1 月 30 日发布的报告显示，中国大陆企业海外并购交易总金额达历史新高——从 2011 年的 424 亿美元增至 2012 年的 652 亿美元，上升幅度达 54%。该机构并预计，这种增长趋势在 2013 年仍将保持强劲势头并再创新高。2012 年，在"走出去"战略的指导下，中国企业在对外直接投资方面又向前迈出了坚实了一步。2012 年，中国非金融类对外直接投资 625 亿美元，同比增长 25%。受金融危机的冲击，全球经济持续衰退和国际直接投资大幅下降的背景下，中国对外直接投资逆势而上，呈现出稳定增长的良好态势。作为传统的吸引外商直接投资的主体，中国如今正在成为新兴的对外投资主体。2013 年，中国吸引外商直接投资规模与对外直接投资规模与之间的比例为 1:0.7 的水平，处于相对平衡的阶段。中国企业对外直接投资成为"走出去"战略的新生力量。

跨国并购是公司增强国际市场竞争力、扩大市场份额、拓宽投资组合以分散经营风险、进入新市场和新地理区域、实现资本和技术规模经济的重要途径。全球化加速了跨国公司通过跨国并购在世界范围内建立竞争优势的步伐。在中国，跨国并购最初是由政府主导的，一些国内知名的大型

---

① 笔者根据商务部网站数据计算得出。

国有企业、金融机构通过跨国并购来实现资本、组织结构的优化重组。20 世纪 80 年代开始的改革开放政策使中国国内环境发生了许多改变。2001 年中国加入世界贸易组织，国内许多行业和领域逐步向外资开放，国内市场日益激烈的竞争环境促使更多的中国公司开始将跨国并购作为一种战略选择。图 6.2 为 2003～2011 年中国以收购方式实现的对外直接投资所占比重。2003 年中国以收购方式实现的对外直接投资占 18%，2009 年占 40.4%，2010 年占 43.2%，呈逐年增加之势①。

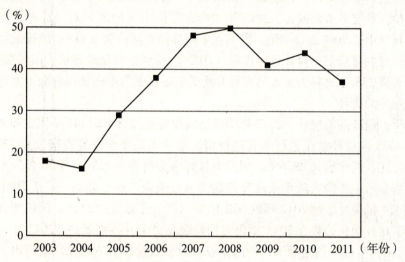

图 6.2　2003～2011 年中国以收购方式实现的对外直接投资变化趋势

资料来源：笔者根据历年世界投资报告数据绘制而成。

中国企业海外并购总额以年平均 31% 的增长率，从 2005 年的 96 亿美元急剧攀升到 2012 年的 637 亿美元。而在此期间，完成的海外并购案例数量则由 36 起增加到了 280 起，实现 34% 的平均增长，增速快于金额的增长。这使得平均每个并购项目的金额从 2005 年的接近 2.67 亿美元降到 2012 年的 2.28 亿美元，在 2011 年更是低至 1.88 亿美元。由于越来越多的企业，特别是中小企业和民营企业开始到参与到海外并购的国际化进程当中，使总体项目规模变小。另外，除通常规模较大的能源型项目以外，被收购资产涉及行业范围更广，其他行业领域内的投资项目也在逐年增

---

① 数据源自中国商务部网站。

加，这也是造成目前我国企业平均并购项目规模减小的原因。

尽管世界经济增长依然依赖石油等传统能源，然而新能源将引领 21 世纪的第四次科技革命。"北方"国家新能源企业出色的融资能力以及管理层在国际市场运作多年积累的经验是中国本土的大部分民企所不具备的。中国企业将借助对新能源领域的海外并购来增强国际竞争力，以在第四次科技革命中占据先机。中国国有企业在新能源领域的海外并购成为一个新的亮点。能源领域中国企业海外并购规模较大，基本在数十亿到上百亿美元区间内。比如，中海油 2012 年年底以 180 亿美元的交易金额收购加拿大尼克森（Nexen）。国有及国有控股企业在企业总数中只占 5% 的比重，而国企工业总产值在国民生产总值中的比重却高达约 50%。由此可见，相对于民营企业而言，国有企业更倾向于进行国际直接投资、国际资本运营和国际工程承包等相关方面的业务。比如以水电业务为主的三峡集团将发展战略清晰地定位为在 2020 年成为国际一流的大型清洁能源集团。2011 年年底三峡集团以 26.9 亿欧元（近 36 亿美元）收购葡萄牙电力集团（EDP）21.35% 的股份并且与葡电集团建立战略合作伙伴关系。2012 年年底，三峡集团的子公司三峡国际在并购后期投资 3.59 亿欧元（近 5 亿美元）购买葡电集团新能源公司（风电业务）49% 的股权[1]。相对于少数大企业进行为数不多的较高价值的单笔交易，更多的中小企业参与到海外并购中来。一些中国民营企业也开始进行新能源领域的海外并购，但成功的范例很少。中国万向集团为获得美国新能源企业在国际市场的运作、管理经验，通过在北美的子公司，收购美国清洁能源公司[2]。这说明中国企业"走出去"的目的已经从简单地以资源获取或提高资源保障能力、满足国内需求为主，转变为获取技术、品牌、管理诀窍等经济各层面，随着中国与全球经济的联系越来越紧密，企业将考虑如何更好地利用全球资源，为企业发展创造更好的机会，从而向全球产业链高端转移。其次，对外投资的企业规模越大，越有助于形成对企业外直接投资的良好生态环境聚集效应，形成完整的价值链。另外，对外直接投资行业和企业分布多元化，将有助于普遍的创新和竞争力的提高。越来越多行业背景各异的中小民营企业"走出去"，它们本身所具有的灵活性和弹性，使之能够更容易、迅速地融入当地的文化和商业环境，这不仅丰富了中国的对外投资主体，

---

① 毕马威. 大潮汹涌梦想可及——再思中国企业全球化 [J]. 国际工程与劳务，2013（5）.

② http：//www. ftchinese. com/story/001048581？ full = y.

更在国际舞台上树立中国对外投资大国的形象。

6.2.2 海外并购的战略目标范围不断扩大

中国海外收购的潜力不断增加，推动海外并购的战略目标范围也不断扩大。海外并购首要考虑除大中华区外的亚洲国家和地区。中国企业和投资者认为，这些国家和地区将经历与中国类似水平的经济增长和发展。2012 年 37% 的对外投资目标位于亚洲，其次为欧洲 36%，北美 17%[①]。从地域来看，更多的民营企业倾向于并购东南亚、非洲和拉丁美洲企业。2003 ~ 2012 年，中国企业对"北方"国家企业的跨国并购呈逐年稳定上升趋势，如表 6.3、表 6.4 所示。美国、澳大利亚和日本市场吸纳了大部分中国企业的全球并购交易。品牌、进入新市场、获得"北方"国家的客户资源，以及获得流程知识，是中国的企业开展并购的主要动机。近年来，原材料（矿产）供应开始成为一个越来越重要的动机，因此，中国企业对自然资源丰富的"南方"国家（地区）企业的并购呈稳定趋势。2007 年的次贷危机使许多"北方"国家大型企业陷入财务困境，"北方"国家对中国企业跨国并购的审查有所松动，因此，中国企业对"北方"国家企业的跨国并购在 2008 达到高峰。

表6.3 中国企业跨国并购区域分布

年份	"北方"国家	占比（%）	"南方"国家（地区）	占比（%）
2003	18	0.82	4	0.18
2004	29	0.91	3	0.09
2005	20	0.74	7	0.26
2006	33	0.69	15	0.31
2007	68	0.75	23	0.25
2008	110	0.79	29	0.21
2009	94	0.78	26	0.22
2010	137	0.79	36	0.21
2011	105	0.78	29	0.22

资料来源：尼尔科数据。

---

① Mergermarket. 中国海外并购展望. www.mergermarketgroup.com/events-publications.

表 6.4　　　　　　　　中国企业主要跨国并购目标国家和地区

年份	中国对美国企业并购案例数	中国对日本企业并购案例数	中国对欧盟企业并购案例数	中国对澳洲企业并购案例数
2003	6	N/A	N/A	0
2004	8	N/A	N/A	0
2005	10	N/A	N/A	0
2006	11	N/A	N/A	5
2007	11	N/A	N/A	3
2008	21	N/A	N/A	7
2009	23	21	15	13
2010	34	37	25	35
2011	57	36	27	44

资料来源：笔者依据国家商务部网站整理得来。

　　"北方" 国家制度和公司治理体系水平均优于 "南方" 国家 (地区)，中国企业通过跨国并购 "北方" 国家企业来学习并实施目标公司先进的制度和治理体制 (Martynova and Renneboog, 2008)。"南方" 国家 (地区) 间制度距离相对较小，管制性制度环境普遍较为恶劣，规范性制度距离较小，企业间关系网络在 "南方" 国家 (地区) 企业间普遍存在。这种特有的交易网络发展模式有利于中国企业在当地以较低的成本获得资源，弥补市场机制的不足。中国企业在 "南方" 国家 (地区) 的并购更倾向于选择和本国制度环境接近的国家，以便减少跨国并购后的整合成本与风险，快速以相对较低的整合、运作成本投入并购后经营，提高并购绩效。因此，长期以来，中国企业对 "南方" 国家 (地区) 企业跨国并购多选择亚太地区及周边华人集中地区，如印度尼西亚、马来西亚等。

　　从表 6.3、表 6.4 中跨国并购区域结构上看，2003 ~ 2011 年，63.92% 的中国企业跨国并购是针对 "北方" 国家企业的①，其中对美国企业的并购占 14.79%，对中国香港企业并购占 9.47%，对澳大利亚企业并购占 6.51%，对新加坡企业并购占 5.33%，对英国企业并购占 4.73%，对日本企业并购占 4.14%，对加拿大企业并购占 3.55%。36.08% 的中国企业跨国并购是针对 "南方" 国家 (地区) 企业的，对印度、哈萨克斯

---

① "北方" 国家指 OECD 及世界银行定义的发达国家，"南方" 国家 (地区) 指世界银行定义的发展中国家及转型经济体。

坦企业的跨国并购占中国企业对发展中国家企业跨国并购的 4.73%，对马来西亚企业的跨国并购占 4.14%，对越南企业跨国并购占 2.96%，对俄罗斯和印度尼西亚企业的企业跨国并购占 2.37% 和 1.18%，对南非企业跨国并购占 2.37%，对墨西哥、秘鲁企业跨国并购占 1.78%。"北方"国家制度和公司治理体系水平均优于"南方"国家（地区），中国企业通过跨国并购"北方"国家企业来学习并实施目标公司先进的制度和治理体制（Martynova and Renneboog，2008）。"南方"国家（地区）间制度距离相对较小，管制性制度环境普遍较为恶劣，规范性制度距离较小，企业间关系网络在"南方"国家（地区）企业间普遍存在。这种特有的交易网络发展模式有利于中国企业在当地以较低的成本获得资源，弥补市场机制的不足。中国企业在"南方"国家（地区）的并购更倾向于选择和本国制度环境接近的国家，以便减少跨国并购后的整合成本与风险，快速以相对较低的整合、运作成本投入并购后经营，提高并购绩效。因此，长期以来，中国企业对"南方"国家（地区）企业跨国并购多选择亚太地区及周边华人集中地区，如印度尼西亚、马来西亚等。

6.2.3　海外并购目标行业

近年来，随着越来越多的中国企业开始进入跨国并购行列，中国企业跨国并购数量快速增长，中国在世界跨国并购中已经取得领先地位。中国公司的跨国并购开始吸引世界关注始于联想并购 IBM 个人电脑业务、中海油收购优尼科、海尔并购美泰等。中国企业跨国并购价值总额从 2000 年的 4.7 亿美元上升到 2010 年的 740 亿美元，居世界第二位。2010 年，中国企业在能源、矿产、制造业和服务业等诸多领域完成了数百宗高达几百亿美元的跨国并购，强劲的跨国并购势头并未受到金融危机的负面影响[1]。从并购行业范围来看，1995 年中国企业的海外并购在只涉及 4 个行业，到 2004 年增加到 20 个。2005~2011 年，中国企业海外并购涉及行业达到了 28 个，2012 年则在 26 个行业开展了并购项目。2005~2011 年，除 2007 年以外，资源获取型海外并购占总并购额的百分比维持在 50%~70% 的水平，2012 年为 62.5%[2]。2007 年，工商银行 55 亿美元收购南非标准银行

---

① UNTAD. World Investment Report 2010: Investing in a Low-Carbon Economy. Geneva. July 2011.

② 毕马威.大潮汹涌梦想可及——再思中国企业全球化 [J]. 国际工程与劳务，2013 (5).

20%股权的巨额交易使得资源获取类项目比重降至14%。2005～2009年，含建筑业的制造业并购项目金额占总金额的年平均比重仅为12.6%；2010～2011年的平均比重为16.9%；2012年则出现了较为明显的上升，达到了29.2%。同时，中国企业跨国并购的领域趋于广泛与多元化，第三产业跨国并购比重上升：2005年以前，中国企业跨国并购主要集中在制造行业，2006年电子信息产业跨国并购开始崭露头角，2007年金融业跨国并购兴起，2008～2009年采矿业跨国并购方兴未艾。2010年中国企业跨国并购仍然集中在能源、矿产资源开采、租赁和商业服务行业、金融业，同时交通运输、医疗、生物科技、公用事业等行业的跨国并购悄然兴起，另外，随着中国节能减排和可持续发展战略的实施，中国企业开始向海外寻找合适的清洁能源以及高效的农产品生产技术，因此包括新能源、农业及生物科技行业的跨国并购活动出现快速增长趋势。能源尤其是新能源领域的海外并购依然以国有企业为主导。能源项目占总对外投资交易活动的比重从2010年的30%降至2012年的24%。航空航天、公用事业、休闲娱乐、医疗卫生、餐饮住宿等行业都是以前从未涉及或涉及较少，而在近几年得到较快发展的行业。这也反映出中国经济正从单纯依靠自身发展，逐渐转向依靠外部资源实现产业结构的调整和升级。2009年，西安飞机工业集团收购奥地利FACC的案例开启了中国航空航天领域海外并购的序幕。目前，中国企业在封闭式基金和军工领域的并购项目仍然处于空白[1]。行业覆盖面的拓宽，使得中国企业能够在众多领域内取得进步，有助于增强企业实力、提高整体竞争力。但中国海外并购的产业结构不平衡的现象比较严重。与"北方"国家相比，中国企业服务业对外投资的比重仍然较低。2008～2011年，所有并购项目中服务业并购额的平均比例为15.2%，并呈逐年减小的趋势。但服务业对外直接投资占比在2012年出现了回升，占比达到20.3%。相对于"北方"国家的对外直接投资历史，中国企业的海外投资目前还处于起步阶段[2]。以美国为例，"二战"后的美国企业对外投资主要以石油等矿产行业为主，此后制造业对外直接投资的比重不断提升。20世纪90年代以来，随着服务业取代制造业，成为美国经济增长的支柱后，服务业外直接投资取代了制造业，成为美国对外直接投资中所占比重最大的产业。随着中国国内产业结构调整的不断深入，中国企业

---

① Mergermarket. 2013年中国海外并购展望. www. mergermarketgroup. com/events-publications.
② 中国国家商务部2013年度中国对外直接投资统计公报。

对外投资结构将会进一步优化升级。2010 年中国企业海外并购主要案例如表 6.5 所示。

表 6.5　　　　　　　　　　2010 年中国企业海外并购主要案例

公布日期	目标公司	目标产业	目标所在地	收购方公司	交易价值
12 月 9 日	巴西输电公司	电力	巴西	国家电网公司	17 亿美元
12 月 6 日	Nexteer100% 股份	汽车零部件制造	美国	北京太平洋世纪汽车有限公司	4.2 亿美元
10 月 8 日	雷普索尔40% 股份	石油冶炼、勘探	西班牙	中国石化	71.09 亿美元
10 月 7 日	Globe Star 股份	矿产勘探	加拿大	中金岭南	1.84 亿加元
8 月 23 日	Arrow Energy	能源	澳大利亚	中国石油	31 亿美元
7 月 13 日	非洲矿业公司股份	矿产	英国	山东钢铁	15 亿美元
5 月 18 日	Plena TransmissorasSA 旗下 7 家输电公司	公用事业	巴西	中国国家电网公司	17.21 亿美元
5 月 13 日	畔西能源信托公司 5.24% 股权	能源	加拿大	中国投资有限责任公司	4.25 亿美元
5 月 13 日	加拿大畔西能源信托公司（位于艾伯塔省德油砂资产）45% 股权	能源	加拿大	中国投资有限责任公司	7.99 亿美元
4 月 18 日	Sul Americana deMetais	矿产	巴西	洪桥集团有限公司	3.9 亿美元
4 月 12 日	Syncrude Canada Ltd 9.03% 股权	石油	加拿大	中国石化集团国际石油勘探开发有限公司	46.5 亿美元
3 月 28 日	沃尔沃汽车公司 100% 股权及相关资产（包括知识产权）	汽车	瑞典	浙江吉利控股集团有限公司	18 亿美元
3 月 14 日	Bridas Corporation 50% 股权	能源	阿根廷	中国海洋石油国际有限公司	31 亿美元
3 月 4 日	ACL 银行公众有限公司80.74% 股权	金融服务	泰国	中国工商银行	4.53 亿美元
2 月 4 日	Apax Partners LLP 2.3% 股权	金融服务	英国	中国投资有限责任公司	9.56 亿美元
1 月 18 日	嘉德置地有限公	金融服务	新加坡	东方海外有限公司	22 亿美元
11 月 23 日	毕尔巴鄂比斯开银行	金融服务	西班牙	中信银行	16.52 亿美元

续表

公布日期	目标公司	目标产业	目标所在地	收购方公司	交易价值
3 月 1 日	帝亚吉欧	食品	英国	四川水井坊联合有限公司	9.26 亿美元
11 月 16 日	生益科技	电子与电器制造	美国	MTG 投资	8.74 亿美元
8 月 30 日	中国黄金国际资源有限公司	矿产	加拿大	斯凯兰矿业有限	7.91 亿美元
10 月 20 日	乐天百货	消费	韩国	时代零售	6.14 亿美元
6 月 17 日	罗地亚	化工	法国	江苏飞翔集团	4.89 亿美元
6 月 22 日	日本制纸集团	纸制品	日本	江苏理文造纸	4.56 亿美元

资料来源：http://www.xbma.org/forum/.

从表 6.5 中可以看出，中国企业对金融服务业的跨国并购者呈稳定增长趋势。首先，从战略的角度考虑，欧洲、北美银行体系的改革为中国金融企业提供了高利润的投资机会。其次，另一个推动跨国金融服务企业并购的因素是，中国国有银行正逐步寻求海外合作伙伴，为今后在当地进行投资、经营的中国跨国公司提供财务、法律服务及操作方面的经验支持。中国工商银行（ICBC）于 2007 年年初斥资 54 亿美元收购南非标准银行（Standard Bank）20% 股权后，可为在非洲进行跨国投资的中国企业提供优惠的当地交易条件①。

2006 年，中国企业跨国并购的目标企业 75% 集中在亚太地区，24% 在中东和非洲，但是到 2010 年上半年，目标公司的区域分布已非常广泛，除了亚洲之外（59%），14% 在拉美，14% 在欧洲、中东和非洲，还有 13% 在北美②。

国有企业仍为中国企业跨国并购的主体，其交易规模庞大，收购领域主要涉及一些不可再生的资源行业，如铁矿石、石油等的购买，是国家战略部署的体现。民营企业收购主要涉及制造类、高科技类的企业，甚至涉足生产流程、品牌等无形资产。2010 年，浙江民营企吉利汽车集团以 18 亿美元收购号称世界上最安全的汽车制造商沃尔沃。民营企业在制造业领域的并购比重越来越高。从地域来看，更多的民营企业瞄准了东南亚、非洲和拉丁美洲。

---

① http://www.ftchinese.com/story/001015010/? print = y.

② www.deloitte.com/.../cn（zh-cn）_ csg_ GlobalReachLocalInitiatives_ 02201.

中国企业在制造业领域的并购案例增多，交易量逐渐攀升。2002 年，中国在制造业领域的并购数量为 17，平均交易额度为 0.51 亿美元。但是 2011 年并购数量攀升至 109，平均交易额度为 1.29 亿美元[①]。综观全球，虽然中国国有企业在大型制造业并购案例中较活跃，但是私有企业的角色越来越明显。并购案例的增长区域出现在亚、非、拉新兴市场。在这些经济体中，并购交易额度不是很大。从地域来看，交易额度平均值在欧美澳地区偏高，拉美地区较非洲和东南亚地区偏高。中国企业在制造业领域的并购案例增多，交易量逐渐攀升。此外，民营企业在制造业领域的并购比重越来越高。2002 年，中国在制造业领域的并购数量为 17，平均交易额度为 0.51 亿美元。但是 2011 年并购数量攀升至 109，平均交易额度为 1.29 亿美元[②]。

6.2.4 影响中国海外并购绩效影响因素

6.2.4.1 制度和人力资源的尽职调查及并购后整合

评估企业文化、制度和人才是尽职调查的重中之重。如果放任原企业文化及价值观延续，可能会造成长期冲突或摩擦，进而使并购后企业长期价值受损。作为团结被并购方员工的基础，收购公司应当注意建立新的企业文化、制度框架。并购后人力资源整合的重要性也受到重视。人力资源整合是否成功是完成交易的一个重要因素。而大多数中国企业的内部人力资源部门并不具备独立处理境外企业人力资源整合的经验和知识。因此，应寻求外部专业中介服务机构的支持。并购前应做好人力资源问题尽职调查，并应延伸到并购后整合中。在尽职调查阶段委托顾问来处理人力资源问题，可以将减少并购后整合规划中出现的摩擦与风险。

6.2.4.2 技术和知识产权的识别

与许可协议授权和组建合资企业相比，75% 的中国企业更偏向于进行海外并购。专有知识、技术和知识产权资产在识别潜在并购目标时十分重要。但有关外国知识产权转让和许可的法律问题，是通过海外并购获取技

[①] https://www.towerswatson.com/.../Towers-Watson-MA-Rpt-Full-Chinese.

[②] www.deloitte.com/assets/Dcom.../cn（zh-cn）_ csg_ Outbound_ 080710. pdf.

术等战略资产的中国收购者面临的一大难题。源自不同国家和地区间复杂的知识产权法律和机制的制度距离非常大，尽管得益于中国政府的政策支持，以及内部相对宽松的监管环境，但中国收购者对外国知识产权的归属以及其在潜在东道国的可强制执行性和可转让性的理解程度至关重要。取得技术往往只是"冰山一角"，而往往在长期造成更大的风险问题是转移、使用、维护和升级技术所需的技能和管理经验。尽管中国企业在对欧洲和亚洲的技术和知识产权并购方面更为成功，其中一些交易甚至使中国企业间接获得了源自美国的技术和知识产权。但是这些地区存在的审批障碍也日趋增加。针对在美国市场上并购技术，尤其是并购知识产权的分动机是获得竞争优势。而当前，欧洲经济陷入复苏泥潭进而提供了以较低价格收购高端品牌和技术的机会。另外与其他司法管辖区相比，这里的行政和监管审批要求较低，对待源自中国的投资的态度也更开放。使得欧洲成为对中国基于战略资产获取动机的投资者极具吸引力。

6.2.4.3　跨国并购后整合（Post Merger Integration）

并购后整合是影响跨国并购战略成功实现与并购绩效的一个关键因素。一旦赢得对外国资产的并购，后续应当采取一系列措施确保两家企业的顺利整合，而中国企业的表现却喜忧参半，参差不齐。在海外并购开始时缺乏明确的执行和沟通计划，是最终导致并购后绩效差的主要原因。企业并购后的监管合规、取得技术专长的战略目标和文化及制度整合是导致中国企业兼并后企业价值反而下降的三大最重要因素。中国企业海外并购的态度非常激进，却往往会忽视最终影响价值创造的关键环节。在尽职调查阶段就制定好知识转让和人员培训的计划是能否获得技术专长的关键。重大海外并购交易双方各自带来了不同的企业文化、价值观和制度规范。只有能够顺利通过并购后整合阶段才有机会从交易中获益，并实现企业长期战略规划。若要取得海外并购交易真正的成功，并购后的整合工作的重要程度绝不亚于完成交易本身。

6.2.4.4　"中国溢价"（China Premium）

中国企业海外并购日益出现竞购价格超出被并购目标企业正常价值水平的高溢价并购的特点。业内人士称为"中国溢价"，即为了提高在海外并购竞标成功的概率，中国企业特别是国有企业在交易中，所报出的竞购价格远远高出目标公司市场价值的正常水平而多支付的价格。美国哥伦比亚大学 2012 年的研究报告表明，"中国溢价"的平均值从 2008 的 10% 提高至 2011 的近 50%。2012 年，在能源领域的海外并购案例中，三峡集团收购葡电集团的竞价相当于葡电股份当日股市收盘价溢价 53.6%。中海油对尼克森的要约收购价较尼克森的股价溢价 61%，创造了 2012 年"中国溢价"的最高纪录①。根据国外的历史经验②，"中国溢价"的现象应该在未来几年还会维持，并出现规模扩大迹象。但众多包含各种中国因素的"中国溢价"收购案例均以失败告终。这表明，高溢价并不能保证海外并购的成功。例如，2005 年中海油试图并购优尼科（Unocal）、2009 年中海油竞标高庚（Gorgon）、2009 年中铝试图并购力拓（Rio Tinto）。

6.2.4.5 海外并购战略多元化

中国企业海外并购方式不再一味追求全额股权并购，逐渐趋向理性化。中国高管普遍缺少如何进行并购前的尽职调查、如何进行并购后的管理、整合等管理海外并购项目的经验。近些年来，越来越多的中国企业开始通过转变并购的战略来学习"北方"国家企业的管理经验。2002 年至今，中国制造业海外并购的案例表明，中国企业已经开始寻求少数股权投资方式。2002 年，90% 的制造业海外并购采取全额或多数股权并购的并购方式。但 2012 年，该数据下降到 67% 左右。在能源领域，中国石油和清洁能源行业企业的绝大多数海外并购都是采用少数股权投资方式进行。尽管越来越多的企业寻求少数股权投资，但是中国企业也开始通过争取在被收购的目标公司的董事会获得投票权以加强在并购后的经营、管理中的决策权③。

6.3 制度距离与"南方"国家（地区）企业跨国并购绩效作用机制

国际金融危机爆发之后，全球经济格局正在发生深刻变化，"南方"

① http://www.ftchinese.com/story/001048581？full=y.
② "中国溢价"概念源自"新加坡溢价"。2001 年，新加坡发展银行以超出中国香港道亨银行当时账面价值 3 倍的 76 亿新元价格收购了中国香港道亨银行 72%~80% 的股权，这种高价收购行为被称为"新加坡溢价"；同样，20 世纪日本在签订广场协议以后，日元骤然升值，而后日本企业大肆溢价收购全球资产，尤其以三菱收购美国洛克菲勒中心为代表，这便是所谓的"日本溢价"。
③ http://www.ftchinese.com/story/001048581？full=y.

国家（地区）日益成为引领全球经济复苏和推动经济全球化的重要力量，在促进跨国企业发展中的作用持续上升。全球化背景下，更多的企业开始国际化进程，地理距离与制度距离带来了高利润同时也使企业跨国经营面临更多风险。跨国公司对陌生制度环境下的潜在风险和收益评估会影响其进入国际市场的策略。母国和东道国间的制度距离会影响跨国公司对风险和不确定性的认知。大多数关于制度距离对跨国公司国际市场进入的研究都限于美国、英国等"北方"国家。很少有研究关注"南方"国家（地区）跨国公司国际市场进入与制度距离的关系。近年来，"南方"国家（地区）跨国公司强劲的国际化势头超过了"北方"国家跨国公司，成为世界经济发展的新焦点。"北方"国家和"南方"国家（地区）跨国公司成长的经济、文化环境不同，可利用的资源不同，因此有必要研究制度距离与"南方"国家（地区）跨国公司国际化行为、绩效的关系。

影响"南方"国家（地区）跨国公司国际化行为、绩效的因素与"北方"国家跨国公司国际化行为、绩效有很大的差距，"南方"国家（地区）与"北方"国家在国际化经验、公司治理水平、制度环境、文化背景、国内资本市场完善程度方面都存在较大差距。例如，由于严苛的政策管制，许多"南方"国家（地区）跨国公司增长和业绩很差。在印度，直至20世纪90年代中期，印度政府对跨国公司经营仍有很多政策管制，如对于资本扩张的限制、对新企业进入实行严格的许可证管理制度、对外资进入的限制以及其他的税收及非税收壁垒。这样的制度环境阻碍了企业并购活动。近年来，许多"南方"国家（地区）开始放宽对企业并购的限制。另外，与"北方"国家跨国公司不同，"南方"国家（地区）跨国公司快速的国际化进程不同于"北方"国家跨国公司渐进式的传统国际化发展战略。因此"南方"国家（地区）跨国公司股东期望和管理视角与"北方"国家跨国公司也不同。

跨国公司在选择国际市场时，会在目标市场的利润与风险之间做出权衡。东道国与母国间制度距离一方面会增加跨国经营的风险，另一方面会增加跨国经营的收益。

"南方"国家（地区）跨国公司缺少海外经营、运作的经验导致其在制度方面遭受外来者劣势引起的经营损失。外来者劣势是指跨国公司在海外经营、运作所产生的，而当地企业运作不会产生额外成本、费用。外来者劣势相对于对于东道国公司而言是一种绝对竞争劣势。外来者劣势体现在以下两个方面：首先是空间距离，空间距离会增加跨国经营的运输、协调成本。其次是制度距离，由于跨国公司母国与东道国市场、经济、文化、政治、法律等方面制度距离带来的公司层面成本。现代交通、电信、网络技术的发展缩短了全球的空间距离，因此，制度距离成为主要的影响因素。

"南方"国家（地区）正处在由计划经济向市场经济过渡阶段，尚未实现真正的市场经济效率。计划经济体制的残留仍在，市场活动缺乏"游戏规则"，盛行通过潜规则和关系网络来达成市场交易。专利法等知识产权保护体系仍待完善，且难以在经济市场中切实执行。部分行业和领域向外资开放使国内市场竞争激烈、利润空间被压缩。在政府的政策和金融支持下，"南方"国家（地区）跨国企业开始了国际化进程。通过跨国并购来获取品牌、技术、管理、分销渠道等战略资产。但同"北方"国家在政治、思维方式、文化等方面的制度差距增加了其在海外经营的外来者劣势。

除了经济、法律制度的差距，规范性制度差距也是造成外来者劣势，恶化"南方"国家（地区）跨国公司海外并购绩效的因素之一。在进行跨国并购的过程中，经营者要考虑管制性制度及规范性制度距离所引致的跨国并购失败的风险。规范性制度距离会阻碍并购后的一体化整合过程，造成并购失败。一半左右失败的并购案例表明，并购后公司间治理结构、体系以及文化的整合是造成跨国并购失败的主要原因之一。母国与东道国间制度距离导致并购后人员、工作理念、行为等整合成本增加，进而降低并购绩效。另外东道国与母国间制度距离越大，并购后的摩擦成本、运作监督成本、公司内部冲突解决所需成本、信息共享成本、战略资源转移成本以及目标公司敌对行为的成本越高。因此制度距离增加了公司管理层对于并购后运作的不确定性掌控的难度。这种差距造成了公司员工内部语言沟通、价值理念、非语言性沟通冲突，降低了公司间及公司内部员工间的信任。以中国为例：首先，中国是转型中的社会主义国家，政府机构会在企业中持有相当数量的股份，而在西方国家的市场经济体制下，除个别关系国计民生安全的产业外，很少出现政府在企业中持股的情况。其次，中国特有的文化价值体系，如关系网络、和谐、平均主义、资历等与西方国家所推崇的对个人主义、抱负、平等、自由为代表的价值体系的冲突，使得并购后的整合变得困难。在"南方"国家（地区）的市场体系中，关系网络在商业决策、市场交易和产品分销中起到关键作用。寻租等腐败行为的存在扭曲了市场功能，市场环境缺乏稳健性。

"南方"国家（地区）跨国公司在恶劣制度环境下，经营并盈利的能力是其在制度环境同样恶劣的"南方"国家（地区）经营、运作的竞争优势，这种独特的竞争优势使"南方"国家（地区）跨国公司在制度环境更加恶劣的东道国（即最不发达"南方"国家（地区））获得外来者优势。

许多学者专注于并购后利益相关者回报及并购后绩效的研究，并用一系列指标来测度并购后的长期和短期绩效。美国和欧洲市场的企业并购后绩效是早期研究最多的领域，这些研究结果表明：并购后，只有目标公司和收购公司在运作、制度、文化、技术等方面达到协同性，收购公司绩效才会有长期改善。克鲁斯和帕克（2002）通过对 1966~1997 年 56 家日本制造业企业的并购绩效进行了检验，发现并购后第四年开始，并购企业的绩效出现逐步改善的迹象。查理和陈（2009）通过对美国上市公司被并购前后的财务绩效对比分析，认为在并购三年后美国上市企业的财务绩效要优于未被并购的上市企业。

基于以上所述，提出如下命题：

命题一：东道国管制性制度越严格，东道国公司治理水平越完善。并购公司有可能自愿通过跨国并购去学习、模仿目标公司较高水准的公司治理水平，即自助效应。这表明中国企业通过跨国并购学习、模仿目标公司较高水准的治理水平。在长期，学习效应起作用后，并购绩效得到改善。

命题二：跨国公司的经营活动受东道国意识形态、价值观念、社会习俗等规范性制度环境的制约，这些因素决定了外国分支机构需要承担的公共责任及能够发挥的企业优势。母国与东道国的规范性制度距离越大，外国投资者对当地社会规范和习性较为陌生，且不易获得社会认可，从而增大了并购后企业内部的人文整合的难度以及企业外部相关利益群体网络的构建的附加成本，增加了企业并购后运营成本，降低了并购绩效。

命题三："南方"国家（地区）正处于市场经济转型阶段，国内企业对于如何在经济转型时期，利用制度缺陷，以较低成本经营、运作并盈利拥有较多的经验。这种经验使中国跨国企业在制度不健全的东道国以较低的整合成本，相对迅速地获得当地社会认同感，并在较短的时间内完成并购后的管理整合，迅速投入生产经营，并购后绩效得到改善。

命题四：管制性与规范性制度距离使并购后绩效在短期内难以显现，并购后若干年，随着并购双方一体化整合的效益超过由制度距离所引致的摩擦性成本后，跨国并购后绩效开始出现改善迹象。

6.4 中国跨国企业海外并购绩效与制度距离
——基于DID方法的实证研究

本节计划通过实证检验来研究"南方"国家（地区）跨国公司海外并购绩效与制度距离的关系。但限于无法获得几个其他主要"南方"国家（地区）企业层面并购业绩的数据，因此只能就中国跨国企业海外并购绩效与制度距离的关系进行实证检验。

中国企业的海外并购之路走得并不顺利。其中重大挫折屡见不鲜，经典案例却所见甚少。来自麦肯锡公司的一份研究报告指出，"过去20年里全球大型的企业兼并案中取得预期效果的比例低于50%，而具体到中国则有67%的海外投资不成功"。究其原因，中国企业海外并购除了对行业产业链分析不充分，市场发展趋势误判，自我评估过高等之外，对被并购公司所在国的法律环境、劳务市场、税收结构等方面的信息缺失，也对并购进程和并购结果产生了重大的影响。

虽然中国企业跨国并购方兴未艾，但现有文献却依然集中于制度绝对水平和制度质量对跨国并购绩效的影响（Buckley and Clegg et al.，2007；Boateng and Qian，2008；Desbordes and Darby，2011；Wankins and Taylor，2011）。忽略了制度距离对中国企业跨国并购绩效的作用。因此，以中国企业跨国并购为典型案例进行研究具有较强的理论及现实意义。

那么，影响中国企业跨国并购绩效的原因是什么？制度距离如何影响中国企业跨国并购绩效？不同性质和方向性的制度距离如何影响中国企业跨国并购绩效？本书首先将制度分为管制性制度与规范性制度，并按照制度距离的方向性，将管制性制度距离分为管制性制度距离大于零与管制性制度距离小于零两种情况。利用1998~2005年169起中国上市公司的跨国并购相关数据，采用倍差法对不同性质及方向性制度距离对跨国并购绩效的作用机制进行了实证检验。

6.4.1 研究设计：样本、变量和计量方法

6.4.1.1 倍差法（difference in differences）

2001年入世以来，中国国内许多行业和领域逐步对外资开放，中国企

业面临更激烈的国内竞争。中国政府希望通过提供政策支持来鼓励中国企业走出去，这为我们提供了考察制度距离视角对跨国并购后企业绩效影响的自然试验（nature experiment）。中国企业跨国并购一方面制造了同一企业进行跨国并购前后的绩效差异，另一方面又制造了同一时点上，进行跨国并购的企业与未进行跨国并购企业之间的绩效差异。近年来，倍差法（difference in differences）在公共政策绩效方面的分析和评估中得到了广泛的运用，本节将采用倍差法来进行自然试验，以识别制度距离对跨国并购后绩效变化的影响。

倍差法的基本作用机制为：如果一项政策对一些个体实施，这些个体就构成了处理组（treatment group），未被实施该项政策的个体就构成了对照组（comparison group），通过比较处理组在政策实施前后个体的变化与对照组在政策实施前后个体的变化，进而得出政策实施对个体的影响。对照组的作用是为了表明，如果没有实施任何政策，处理组会发生什么变化。如果在政策实施前后，处理组和对照组所面临的其他一切条件均相同，就可以使用倍差法来考察该项政策实施对处理组相关指标的作用效果（Meyer，1995）[1]。

采用倍差法评估政策变化需要具备严格的前提条件：政策变化本身必须是外生的，不能与回归方程的误差项存在关联性，即要求 $E[\varepsilon_{it}|du_{it} \times dt_{it}] = 0$。本书采用倍差法评估制度距离对中国企业跨国并购后绩效的影响时直接假定企业跨国并购发生是外生的，或者说忽视了制度距离对中国企业跨国并购后绩效的影响可能存在的内生性问题。这主要是因为，20世纪80年代改革开放以来，中国政府为了在短时间内迅速培育大型国有企业国际竞争力，由政府选择某些战略性产业向海外市场拓展。大量的政府干预保证了跨国并购与国家的长期战略需求、地缘政治相吻合。2001年中国入世以来，中国国内许多行业和市场逐步对外资开放，使得国内企业面临激烈的国内、国际竞争环境，为加速培育中国企业国际竞争力，提升中国企业的国际化运作能力，中国政府制定了"走出去"战略。企业跨国并购是"走出去"战略的重要组成部分，且国家对于"走出去"战略的实施具有很强的政策指向性，包括为商务部批准的企业提供税收优惠、融资支持、外汇支持等一系列鼓励措施。因此中国企业跨国并购行为这一事

---

① Meyer, B., 1995, "Natural and Quasi-Experiments in Economics", Journal of Business and Economic Statistics, 13 (2): 151 – 161.

件可以看作是"走出去"战略的产物，即估计式（6.4）满足 $E[\varepsilon_{it} | du_{it} \times dt_{it}] = 0$ 这一条件，可直接进行估计。

倍差法有统计理论的支撑，逻辑清晰，因此，使用倍差法所得出的结论具有较强的说服力。本书运用相似的方法考察制度距离对国企业跨国并购后绩效是否得到改善。对这一重要现象所产生的经济效果进行科学严谨的评估，具有重大的现实意义，将中国企业应对全球化激烈的国内、国际竞争所采取的积累竞争优势的战略作为观测对象，丰富了倍差法的应用范围。

6.4.1.2 用倍差法考察跨国并购绩效

具体地，将 1998 ~ 2005 年进行跨国并购的上市中国企业归入处理组，同期未发生跨国并购或国内并购的上市企业归入对照组，比较跨国并购发生前后，处理组和对照组之间企业绩效的变化。按照倍差法的基本设计方法（Meyer，1995），设定如下回归方程：

$$R_{it} = \beta_0 + \beta_1 du_{it} + \beta_2 dt_{it} + \beta_3 du_{it} \times dt_{it} + \varepsilon_{it} \qquad (6.1)$$

在（6.1）式中，i 表示不同的企业，t 表示时期。R 为企业绩效增长率，du 和 dt 分别为组别虚拟变量和时期虚拟变量。如果某个企业属于处理组，即企业发生了跨国并购，则 du 为 1，如果某企业属于对照组，即在选取时间段中，该企业未进行过跨国并购，则对 du 赋值为 0。对于 dt，在跨国并购发生之前赋值为 0，跨国并购发生之后赋值为 1。ε 为残差项。

在对照组中，由于 du_{it} 等于 0，因而进行跨国并购前后的企业绩效增长率分别为：

$$R_{it} = \begin{cases} \beta_0 + \varepsilon_{it} & dt_{it} = 0, \text{进行跨国并购之前} \\ \beta_0 + \beta_2 + \varepsilon_{it} & dt_{it} = 1, \text{进行跨国并购之后} \end{cases} \qquad (6.2)$$

相应地，对于处理组，进行跨国并购前后的企业绩效增长率分别为：

$$R_{it} = \begin{cases} \beta_0 + \beta_1 + \varepsilon_{it} & dt_{it} = 0, \text{进行跨国并购之前} \\ \beta_0 + \beta_1 + \beta_2 + \beta_3 + \varepsilon_{it} dt_{it} = 1, \text{进行跨国并购之后} \end{cases} \qquad (6.3)$$

不难看出，跨国并购进行前后，对照组的企业绩效增长率变动为 β_2，而处理组的企业绩效增长率变动为 $\beta_2 + \beta_3$，显然，β_3 是进行跨国并购对企业绩效增长产生的净效应，是实证研究所关心的系数。β_3 应该显著为正。

在（6.1）式的基础上，为了控制其他因素对企业绩效的影响，将计量模型设定为如下形式：

$$R_{it} = \beta_0 + \beta_1 du_{it} + \beta_2 dt_{it} + \beta_3 du_{it} \times dt_{it} + \beta_4 cons_{it} + \varepsilon_{it} \qquad (6.4)$$

其中，$cons_{i,t}$为第 i 个企业的一系列企业特性指标及该企业面临的宏观环境。其中，t = 1、2，表示进行跨国并购前的时期 1 和进行跨国并购后的时期 2，i = 1、2、3…则代表所考察的进行跨国并购的中国企业以及相应的对照组中未进行跨国并购的中国企业。

在实证分析中，我们之所以把式（6.1）拓展为（6.4），是因为，Meyer（1995）认为倍差法的有效性可能受到变量缺失的威胁，控制了影响企业绩效的其他因素恰好解决了变量缺失问题。二是，β_3 是我们最关注的参数。制度距离对中国企业跨国并购后绩效变化的影响，就集中体现在该系数的符号和显著性上面。

在对（6.4）式进行估计前，先运用马氏距离匹配方法（Mahanalobis Distance metric）对处理组与对照组进行匹配。马氏距离匹配主要是基于这样一种思想：对于任意的处理组与对照组间的两个待匹配变量 X_i 和 X_j，两者之间的距离为 D_{ij} 为：$D_{ij} = \{(X_i - X_j)^T S^{-1}(X_i - X_j)\}^{1/2}$。其中，$X_i$ 和 X_j 分别处理组和对照组的待匹配变量值，S 为对照组各匹配变量值的协方差矩阵。因此，对于处理组观测值 X_i，只有那些具有最小 D_{ij} 值的一个或几个对照组观测值被选择作为新的对照组。在进行马氏距离配对前，必须首先确定匹配变量的选取。我们选择如下匹配变量：企业经营年限（age）、企业相对净资产规模（Ln net assets）、企业销售额（Ln sales）、企业现金流量（Ln cash）、企业负债规模（Ln debt）、企业雇佣劳动力规模（Ln employment）。

表 6.6 列出了配对前后处理组与对照组企业在上述变量上存在的差异情况。处理组企业上述变量情况优于对照组。

表 6.6　　　　　　　　匹配前后处理组企业与对照组企业变量差异

匹配变量	匹配前		匹配后	
	处理组	对照组	处理组	对照组
age	19.08	18.24	19.08	19.10
ln cash	6.37	6.09	6.37	6.32
ln sales	7.78	7.51	7.78	7.67
ln net assets	8.83	8.07	8.83	8.62
ln employment	0.67	0.41	0.67	0.60
ln debt	7.54	7.27	7.54	7.60

6.4.2 数据来源及描述性统计

关于中国企业跨国并购业绩的数据主要来源于 BvD 全球金融分析与各国宏观经济指标库中的 OSIRIS《全球上市公司分析库》①。其他微观层面企业特性样本数据收集自 BvD、CCER 中国经济金融数据库、国泰安金融数据库。

本书核心指标—制度距离构建如下：选用世界银行国家治理指数，该指数汇集并整合了针对全球许多公司、公众和专家学者的调研结果②。调研问卷的问题由国际知名的调研机构、智库、政府组织及非政府组织设计。该指数由对以下六项指标的打分构成：政府效率（GE）、政府监控和管制水平（RQ）、市场法治程度（RL）、公众话语权和问责制（VA）、高度的政治稳定性及较少发生暴乱事件（PS）、对腐败的容忍和控制程度（CC）。对每一个分指标的最低打分为 -2.5，最高打分为 2.5。本书用中国和目标公司所在国 1996~2006 年的国家治理指数的差距来测定跨国并购双方的制度距离。其中，以并购双方所在国政府效率、政府监控和管制水平、市场法治程度的差距来衡量两国间管制性制度距离（RD）；以并购双方所在国公众话语权和问责制、高度的政治稳定性、较少发生暴乱事件、对腐败的容忍和控制程度方面的差距来衡量并购双方所在国之间的规范性制度距离（ND）。

入世以来，虽然我国企业跨国并购的动机各不相同，但本质上都是为了通过对资产的全球整合，加速国际化水平，获得持久的国际竞争力。而企业的盈利能力是衡量其竞争优势的核心指标。国外文献多采用并购前后跨国并购双方股票价格变化或累计异常回报值（CAR）③ 来测度并购后短期绩效。由于股票市场会受到一系列宏观因素和系统性因素的影响，而且上述衡量短期并购绩效的指标往往是市场对跨国并购预期即其未来价值的预测。因此，与股票市场对跨国并购的反应相比，财务

---

① 剔除掉中国企业对注册于巴哈马、百慕大等避税天堂企业的跨国并购，从数据库中获得了 1996~2006 年，共 169 起中国上市公司的跨国并购数据。

② 调研问卷的问题由国际知名的调研机构、智库、政府组织及非政府组织设计。该指数由对以下六项指标的打分构成：政府效率（GE）、政府监控和管制水平（RQ）、市场法治程度（RL）、公众话语权和问责制（VA）、高度的政治稳定性及较少发生暴乱事件（PS）、对腐败的容忍和控制程度（CC）。对每一个分指标的最低打分为 -2.5，最高打分为 2.5。

③ 宣告跨国并购交易日前后三天时间内累计异常回报值的变化。

指标比上述指标更能准确、客观地衡量企业通过跨国并购行为获得长期核心竞争力的情况。因此, 本书用以下两项财务指标来衡量跨国并购后企业绩效:

ROA: 总资产收益率 = 税前利润/平均资产总额; ROE: 净资产收益率 = 税前利润/平均权益资本总额。

ROA、ROE 两个财务指标都可以用来衡量企业投入的运作回报能力。ROA 是反映股东和债权人共同资产产生的利润率, 是对一个公司分配和管理资源效益的基本衡量。ROA 体现了企业总资产的所有权形式, 更能反映企业真实的盈利能力。ROE 是应用最为广泛地衡量企业盈利能力的指标之一, 反映了仅由股东资产产生的利润率, 即以公司盈余再投资以产生更多收益的能力, 是证明股东利益和投资的安全性的重要指标。该指标越高, 表明企业资产利用效果越好, 说明企业在增加收入和节约资金使用等方面取得了良好的效果, 否则相反。ROE 的问题在于无法反映债务杠杆对净利润的影响。同一行业不同企业, 由于企业的负债率不同, 财务杠杆对所有者权益这一部分资产所产生的利润的调节作用也会有所差异, 这一差异是构成同一行业不用企业间盈利水平差异的重要基本元素之一。ROA 指标中不含财务杠杆的作用, 而只反映具有共性的对全部资产的利用效果, 因此, ROA 相比与包括 ROE 在内的其他财务指标, 更能反映企业所属的行业特色。ROA 测度了企业负债带来的资产收益加上所有者权益带来的收益。ROA 的收益包括了 ROE 的收益。

6.4.3 数据的描述性分析

样本企业中, 63.92% 的中国企业跨国并购是针对 "北方" 国家企业的, 其中对美国企业的并购占 14.79%, 对中国香港企业并购占 9.47%, 对澳大利亚企业并购占 6.51%, 对新加坡企业并购占 5.33%, 对英国企业并购占 4.73%, 对日本企业并购占 4.14%, 对加拿大企业并购占 3.55%。"北方" 国家制度和公司治理体系水平均优于 "南方" 国家 (地区), 这与玛特诺瓦和瑞尼伯格 (2008) 提出的自助效应是相符的, 即中国企业通过跨国并购学习并实施目标公司先进的制度和治理体制。样本企业中, 36.08% 的中国企业跨国并购是针对 "南方" 国家 (地区) 企业的, 对印度、哈萨克斯坦企业的跨国并购占中国企业对 "南方" 国家 (地区) 企业跨国并购的 4.73%, 对马来西亚企业的跨国并购占 4.14%,

对越南企业跨国并购占2.96%，对俄罗斯和印度尼西亚企业的企业跨国并购占2.37%和1.18%，对南非企业跨国并购占2.37%，对墨西哥、秘鲁企业跨国并购占1.78%。"南方"国家（地区）间管制性制度距离相对较小，管制性制度环境普遍较为恶劣；规范性制度距离较小，企业间关系网络在"南方"国家（地区）企业间普遍存在。这种特有的交易网络发展模式有利于中国企业在当地以较低的成本获得资源，弥补市场机制的不足。从样本中可以看出，中国企业在"南方"国家（地区）的并购更倾向于选择和本国制度环境接近的国家，以便减少跨国并购后的整合成本与风险，快速以相对较低的整合、运作成本投入并购后经营，提高并购绩效。因此，长期以来，中国企业对"南方"国家（地区）企业跨国并购多选择亚太地区及周边华人集中地区，如印度尼西亚、马来西亚等。样本企业跨国并购区域分布情况如表6.7所示。

表6.7 样本企业跨国并购区域分布情况 单位：%

子公司所在国（地区）	数量	占比
RUS（俄罗斯）	4	2.37
COL（哥伦比亚）	1	0.59
CAN（加拿大）	6	3.55
ESP（西班牙）	1	0.59
LKA（斯里兰卡）	1	0.59
USA（美国）	25	14.79
GBR（英国）	8	4.73
HKG（中国香港）	16	9.47
IDN（印度尼西亚）	2	1.18
TWN（中国台湾）	6	3.55
MAC（中国澳门）	1	0.59
THA（泰国）	4	2.37
FRA（法国）	2	1.18
SGP（新加坡）	9	5.33
AUS（澳大利亚）	11	6.51
TZA（坦桑尼亚）	1	0.59
NZL（新西兰）	3	1.78
DEU（德国）	2	1.18
KAZ（哈萨克斯坦）	8	4.73
AZE（阿塞拜疆）	1	0.59

续表

子公司所在国（地区）	数量	占比
LUX（卢森堡）	1	0.59
KOR（韩国）	4	2.37
JPN（日本）	7	4.14
PER（秘鲁）	3	1.78
VNM（越南）	5	2.96
SAU（阿联酋）	2	1.18
FIN（芬兰）	1	0.59
HUN（匈牙利）	1	0.59
NOR（挪威）	2	1.18
MEX（墨西哥）	3	1.78
POL（波兰）	1	0.59
ITA（意大利）	1	0.59
CHE（瑞士）	1	0.59
YUG（叙利亚）	1	0.59
YEM（也门）	1	0.59
NGA（尼日利亚）	1	0.59
IND（印度）	8	4.73
CHL（智利）	1	0.59
ZAF（南非）	4	2.37
MYS（马来西亚）	7	4.14
NLD（荷兰）	1	0.59
BRI（巴西）	1	0.59
合计	169	1

表 6.8 表明在样本期间内，矿业、石油天然气、金融服务、能源的跨国并购占并购样本总数的 77%。公用事业、电脑、消费品零售、运输、制造业的跨国并购占并购样本总量的 19.5%。化工、医疗设备和生物技术行业的跨国并购只占并购样本总数的 1.8%。

表 6.8   样本企业跨国并购所在行业分布情况   单位：%

目标公司所在行业	数量	占比
汽车	17	10.06
石油与天然气	31	18.34

续表

目标公司所在行业	数量	占比
金融服务	28	16.57
矿业	35	20.71
能源	22	13.02
公用事业	7	4.14
电脑	6	3.55
消费品、零售	4	2.37
运输	6	3.55
化工	1	0.59
制造业	10	5.92
医疗设备	1	0.59
生物技术	1	0.59
合计	169	1

表 6.9、表 6.10 为处理组与对照组企业总资产收益率（ROA）、净资产收益率（ROE）增长率均值的变化：对于 1996 年进行跨国并购的企业，与并购后第一年相比，企业总资产收益率和净资产收益率增长率均值比分别增加了 0.193 和 0.236 个单位；并购后第二年与第三年分别增加了 0.010、0.270 和 0.152、0.309 个单位，至第五年则相对增加了 0.237 和 0.213 个单位。而与 1996 年相比，对照组企业总资产收益率和净资产收益率增长率均值在 1997 年至 2006 年间均有不同程度的下降，且下降幅度逐年扩大。这反映对照组企业与处理组企业总资产收益率（ROA）增长率、净资产收益率（ROE）增长率均值不同的变化趋势。对跨国并购前后处理组企业与对照组企业 ROA、ROE 增长率均值的变化值进行 T 检验，由检验的相伴概率可知，二者存在显著差异。因此，可以用（6.4）式进行直接回归。

表 6.9　处理组与对照组企业总资产收益率（ROA）增长率均值的变化

年份	样本组	并购后第一年	并购后第二年	并购后第三年	并购后第四年	并购后第五年
1996	对照组	-0.182	0.105	-0.217	0.083	0.073
	处理组	0.193	0.010	0.270	0.124	0.237
	T-prob	0.035	0.032	0.032	0.030	0.032

续表

年份	样本组	并购后第一年	并购后第二年	并购后第三年	并购后第四年	并购后第五年
1997	对照组	-0.243	-0.305	-0.170	-0.564	-0.226
	处理组	-0.274	-0.121	0.309	0.332	0.813
	T-prob	0.031	0.035	0.033	0.030	0.030
1998	对照组	0.182	0.018	0.114	0.233	0.296
	处理组	0.240	0.057	0.100	0.804	0.849
	T-prob	0.046	0.042	0.042	0.043	0.041
1999	对照组	-0.449	-0.219	1.013	0.132	0.138
	处理组	0.404	-0.133	0.072	0.061	0.510
	T-prob	0.027	0.023	0.021	0.023	0.029
2000	对照组	0.032	0.066	0.182	0.071	0.102
	处理组	0.086	0.141	0.628	1.256	1.179
	T-prob	0.040	0.045	0.042	0.047	0.045
2001	对照组	0.108	0.370	0.247	-0.152	0.071
	处理组	0.181	-0.025	-0.149	-0.191	1.160
	T-prob	0.034	0.038	0.035	0.036	0.032
2002	对照组	0.282	0.610	0.288	-0.755	-0.569
	处理组	0.794	0.863	0.379	0.087	0.272
	T-prob	0.039	0.035	0.0361	0.034	0.033
2003	对照组	0.523	0.672	0.061	-0.079	-0.141
	处理组	1.231	0.695	0.381	0.468	0.756
	T-prob	0.023	0.026	0.024	0.027	0.026
2004	对照组	0.226	0.359	0.469	0.264	-0.051
	处理组	0.760	1.243	0.708	0.377	0.212
	T-prob	0.033	0.034	0.039	0.031	0.035
2005	对照组	0.009	0.871	0.339	0.756	0.613
	处理组	0.582	0.909	1.562	0.624	0.893
	T-prob	0.023	0.018	0.021	0.016	0.024
2006	对照组	0.066	0.039	0.137	0.046	0.104
	处理组	0.051	0.031	0.065	0.068	0.075
	T-prob	0.025	0.020	0.036	0.031	0.031

资料来源:笔者根据数据计算、编制。

表 6.10　　处理组与对照组企业净资产收益率（ROE）增长率均值的变化

年份	样本组	并购后第一年	并购后第二年	并购后第三年	并购后第四年	并购后第五年
	对照组	− 0.144	− 0.179	0.093	− 0.036	− 0.205
1996	处理组	0.236	0.152	0.309	0.104	0.213
	T-prob	0.027	0.027	0.027	0.032	0.032
	对照组	− 0.162	− 0.147	− 0.351	0.006	− 0.725
1997	处理组	0.201	0.225	0.317	0.335	0.616
	T-prob	0.012	0.014	0.017	0.017	0.017
	对照组	− 0.032	− 0.045	0.621	0.121	0.183
1998	处理组	0.114	0.233	0.296	0.749	0.325
	T-prob	0.034	0.032	0.035	0.038	0.031
	对照组	− 0.282	0.018	0.114	0.233	0.296
1999	处理组	− 0.046	0.099	0.149	0.135	0.450
	T-prob	0.037	0.034	0.034	0.036	0.038
	对照组	− 0.055	− 0.104	0.185	0.067	− 0.027
2000	处理组	0.086	0.141	0.628	1.256	0.179
	T-prob	0.046	0.044	0.040	0.042	0.041
	对照组	− 0.181	− 0.032	− 0.027	− 0.044	0.037
2001	处理组	0.071	0.079	0.687	0.291	1.256
	T-prob	0.022	0.028	0.026	0.027	0.023
	对照组	0.047	− 0.023	− 0.042	0.037	− 0.748
2002	处理组	0.675	0.058	− 0.072	0.414	0.272
	T-prob	0.047	0.045	0.043	0.043	0.041
	对照组	− 0.065	− 0.048	0.057	− 0.826	0.011
2003	处理组	0.122	0.080	0.713	− 0.061	0.124
	T-prob	0.038	0.032	0.031	0.035	0.039
	对照组	0.154	0.062	0.094	0.136	− 0.505
2004	处理组	0.331	0.078	0.255	0.540	0.803
	T-prob	0.021	0.023	0.036	0.037	0.033
	对照组	− 0.022	0.071	− 0.826	0.021	0.646
2005	处理组	0.057	0.283	0.344	0.297	0.350
	T-prob	0.022	0.017	0.020	0.021	0.015
	对照组	− 0.039	− 0.064	0.521	− 0.347	− 0.070
2006	处理组	0.046	0.063	0.068	0.263	0.154
	T-prob	0.035	0.033	0.030	0.033	0.032

资料来源：笔者根据数据计算、编制。

　　从图 6.3 中可以看出，中国企业跨国并购的区域分布并不均衡，因此将中国企业跨国并购的区域按管制性制度距离[①]的方向性分为两类：第一类为 $RD_{s-h} \leqslant 0$，即中国管制性制度质量相对于东道国而言较差，两国管制性制度指标的差小于零[②]；第二类为 $RD_{s-h} > 0$，即中国管制性制度质量优于东道国，两国管制性制度指标的差大于零。

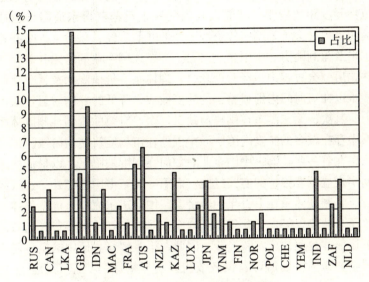

图6.3 样本企业跨国并购区域分布

资料来源：笔者根据样本数据编制得来。

　　表 6.11、表 6.12 为样本期间内，$RD_{s-h} \leqslant 0/RD_{s-h} > 0$ 样本组处理组与控制组净资产收益率增长率均值的变化情况。总体而言，中国企业跨国并购的绩效呈增长趋势。中国企业对制度环境较本国恶劣的东道国企业并购后的绩效增长要优于对制度环境优于本国的东道国企业的并购绩效。首

---

　　① 管制性制度距离的方向性可以反映投资区位的方向性，而规范性制度距离只能反映两国规范性制度差距的大小，而并不能说明方向性问题。因此，只是依据东道国与母国间管制性制度差距的方向性来表示跨国并购的区域差异。

　　② 样本中 $RD_{s-h} \leqslant 0$ 的国家（地区）：荷兰、加拿大、西班牙、美国、英国、挪威、中国香港、中国台湾、匈牙利、波兰、澳大利亚、法国、新加坡、新西兰、德国、卢森堡、韩国、日本、意大利、瑞士、南非、马来西亚；$RD_{s-h} > 0$ 的国家：俄罗斯、哥伦比亚、泰国、印度、印度尼西亚、坦桑尼亚、斯里兰卡、哈萨克斯坦、阿塞拜疆、秘鲁、越南、墨西哥、叙利亚、也门、智力、巴西。

先，由于第一类分组中的东道国基本为"北方"国家，第二类东道国基本为"南方"国家（地区）。中国与第二类东道国间规范性制度距离较小，因此在跨国并购后的企业内部管理整合及企业外部的社会关系网络构建过程中的摩擦越小，适应成本越低。中国企业在最初进入海外市场时，会努力在最短的时间内以最小的成本代价，遵循当地的传统规范和行为规范，融入当地社会网络，获得当地社会的认同感。因此，如果中国与东道国间的规范性制度距离较小，就能以较低的成本迅速获得东道国当地社会认同，运用当地社会关系网络等资源来降低并购后经营风险，提高并购后的经营水平及盈利能力。中国企业对第一类东道国企业的跨国并购，往往因为在并购后整合过程中，经营理念、管理体系、价值观念及社会认同感的摩擦，难以在短时间内形成整合的协同效应，降低的并购后运作效率和盈利能力。其次，第二类东道国普遍缺乏健全、有效的管制性制度体系，经济体系中存在较多的制度缺陷，而中国处在市场经济转型阶段，本身其制度体系存在着一些缺陷，中国企业对如何在制度缺陷下，以最低的成本在较短期实现盈利有独特的实践经验。而第一类东道国已经处于经济高度发展阶段，其制度体系在上百年的经济实践中形成了完善、健全的体系，中国的改革开放仅仅有二十几年，国内企业对如何在这类严苛、高效的制度体系下运作并盈利缺乏实践经验。因此，不难解释为何中国企业对第二类东道国企业跨国并购后经营绩效改善要优于对第一类东道国企业的跨国并购。

表 6.11　　$RD_{s-h} \leqslant 0$ 的处理组与对照组企业净资产收益率（ROE）增长率均值的变化

年份	样本组	并购后第一年	并购后第二年	并购后第三年	并购后第四年	并购后第五年
1996	对照组	-0.046	-0.070	-0.081	-0.010	-0.039
	处理组	0.115	0.144	0.153	0.239	0.264
	T-prob	0.016	0.016	0.016	0.020	0.020
1997	对照组	-0.280	-0.284	-0.434	-0.472	-0.571
	处理组	0.077	0.162	0.239	0.261	0.274
	T-prob	0.010	0.010	0.012	0.010	0.012
1998	对照组	0.027	0.004	-0.276	-0.065	-0.528
	处理组	0.076	0.085	0.094	0.104	0.138
	T-prob	0.037	0.037	0.037	0.035	0.035

年份	样本组	并购后第一年	并购后第二年	并购后第三年	并购后第四年	并购后第五年
1999	对照组	-0.004	-0.074	-0.138	-0.230	-0.054
	处理组	0.048	0.165	0.184	0.143	0.157
	T-prob	0.027	0.027	0.027	0.027	0.027
2000	对照组	0.027	-0.005	-0.015	0.019	-0.030
	处理组	0.079	0.037	0.048	0.032	0.016
	T-prob	0.042	0.039	0.039	0.039	0.039
2001	对照组	-1.212	0.042	-0.053	-0.074	0.006
	处理组	0.010	0.158	0.037	0.064	0.049
	T-prob	0.033	0.031	0.031	0.033	0.033
2002	对照组	-0.477	-0.685	-0.649	-0.054	-0.057
	处理组	0.003	0.074	0.153	0.094	0.174
	T-prob	0.031	0.031	0.031	0.031	0.031
2003	对照组	-0.070	-0.056	0.004	0.001	-0.104
	处理组	0.078	0.083	0.340	0.032	0.132
	T-prob	0.044	0.041	0.044	0.044	0.044
2004	对照组	0.023	0.003	-0.034	0.362	-0.021
	处理组	0.173	0.134	0.084	0.228	0.295
	T-prob	0.020	0.020	0.022	0.022	0.021
2005	对照组	0.034	0.093	0.007	-0.096	-0.297
	处理组	0.147	0.108	0.347	0.289	0.410
	T-prob	0.043	0.047	0.044	0.043	0.043
2006	对照组	-0.120	-0.374	-0.034	-0..047	0.033
	处理组	0.083	-0.063	-0.033	0.312	0.139
	T-prob	0.035	0.035	0.032	0.032	0.030

资料来源：笔者根据数据计算、编制。

表 6.12　$RD_{s-h} > 0$ 的处理组与对照组企业净资产收益率（ROE）增长率均值的变化

年份	样本组	并购后第一年	并购后第二年	并购后第三年	并购后第四年	并购后第五年
1996	对照组	-0.025	-0.063	-0.184	-0.073	-0.084
	处理组	0.502	0.316	0.153	0.339	0.364
	T-prob	0.038	0.037	0.037	0.035	0.037

续表

年份	样本组	并购后第一年	并购后第二年	并购后第三年	并购后第四年	并购后第五年
1997	对照组	0.006	0.015	-0.274	-0.648	-0.036
	处理组	0.175	0.182	0.352	0.374	0.442
	T-prob	0.033	0.033	0.033	0.033	0.033
1998	对照组	0.130	0.165	-0.521	-0.722	-0.537
	处理组	0.363	0.285	0.420	0.407	0.826
	T-prob	0.026	0.026	0.022	0.022	0.022
1999	对照组	-0.004	-0.074	-0.138	-0.230	-0.054
	处理组	0.093	0.086	0.261	0.233	0.287
	T-prob	0.030	0.030	0.031	0.030	0.030
2000	对照组	0.034	0.021	-0.073	-0.074	0.003
	处理组	0.116	0.261	0.362	0.387	0.375
	T-prob	0.020	0.022	0.022	0.022	0.022
2001	对照组	-0.362	0.083	-0.273	-0.736	-0.251
	处理组	0.134	0.211	0.276	0.206	0.372
	T-prob	0.025	0.025	0.027	0.022	0.027
2002	对照组	0.027	-0.636	-0.127	-0.273	-0.362
	处理组	0.209	0.164	0.635	0.339	0.527
	T-prob	0.035	0.035	0.036	0.030	0.030
2003	对照组	-0.043	-0.153	0.045	-0.176	-0.259
	处理组	0.037	0.137	0.328	0.287	0.480
	T-prob	0.025	0.025	0.023	0.023	0.023
2004	对照组	0.023	0.003	-0.034	0.362	-0.021
	处理组	0.265	0.278	0.302	0.563	0.427
	T-prob	0.027	0.027	0.027	0.027	0.027
2005	对照组	-0.083	0.015	-0.067	-0.069	-0.097
	处理组	0.392	0.368	0.460	0.473	0.729
	T-prob	0.039	0.035	0.040	0.039	0.039
2006	对照组	-0.120	-0.374	-0.034	-0.047	0.033
	处理组	0.106	0.079	0.238	0.424	0.387
	T-prob	0.040	0.042	0.041	0.042	0.042

资料来源:笔者根据数据计算、编制。

6.5　回归结果及分析

6.5.1　初步检验

表 6.13 报告了具体的初步回归结果，与上述分析结论一致，中国企业跨国并购绩效改善并不是绝对的。具体而言，由表 6.13 中可知，在以并购后总资产增长率作为绩效指标并不存在任何控制变量时，我们最关心的系数 $\beta_3 = 0.024 + 0.037Rd - 0.062Nd$，但并不显著；当以并购后净资产增长率作为绩效指标并不存在任何控制变量时，我们最关心的系数 $\beta_3 = 0.027 + 0.076Rd - 0.027Nd$，也不显著。这表明，总体而言，中国企业跨国并购后绩效并未显著改善，而这与从表 6.5 ~ 表 6.8 中观察到的情况不符；企业跨国并购绩效与管制性制度距离与规范性制度距离无关；另外，du 的估计系数符号为正，但并不显著；而 dt 的估计系数为负且不显著。管制性制度距离的估计系数符号为正但不显著；规范性制度距离估计系数符号为正，并且能够通过显著水平为 10% 统计检验，符合前述命题二的假设，母国与东道国间的规范性制度距离对跨国并购绩效会产生负面影响，即母国与东道国的规范性制度距离越大，外国投资者对当地社会规范和习性较为陌生，且不易获得社会认可，从而增大了并购后企业内部的人文整合以及企业外部相关利益群体网络的构建，增加了企业并购后运营成本，降低并购绩效。以总资产收益率年增长率和净资产收益率年增长率作为被解释变量，用 (6.4) 式回归，调整的分别为 13% 和 17% 。

表 6.13　　　　　　　　　　　　**并购当年的回归结果**

	总资产收益率年增长率	净资产收益率年增长率
常数	− 0.0378	− 0.0633
	(0.199)	(0.528)
du	0.0773	0.0869
	(0.364)	(0.322)
dt	− 0.343	− 0.561
	(0.481)	(0.245)

续表

	总资产收益率年增长率	净资产收益率年增长率
du × dt	0.024	0.027
	(0.432)	(0.022)
RD	0.046	0.057
	(0.450)	(0.090)
RD × du × dt	0.037	0.076
ND	− 0.067 *	− 0.084 *
	(0.019)	(0.016)
ND × du × dt	− 0.062	− 0.027
Adjusted R^2	0.13	0.17
N	5042	5038

注：＊表示 10% 的显著性水平。

6.5.2 跨国并购绩效与管制性制度距离：因并购后年限而异

在用倍差法检验进行初步检验时，β_3 的回归系数并不很显著，并且管制性制度距离的回归系数仍然不显著。这即产生了一个疑问：难道中国企业跨国并购绩效改善并不明显？管制性制度距离对跨国并购的绩效改善关联度很低？下面试图破解这个谜团。

许多学者专注于并购后利益相关者回报及并购后绩效的研究，并用一系列指标来测度并购后的长期和短期绩效。美国和欧洲市场的企业并购后绩效是早期研究最多的领域，这些研究结果表明：并购后，只有目标公司和收购公司在运作、制度、文化、技术等方面达到协同性，收购公司绩效才会有长期改善。克鲁斯和帕克（2002）通过对 1966 ~ 1997 年 56 家日本制造业企业的并购绩效进行了检验，发现并购后第四年开始，并购企业的绩效出现逐步改善的迹象。本节以并购后 1 ~ 5 年的总资产收益率年增长率/净资产收益率年增长率作为被解释变量，用（6.4）式进行 5 次回归，以并购后 1 ~ 5 年的总资产收益率年增长率/净资产收益率年增长率作为被解释变量，用（6.4）式进行 5 次回归，估计结果列于表 6.14、表 6.15 之中。回归结果表明：中国企业跨国并购绩效改善并不是绝对的。第一，制度距离对跨国并购后绩效的改善的作用将有三项构成，即 $\beta_3 = 0.213 + 0.113Rd − 0.152Nd$ 和 $\beta_3 = 0.252 + 0.120Rd − 0.160Nd$，从并购后第三年开始，每项估计系数都是显著的，估计系数符号与理论假说也相符。这意味着，相比于未进行跨国并购的中国企业而言，进行跨国并购的中国企业的绩效增长率要优于未进行跨国并购的企业。这样的结果是在样本量较大且剔除了异常值的情况下得出的，两次检验得出的结论也基本一致，因而这样的估计结果是可信的。这说明跨国并购对绩效改善的作用是有条件的，与东道国与母国间管制性制度距离显著正相关，与规范性制度距离显著负相关。该发现具有深刻的现实意义。第二，du 的估计系数为正，dt 估计系数符号为负，并在并购后第三年其估计系数开始变得显著。第三，规范性制度距离（ND）的估计系数显著为负，并且估计系数逐年增大。管制性制度距离（RD）的估计系数始终为正，在并购后第三年，管制性制度距离的回归系数变得显著，并且随着并购后时间的增加，其显著性逐渐提高，回归系数逐年增大。这表明在并购当年及并购后两年内，管制性制度距离对跨国并购绩效改善作用并不十分显著。从并购后第三年开始，管制性制度距离对跨国并购绩效的正向影响开始显现，收购公司有可能自愿通过跨国并购去学习、模仿目标公司较高水准的公司治理水平，结果是收购公司价值的正向影响即自助效应。这表明中国企业通过跨国并购学习、模仿目标公司较高水准的治理水平，在长期学习效应起作用后，并购绩效出现改善。但上述理论只能解释中国企业对 "北方" 国家企业的跨国并购，对于中国对 "南方" 国家（地区）企业的跨国并购缺乏解释力。

规范性制度①一旦形成便具有长期的稳定性，其变化较为缓慢，变化周期较长。本书考察的并购后年限最长为五年，五年的时间一般而言不会发生较大的规范性制度变化。因此，相对于管制性制度距离而言，规范性制度距离回归系数更稳定。管制性制度是指一国既存的法律、法规、知识产权保护、市场导向的资本、资源、劳动力配置体系等强制约束公民行为的规则和政策。与规范性制度相比，管制性制度灵活性较大，可以在较短的时间内通过政策进行微调，其调整效果可以在相对较短的时间内显现。表6.13中管制性制度距离（RD）的回归结果表明：在并购当年及并购后两年内，管制性制度距离对跨国并购绩效改善作用并不十分显著。从并购后第三年开始，管制性制度距离对跨国并购绩效的正向影响开始显现，Martynova 和 Renneboog（2011）认为收购公司有可能自愿通过跨国并购去学习、模仿目标公司较高水准的公司治理水平，结果是收购公司价值的提

---

① 规范性制度是根植于社会的信仰、价值观、道德规范以及国民思维方式、理解、表述问题的特定方法，反映了公民活动的性质及公民对自身行动能力的判断。

高即自助效应。这表明中国企业通过跨国并购学习、模仿目标公司较高水准的治理水平，在长期学习效应起作用后，并购绩效出现改善。但上述理论只能解释中国企业对"北方"国家企业的跨国并购，对于我国对"南方"国家（地区）企业的跨国并购缺乏解释力。总资产收益率（ROA）年增长率见表6.14，净资产收益率（ROE）年增长率见表6.15。

表6.14 　　　　　　　　　总资产收益率（ROA）年增长率

总资产收益率年增长率	并购后一年	并购后二年	并购后三年	并购后四年	并购后五年
常数	− 0.208 *	− 0.244 *	− 0.258 *	− 0.220 *	− 0.229 *
	(0.019)	(0.014)	(0.018)	(0.012)	(0.012)
du	0.043	0.047	0.153 *	0.156 *	0.156 **
	(0.042)	(0.037)	(0.017)	(0.015)	(0.012)
dt	− 0.011	− 0.089	− 0.121 *	− 0.134 *	− 0.137 **
	(0.040)	(0.042)	(0.022)	(0.018)	(0.010)
du × dt	0.009	0.006	0.213 **	0.221 ***	0.208 ***
	(0.024)	(0.022)	(0.011)	(0.003)	(0.003)
RD	0.006	0.002	0.008	0.104 *	0.112 **
	(0.024)	(0.023)	(0.026)	(0.010)	(0.002)
RD × du × dt	0.030	0.026	0.113 *	0.122 *	0.125 *
	(0.028)	(0.028)	(0.015)	(0.014)	(0.012)
ND	− 0.131 *	− 0.137 *	− 0.144 **	− 0.142 ***	− 0.139 ***
	(0.012)	(0.014)	(0.003)	(0.000)	(0.000)
ND × du × dt	− 0.142 *	− 0.140 *	− 0.152 *	− 0.155 **	− 0.147 ***
	(0.010)	(0.012)	(0.016)	(0.004)	(0.001)
Adjusted R^2	0.24	0.27	0.33	0.35	0.31
obs	1690	1690	1690	1690	1690

注：*** 、** 、* 分别表示1%、5%和10%的显著性水平。

表6.15 　　　　　　　　　净资产收益率（ROE）年增长率

净资产收益率年增长率	并购后一年	并购后二年	并购后三年	并购后四年	并购后五年
常数	− 0.301 *	− 0.340 *	− 0.315 *	− 0.332 *	− 0.325 *
	(0.013)	(0.012)	(0.014)	(0.013)	(0.013)
du	0.058	0.056	0.172 *	0.176 *	0.163 **
	(0.034)	(0.037)	(0.020)	(0.020)	(0.017)

续表

净资产收益率 年增长率	并购后 一年	并购后 二年	并购后 三年	并购后 四年	并购后 五年
dt	−0.044 (0.045)	−0.042 (0.041)	−0.154* (0.017)	−0.157* (0.020)	−0.153** (0.011)
du × dt	0.002 (0.036)	0.007 (0.037)	0.252** (0.014)	0.255** (0.012)	0.258* (0.010)
RD	0.005 (0.056)	0.003 (0.073)	0.120** (0.012)	0.127** (0.012)	0.122** (0.014)
RD × du × dt	0.008 (0.052)	0.001 (0.050)	0.120** (0.013)	0.125** (0.010)	0.120** (0.011)
ND	−0.153* (0.013)	−0.150* (0.013)	−0.157*** (0.002)	−0.146*** (0.002)	−0.155*** (0.000)
ND × du × dt	−0.147* (0.011)	−0.152* (0.011)	−0.160*** (0.001)	−0.157*** (0.000)	−0.154*** (0.000)
Adjusted R^2	0.28	0.33	0.37	0.32	0.38
obs	1690	1690	1690	1690	1690

注：***、**、*分别表示1%、5%和10%的显著性水平。

6.5.3 跨国并购绩效与管制性制度距离：因并购双方管制性制度距离方向性而异

管制性制度距离（RD）的估计系数始终为正，在跨国并购后第三年，管制性制度距离的回归系数变得显著。自助效应只能解释中国企业对"北方"国家企业跨国并购绩效与管制性制度距离的关系，那么中国企业对"南方"国家（地区）企业并购绩效与管制性制度距离的关系是否也是如此？为解决这个疑问，按中国与东道国管制性制度距离的方向性将样本中目标企业分为 $RD_{s-h} \leqslant 0$ 和 $RD_{s-h} > 0$ 两类，用（6.4）式分别进行回归。

结果如表6.16所示，表6.16为对中国企业对两类东道国企业并购后第五年绩效的回归结果，其中第一列和第三列为制度距离对中国企业并购 $RD_{s-h} \leqslant 0$ 类东道国企业后总资产收益率增长率和净资产收益率增长率的影响；其中第二列和第四列为制度距离对中国企业并购 $RD_{s-h} > 0$ 类东道国企业后总资产收益率增长率和净资产收益率增长率的影响。第一列和第三列的回归结果中：β_3、du、dt、回归结果与表6.14、表6.15基本一致。RD 估计系数显著为正，表明中国企业并购管制性制度环境更完善，东道国企业的绩效与双方的管制性制度距离呈正相关关系，这与前面的结论相一致。

表 6.16　　跨国并购绩效与管制性制度距离：因并购双方管制性制度
距离方向性而异

	总资产收益率年增长率（ROA）		净资产收益率年增长率（ROE）	
	$RD_{s-h} \leqslant 0$	$RD_{s-h} > 0$	$RD_{s-h} \leqslant 0$	$RD_{s-h} > 0$
常数	-0.043^*	-0.051^*	-0.049^*	-0.055^*
	(0.017)	(0.012)	(0.015)	(0.014)
du	0.118^{**}	0.103^{**}	0.121^{**}	0.120^{**}
	(0.012)	(0.012)	(0.012)	(0.014)
dt	-0.085^{**}	-0.076^{**}	-0.087^{**}	-0.082^{**}
	(0.017)	(0.014)	(0.014)	(0.013)
du × dt	0.329^{***}	0.220^{***}	0.335^{***}	0.215^{***}
	(0.000)	(0.000)	(0.000)	(0.000)
RD	0.060^{**}	-0.039^{**}	0.085^{**}	-0.035^{**}
	(0.014)	(0.014)	(0.011)	(0.017)
RD × du × dt	0.165^{**}	-0.231^{**}	0.169^{**}	-0.234^{**}
	(0.013)	(0.013)	(0.011)	(0.013)
ND	-0.150^{***}	-0.127^{***}	-0.154^{***}	-0.109^{***}
	(0.000)	(0.000)	(0.000)	(0.000)
ND × du × dt	-0.152^{**}	-0.120^{**}	-0.167^{**}	-0.128^{**}
	(0.011)	(0.015)	(0.015)	(0.015)
Adjusted R^2	0.45	0.43	0.45	0.43
obs	1080	608	1080	608

注：***、**、*分别表示1%、5%和10%的显著性水平。

第二列和第四列的回归结果中：β_3 的估计系数为 $0.220 - 0.231Rd - 0.120Nd$ 与 $0.215 - 0.234Rd - 0.128Nd$，并且每项都能够通过显著性统计检验。这说明，对于中国企业并购"南方"国家（地区）企业而言，管制性制度距离、规范性制度距离的作用与企业并购后第五年绩效负相关。另外，RD 的估计系数显著为负，表明中国企业并购管制性制度环境更恶劣东道国企业的绩效与双方的管制性制度距离呈负相关关系，即并购双方的管制性制度差距越小，跨国并购后绩效改善越明显。中国正处于市场经济转型阶段，国内企业对于如何在经济转型时期，利用制度缺陷，以较低成本经营、运作并盈利拥有较多的经验。这种经验使中国企业能够在制度不健全的东道国以较低的整合成本，在较短的时间内获得当地社会认同感，完成并购后的管理整合，迅速投入生产经营。

6.5.4　本章小结

跨国并购作为近年来我国企业"走出去"战略的实践，一直以来受到各界的关注。科学严谨地评估中国企业跨国并购绩效与制度距离的关系具有十分重大的理论及现实意义，而这方面的文献目前还十分鲜见。本章考察了制度距离对企业跨国并购后绩效改善的影响，并得到以下主要结论：

对总资产收益率年增长率和净资产收益率年增长率财务指标的描述统计表明，中国企业跨国并购后的绩效，总体上并存在改善迹象。东道国与母国的管制性、规范性制度差距对中国企业跨国并购后的绩效改善有显著的影响：首先，东道国管制性制度越严格，东道国公司治理水平越完善。收购公司有可能自愿通过跨国并购去学习、模仿目标公司较高水准的公司治理水平，结果是对收购公司价值的正向影响即自助效应。这表明"南方"国家（地区）企业通过跨国并购学习、模仿目标公司较高水准的治理水平，在长期学习效应起作用后，并购绩效出现改善。其次，规范性制度距离：跨国公司的经营活动受东道国意识形态、价值观念、社会习俗等人文环境的制约，这些因素决定了外国分支机构需要承担的公共责任及能够发挥的企业优势。母国与东道国的规范性制度距离越大，外国投资者对当地社会规范和习性较为陌生，且不易获得社会认可，从而增大了并购后企业内部的人文整合以及企业外部相关利益群体网络的构建，增加了企业并购后运营成本，降低并购绩效。最后，从不同属性制度距离视角分析了中国企业跨国并购绩效状况的成因。中国企业在决定跨国并购时，还需要综合考虑多种因素，谨慎选择跨国并购目标，通过跨国并购提升中国企业国际竞争力。

本章还存在一些问题需进一步改进，比如，难以获得"南方"国家（地区）跨国并购绩效等方面的数据，从 BVD 等金融数据库中整理，工作量极大，只能对中国跨国企业的跨国并购进行经验分析，无法考察制度距离对其他"南方"国家（地区）跨国公司和"北方"国家跨国公司并购绩效与作用模式。由于整理样本数量较小，所以在筛选样本时可能存在一定程度的偏误。若对企业样本先进行倾向得分匹配，再用倍差法进行估计，估计结果会更精确。

6.6 制度距离对中国企业跨国并购绩效影响的案例分析——以吉利并购沃尔沃为例

不同企业间组织文化、制度和管理系统的整合给并购后组织的正常运行和盈利带来很多障碍。跨国并购不仅要面对上述这些困难，还要处理国家、企业间各种维度制度距离增加的额外经营成本和障碍。20 世纪 90 年代以来，跨国并购浪潮高涨，但根据毕马威的一项调研报告显示，全球范围内超过 50% 的跨国并购并不能给企业带来利润增长，而这其中 80% 源于并购后双方制度整合失败造成的直接或间接影响①。只有少部分调研企业在并购后实现了利润增加。受调查企业并购后绩效不佳的一个原因可能是衡量绩效变化的期间过短，不足以反映并购后，并购双方为实现协同效应而进行的调整、整合存在的时滞效应。

制度距离对跨国并购的影响会发生在并购的早期阶段，对于并购后企业管理的作用尤为重要。跨国并购双方所在国制度、文化距离与并购双方公司间制度、文化距离都会产生运作中的不兼容与冲突。绝大多数管理视角的文献研究都假定文化距离会导致文化适应压力。巴特利特（2008）从管理视角研究了文化适应压力对跨国并购绩效的影响，将文化适应压力定义为：两个具有不同组织文化的公司在并购之后的运作、磨合中，组织行为的被动改变。

在跨国并购的浪潮中，"南方"国家（地区）跨国并购绩效并不高，企业之间的制度融合失败，并购双方不能实现文化、制度的协同效应是跨国并购的主要风险。超过 60% 的中国企业的跨国并购交易未取得成功，无法达到增值的底线。据商务部统计，2009 年我国以跨国并购方式进行的对外直接投资为 192 亿美元，占当年投资总额的 34%，2010 年以跨国并购方式实现的对外直接投资为 238 亿美元，占当年投资总额的 40.3%。与此同时，中国企业跨国并购成功率仅为 1/3②。

吉利汽车是中国一家主要生产汽车发动机及配件的大型民企。目前，

---

① 毕马威. 大潮汹涌 梦想可及——再思中国企业全球化 [J]. 国际工程与劳务，2013 (5).

② 商务部网站 http：//www. mofcom. gov. cn//2010/01/08/20100108024338. shtml.

吉利汽车累计产量已经超过 150 万辆,其商标被认定为中国驰名商标。是中国汽车工业 50 年来发展速度最快,成长潜力最大的企业。自 1997 年企业涉足轿车领域以来,浙江吉利控股集团有限公司凭借持续的自主创新和灵活的经营机制,取得了快速的发展并成为中国汽车行业的十强企业。目前企业资产总值已超过 200 亿元,连续七年成为中国企业 500 强,连续五年成为中国汽车行业十强,并且首批被评为国家创新型企业、首批国家汽车整车出口基地企业。集团的总部设在杭州,在浙江宁波和上海、湘潭、兰州、济南等地拥有年产 40 万辆整车、40 万台发动机、40 万台变速器的汽车整车和动力总成生产能力。集团现有吉利熊猫、帝豪、TX4 以及吉利自由舰、吉利金刚、吉利远景、上海华普及中国龙等 10 余个系列,30 多款整车产品。拥有 1.0 ~ 1.8L 全系列发动机及相匹配的手动、自动变速器,并通过海外并购在澳大利亚建立 DSI 自动变速器研发中心和生产基地。通过海外并购为提升了吉利自动变速器的产品线的竞争力提供了重要保障。集团在国内建立了完善的营销网络,拥有全球鹰、帝豪、英伦三大子品牌的 500 多家 4S 店和近千家服务站。并投资数千万元建立了为用户提供 24 小时全天候快捷服务的全国一流的呼叫中心。为实现对用户需求的快速反应和市场信息快速处理,在国内汽车行业率先实施了 ERP 管理系统和售后服务信息系统。集团投资数亿元建立了吉利汽车研究院,目前已经形成较强的整车、发动机、变速器和汽车电子电器的研发能力,每年可以推出 4 ~ 6 款全新车型和机型。其自主研发的 4G18CVVT 发动机,功率达到 57.2 千瓦,处于世界先进、中国领先的水平。自主研发并产业化的 Z 系列自动变速器,获得中国汽车行业科技进步一等奖,填补了国内汽车领域的空白。自主研发的 EPS,开创了国内汽车电子智能助力转向系统的先河;同时在 BMBS 爆胎安全控制技术、新能源汽车等高新技术应用方面取得重大突破。目前拥有各种专利 1600 多项,其中发明专利 110 多项,国际专利 20 多项。吉利被认定为国家级企业技术中心和博士后工作站,高新技术企业。2009 年,吉利开始技术体系创新工程建设的战略转型。集团贯彻对品牌负责,永远让顾客满意的质量方针,加强质量体系建设,目前已通过 ISO9000 等质量体系 ISO14001 环境管理体系、OHSAS18001 职业健康安全管理体系的认证以及环境标志产品认证。以及为适应国际市场需要而开展的海湾 GCC 和欧盟的 EEC&ECE 等国际认证工作①。

---

① http://www.geely.com/welcome/index.html.

沃尔沃汽车始建于 1927 年，世界 20 大汽车生产商之一，以优质、高效、安全和环保享誉北欧及世界市场。沃尔沃汽车以质量和性能优异在北欧享有很高声誉，特别是在安全系统方面，沃尔沃汽车公司更有其独到之处。美国公路损失资料研究所曾评比过十种最安全的汽车，沃尔沃荣登榜首。到 1937 年，公司汽车年产量已达 1 万辆。随后，它的业务逐渐向生产资料和生活资料能源产品等多领域发展，一跃成为北欧最大的公司①。

目前，沃尔沃旗下有 9 个汽车系列品牌，3 个新的知识产权平台，全球 2000 多个销售网点。吉利和沃尔沃并购重组成功将对中国汽车业发展产生里程碑式的影响，改变未来全球汽车产业的格局。基于上述优势的考虑，2010 年 3 月吉利集团以 23 亿美元的价格收购瑞典沃尔沃集团 100%的股权及部分知识产权②。

管理的协同效应指：并购后，跨国并购双方的资产和资源要在深度和广度上提高利用效率。包括有形资产和无形资产协同效应（前者指运作、资本的协同效应。例如，吉利应充分利用沃尔沃的生产能力来提高自身的生产效率，利用沃尔沃的市场、品牌效应实现品牌保值增值，实现规模经济效应和学习效应。后者指技术、品牌、公司治理体系的协同效应）。动态协同效应理论认为：如果并购双方能够通过并购实现无形资产的协同效应，便能够建立持久的竞争优势。本章只关注跨国并购后双方制度、公司治理体系的协同效应。

6.6.1 实现跨国并购协同效应所面对的制度风险分析

实现协同效应的风险是指由于母国与东道国间政治法律环境、文化传统和投资者自身实力等因素差异而导致跨国并购后使并购双方不能实现企业价值增值和绩效改善的宏观及微观不确定性（如图 6.4 所示），这种风险贯穿于并购协同效应实现的整个过程中。波士顿咨询报告（2006）认为 80%跨国并购失败源于并购双方企业整合的失败，20%跨国并购失败起因于并购前期因素。吉利与沃尔沃面临并购后人员、文化和制度等方面的整合。如果没有指定清晰、实际可行的并购后整合方案，就会导致并购双方人员、文化和制度方面的冲突和内部摩擦。这些冲突和摩擦进而会导致企业商业关系的扭曲，失去原有的可靠、有默契的客户和供应商，增加营运

---

①② http：//www.volvocars.com/zh-cn/pages/default.aspx.

成本，减少企业利润。

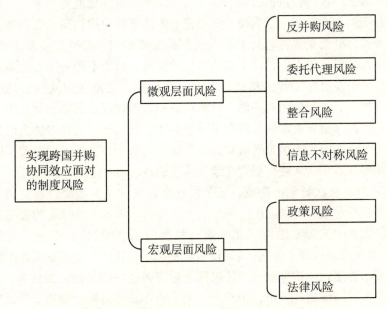

图 6.4　企业跨国并购后实现协同效应面临的制度风险分析

6.6.1.1　微观风险

1. 整合风险

吉利汽车与沃尔沃正式完成并购后仅 3 个月，吉利—沃尔沃董事长李书福明确表示与沃尔沃管理层之间存在分歧。中国的价值体系、文化和社会背景、思维方式、经济体系与西方社会存在着较大差距。沃尔沃公司作为国际品牌实行的是人性化管理，将员工的利益放在第一位，人事关系主张平等竞争。而吉利集团与多数中国本土企业一样，人事关系等级分明，习惯于将权力集中在高层，上级通过对下级的直接干预来管理企业，而下级更多的是服从。这样给工作的顺利开展带来了一定的负面影响。中国员工习惯了服从上级，而外国员工则会以我为主，崇尚个人发展。这样在员工管理中会存在很大的障碍。在对员工年龄的看法上，不同文化背景的管理者持有的管理理念也是不同的。中国文化自古到今崇尚尊老，在管理上尊重年长者，视年长者为经验、知识、权威和能力各方面素质的代表，故吉利集团中方代表在用人政策上仍然受论资排辈等模式的约束。瑞典方面却极其重视青年员工，奉行能力主义与能力至上的模式。

作为某个国家的成员，发生的行为不可避免的无意或有意地按照本民族、本国家的规则，包括法律制度、行为准则、道德规范等来进行。吉利集团和沃尔沃在思维、行为模式和规范上的冲突在并购初期表现也较为严重：并购后的新企业吉利员工的表达方式比较委婉，很少直接发表意见，而瑞典人做事比较直率，敢于表达自己的意见，对于不满的地方会直接指出，以至于在实际工作中瑞典员工占主导地位，很难达到共同管理的目标。这加大了吉利集团对外派人员的培训和管理难度。另外，制度距离引起的种种差异会导致在沟通时会不可避免地造成误解，这种沟通上的失误使得两个企业的员工很难听取对方的意见和建议，并且员工们有着不同的工作期望和需求，这使得双方在策划活动的时候更难达成一致。

受 2008 年次贷危机影响，沃尔沃存在较大的养老金缺口和负债。除此之外，并购双方的制度距离也是不可忽视的。沃尔沃是瑞典的豪华轿车品牌。瑞典的工会被称为"北欧最有权利的工会组织"，瑞典工人号称"全世界态度最强硬工人"。吉利能否依据两国的法律、文化制度差距制定出合理的管理制度是吉利并购沃尔沃之后能否成功的关键。2004 年，TCL 集团并购法国汤姆逊公司；2009 年，北京汽车集团并购萨博汽车以及通用悍马旗下的德国欧宝汽车，均被业界看好，但最后都以并购双方的"整合"失败而告终。

海尔在中国的工厂实行 6S 质量控制体系。6S 质量控制体系源自日本企业，每个 S 代表一种绩效衡量指标，比如清洁、可靠、安全等。每个海尔工厂地面都印有一双 24×24 平方英寸的大幅黄色脚印，上面印着 6S 绩效标准的内容。每天早上，工厂主管会要求前一天在生产、管理中出现较大失误的人员站在黄色脚印上，向其他员工叙述自己的失误并接受主管的批评，接受其他同事的建议。这种方式在海尔中国工厂中非常有效。这种"批评与自我反省"的价值理念在东亚文化圈中十分盛行。海尔在其美国南卡罗莱纳州的工厂推行这种管理方式时，遇到了极大的反对。美国员工认为这种管理方式是对其人格的侮辱。中方管理层请美国当地咨询公司及时对这种管理方式进行了美国式的改造：将大幅脚印的颜色由黄色变为绿色，请前一天业绩表现最好的员工站在绿色的脚印上和其他同事交流其经验。

2005 年，联想以 17.5 亿美元收购 IBM 个人电脑业务后，也同样面临并购后制度的整合困境。2008 年，联想电脑的市场销售额直线下降 15 亿美元，亏损额为 2.26 亿美元，集团遭遇十年来首次亏损。联想国际化初期的文化、制度差异表现为：开会的时候，美籍员工会事先准备各自方案，在讨论会上畅所欲言地表达自己的观点，并通过辩论、论证，达成共识，最后形成付诸实施的方案，非常活跃。中国员工比较保守，习惯凡事经领导决定形成初稿后再进行讨论。在西方文化里，如果会议已经有了结论，你没有说话，那就代表你同意。因此，IBM 员工对联想员工缺乏信任，而联想员工则抱怨公司对 IBM 人员缺乏限制和约束。IBM 尊重员工的个人权利，民主的工作环境中没有等级之分，授权员工对具体工作事项的决定和处理权。而联想集团在管理中要求下级严格贯彻上级的工作安排，上级对下级业务干涉较多，强调严苛、快速的执行力。

联想通过改善双方员工的沟通状况，有效克服了规范性制度距离造成的并购后整合障碍。例如，敦促美国同事放慢语速，鼓励中方同事大胆讲出自己观点。许多 IBM 原始员工渐渐适应了联想构建的"抱负、活力、宽松弹性"的新企业文化。

同时，不同国籍间管理人员薪酬差异导致员工缺乏归属感。由于美国和中国不同的薪酬福利管理制度，双方员工薪酬福利水平存在较大的差异（IBM 员工薪酬平均水平是联想员工的 7 倍），如何在拿着高薪却从事一般工作的原 IBM 雇员与拿着低薪却从事高管工作的联想雇员之间达到平衡成为并购后联想面临的首要难题。维持高工资，将无法扭转 IBM 个人电脑事业部的亏损局势；如果降薪，则面临高管及核心研发团队人员流失的局面①。

类似的情况也出现在 TCL 并购阿尔卡特之后的薪酬整合方案中。并购后，TCL 对法国雇员采用与 TCL 员工相同的薪酬待遇方式，即相对较低底薪加上较高业绩提成，随即遭到了法籍雇员和法国工会的强烈反对。为了维持法籍雇员高薪酬待遇同时将劳动成本控制在较低水平，TCL 对两国的员工薪酬使用双重标准，却又引起国内员工的不满，导致 TCL 原有员工的忠诚度下降与关键部门技术人员离职率上升的困境。

为避免类似整合性风险，实现跨国并购的战略目标，吉利做出以下应对措施：（1）应制定出关于如何整合并购后双方的战略资源、管理体系、运作模式的详细方案。（2）构建新的组织体系和业务构架以促进并购后企业形成核心竞争力，剥离不相关或风险过高业务。（3）吉利应建立积极有效的沟通方式和渠道，比如，双方管理层间的沟通，管理层和雇员的沟

---

① 李国刚，许明华. 联想并购以后 ［M］. 北京：北京大学出版社，2010.

通，公司和外部利益相关者的沟通。（4）吉利应注重跨文化、跨制度的管理。充分理解目标公司的文化、制度背景和管理运作的惯例。通过基于双方相互信任与尊重基础上的并购整合构建新的公司文化、制度。

2. 反并购风险

通常情况下，目标公司对于文化、制度背景差距较大的并购公司会采取不合作的态度。这种不合作的态度和行为会增加并购后风险。海外并购后必然会涉及两个公司高层领导者的调整、规章制度的重新制定、组织结构的改变、员工重新定岗以及员工去留问题。而两个企业的用人模式、薪酬分配制度、绩效考核等都不尽相同，使吉利集团和沃尔沃的人力资源整合开发和利用都变得复杂。

现代公司治理结构理论认为：成功的并购要得到目标公司高管层、董事会的支持。至少应得到企业投资者的支持。沃尔沃的经理和高级技术人员会因吉利的并购而失去原有的高管职位并遭受既得利益的损失。因而可能会在并购后的整合过程中采取不合作的消极态度，造成反并购的风险，削弱并购后的协同效应。而并购后管理风格的差异会导致目标公司员工的低承诺和不合作行为，同时引发目标公司高层离职率上升。另一个反并购风险的案例是 2009 年，中铝集团对澳大利亚第三大矿业公司——力拓集团的收购。2010 年 6 月，力拓集团拒绝中铝集团 195 亿美元的报价，以 152 亿美元配股方式和必和必拓建立铁矿石合资企业。

跨国并购双方管制性和规范性制度差距会影响目标企业管理层对并购的抗拒程度。跨国并购双方文化、制度的差距体现在对风险承受能力、权利导向、语言、自由或是集中的运作方式等方面的差距。对这些方面的差距的低估将导致对并购后组织的控制力下降、难以构建组织内部成员间相互信任关系、组织成员被动接受改变、抗拒新的管理系统的建立。组织间规范性制度距离还会导致目标企业管理层的抗拒行为。"南方"国家（地区）企业盛行官僚主义的管理方式，当并购企业来自"南方"国家（地区）时，跨国并购双方高管层会在管理、运作方式、经营的价值理念等方面产生冲突，进而阻碍并购后新组织的成功变革。比如，"北方"国家企业重视法律和契约。下班之后是雇员私人时间，让企业员工在休息日加班十分困难。而按照中方的管理习惯，一切工作部署以老板指示为准绳，这是由中国中庸、注重人际关系的规范性制度环境决定的。明基并购西门子后，决定将西门子员工周工时延长至 40 小时的条款，遭到德国工会及其员工的强烈反对。TCL 并购阿尔卡特后，也曾在管理理念和方式上产生冲突和摩擦：阿尔卡特通过管理制度为员工营造宽松和受尊重的工作环境来贯彻人性化的管理理念，工作和休息时间泾渭分明，工作以标准化、规范化的体制和程序为依据，而TCL推崇近乎军事化的管理制度，强调快速的绝对执行力和员工对企业的奉献和牺牲精神。

西门子的运作管理系统分工精细，各职能部门之间责任界限分明。德国企业精益求精的品质观念已植入员工的潜意识当中。明基并购西门子后，将中国企业追求速度的作风强加在西门子身上，并且要求西门子员工通过绝对服从上级指示来提高对市场的反应速度，维持市场份额，遭到了西门子员工的强烈反对。吉利发展之初的定位是"造中国老板姓买得起的好车"。沃尔沃的企业定位是"世界上最安全的车"，安全是沃尔沃管理、运作体系中高于一切的指导原则。并购后，吉利汽车将"造老百姓买得起的好车"的战略转型为"造最安全、最环保、最节能的好车"。

另外，在并购谈判过程中，沃尔沃的工会认为该项并购会对本地员工不利，并对吉利的融资渠道、并购后的企业制度、管理团队构成、员工福利待遇、公司发展前景等提出质疑。吉利集团做出了明确承诺：首先，保留沃尔沃目前与工厂、研发中心、营销网络和工会的协议；并购后仍保留沃尔沃独立的管理团队；总部仍设在瑞典，没有解雇工厂工人的计划。吉利通过努力，采取有效的措施和沟通方式加深了沃尔沃对吉利的了解和信任。为避免反并购风险，在并购后的经营、运作和重组过程中，吉利能否继续贯彻安抚目标企业工会、原高管、高级技术人员和原有客户的政策，是决定能否实现并购协同效应的关键。

3. 委托代理风险

目前，很多中国大型国有企业财产权利的界定仍模糊不清。企业核心管理层的任命和免职仍存在较多的行政干预。对高管绩效考核指标也欠缺规范性。在企业业务扩展时，拥有信息优势的企业高级经理人会牺牲企业及企业利益相关群体去追求个人的声望和财富增值。吉利作为一家上市公司，其经理人和公司所有者间存在着委托代理风险。公司高管为了彰显个人业绩，提高业内知名度，在并购后不顾目标公司的实际情况而损害目标公司利益。这种行为会增加实现协同效应的成本，降低协同利益。为避免委托代理风险，吉利应首先构建严格的项目筛选机制，建立科学的研究体系。其次，完善并健全公司治理结构和监督、控制机制，经理人应对并购后的整合事项及时、准确地向董事会报告。董事会应对并购管理层采取有效的监督和激励机制，比如将并购整合过程中相关管理人员的收入和并购后整合绩效相挂钩。这些措施将有助于激励经理人专注于提高并购后企业整合管理绩效。

4. 信息不对称的风险

不完全竞争的市场机制很容易产生信息不对称。在并购过程中，目标公司高管为达到私人利益会掩盖目标公司一些事实，比如目标公司或然负债的潜在损失、公司所持有专利权的真实价值。为避免因信息不对称风险而造成的损失，吉利应优化并购后组织的治理结构，构建与并购后管理绩效相挂钩的奖惩机制。另外，政府应在并购中扮演积极角色，为并购企业提供宽松的金融环境，制定公平、高效的"游戏规则"来保障并购中各方的利益。

6.6.1.2 宏观风险

1. 政策风险

政策风险是指由于国家经济政策调整，导致并购后难以实现协同效应的风险。尤其是在国有企业改制的过程中，当地政府的寻租行为导致的地方保护主义造成的风险。政府通过制定有利于自身和特殊利益群体的新政策来实现寻租，或者通过行政干预扰乱竞争市场的正常秩序。

越南宏观经济稳定性差，抵御通货膨胀等外部冲击的能力较弱，劳动者实际收入及生活水平随宏观经济水平波动性较大。越南经济为出口导向型，政府通过本币贬值来维持出口产品的价格竞争优势，但这会增加输入性通货膨胀的风险。越南相关劳动法规倾向于保护劳工群体，因此，在高通胀的宏观经济环境下，为了维持实际收入和生活水平，工人们经常通过罢工等手段要求加薪。TCL越南公司注重在东道国建立和谐的社会关系，建立和保持良好的劳资关系。增强对越南合作伙伴（包括越南员工、销售商等）的激励，巩固企业在东道国社会的根基。在企业内部，TCL按当地标准给予越南员工较好的待遇水平，增加当地员工晋升中层干部的机会。同时，TCL越南公司向越南贫困地区中小学捐赠现金及TCL生产的IT产品，用于资助当地教学。不仅有助于增进TCL与越南社会的关系，而且有助于潜移默化地培养未来的TCL客户。

为了避免由政策风险造成的损失，吉利应该首先甄别出与并购后整合相关的利益群体。如果吉利能和当地利益群体建立持久的战略合作关系，培养与不同利益集团的网络关系，以减少并购后整合过程当中的政策风险，比如通过关系网络提前获知政策变动的信息。其次，应和目标公司所在国金融机构、行业协会、劳工组织等利益相关群体建立合作关系。最后，与目标公司所在国当地政府签订关于并购后整合协议，规范并购双方的责任和义务。

2. 法律风险

法律风险主要包括反垄断法律法规风险、知识产权风险、环境责任风险与工会和劳工风险等。我国法律、法规体系规范性、严谨性较差，在劳工、环保、知识产权、反垄断方面仍亟待完善。因此，当中国企业到法律制度健全、公民维权意识较高的"北方"国家进行投资时，对目标国的法律、法规的相关操作不甚了解，便增加了并购后的整合风险。

首先，绝大部分"北方"国家都构建起完善的反垄断法律体系，以维护公平市场竞争。我国目前并未颁布相关法律，但当某一行业集中度增加至一定水平时，相关立法需求便不可或缺。其次，关于并购的相关规定。比如根据相关规定，如果并购方持有目标上市公司5%以上股份时，那么之后每2%的增持股份的交易都要在市场公开告知，如果增持股份达到30%以上时，需要进行程序复杂的要约收购。这些都增加了并购的一系列成本及风险。最后，在并购及整合过程中，有关的法律、法规的不完善可能会对公司并购及整合运作造成风险。

由于对当地的劳工法、工会法不甚了解，首钢收购秘鲁铁矿后的一体化整合困难重重。秘鲁各个行业工会很多，罢工十分普遍且具有破坏性。作为第一家"走出去"的中国国有企业，首钢集团公司在1992年以1.18亿美元收购秘鲁铁矿公司。并购后，首钢秘鲁公司经营不善导致秘鲁铁矿工人频频罢工，中方为此解雇了矿区的工会领袖，激化了企业和工人的矛盾，因为根据当地相关劳工法律规定，企业无权开除工会领导人。首钢没有通过与参与罢工的工会会员沟通谈判来解决问题，而是通过劳务公司聘用劳务工以节省劳务成本。结果劳务工又因要求与正式工同工同酬而进行罢工致使首钢秘鲁公司正常经营、运作为频繁的工人罢工所累，每年造成巨额经济损失。2006年，经历了14年的艰难海外经营的首钢公司将秘鲁铁矿的部分股份出让。2009年持续77天的双龙汽车工会大罢工对上汽并购双龙后的经营造成严重打击。罢工初期，缺乏经验的上汽管理人员在裁员等实质性问题上并没有与工会做充分沟通就采取了单方面强硬态度，宣布冻结包括工资、税金在内的所有现金支付，直到工会罢工结束为止，该措施加剧了罢工的激烈性，激化了劳资双方矛盾，从而使罢工造成的损失不断扩大①。

跨国并购后，由于组织机构的重叠，企业战略、业务、品牌重组过程中，不可避免地要进行裁员或解雇部分员工。大部分国家的法律都对解雇或裁员做了具体限制，明确规定要有正当理由才能解雇或裁员。2004 年 TCL 并购汤姆逊彩电业务后，在北美地区开展大规模重组，重组方案中，员工的安置费用占该重组计划所需现金费用中的绝大部分。按当地惯例，公司裁员需要取得工会的同意，但当地工会作为保护工人的组织，要求保护弱者，老弱病残都不可以被解雇，只能先解雇年富力强的员工，而这恰恰是 TCL 希望保留的员工。TCL 只能先遣散所有当地员工，向所有当地员工支付裁员费用，然后再把有用的员工再雇回来，致使裁员平均成本达每人 10 万欧元，增加了企业营运成本与经营风险②。

在吉利并购沃尔沃后的整合过程中，吉利董事会将面临并购后资源整合的问题。例如，并购后，吉利会招募新员工，解聘一些旧员工。在涉及解聘的相关法律体系时，中国和瑞典的劳动法有许多差距。瑞典劳动法院七十年的司法仲裁实践当中，都将雇员作为仲裁当中的弱势群体。因此并购后，吉利所强调的"正当理由解雇"将使并购双方劳资关系变得紧张。目前，中国关于并购及其后续整合的相关法律并未形成完整体系，吉利的法律权益通常得不到保障，增加了实现协同效应的困难。

6.6.2　案例总结

随着国内市场经济快速发展，中国企业跨国并购由最初的资本导向型并购发展成现今的战略导向型并购，并呈现出以下主要特征：（1）并购规模逐渐扩大；（2）实力较强的国内大型企业将跨国并购作为业务拓展的战略途径；（3）跨国并购目标公司主要为国外上市企业；（4）跨国并购呈现出多样化、证券化和国际化的趋势；（5）跨国并购的动因也从以前单一的动因演化成业务整合和拓展的战略性跨国并购。跨国并购的上述新趋势表明，跨国并购已经不再是仅仅追求简单的规模经济和市盈率，而是跨国公司整合自身在未来全球经济中的战略竞争地位。中国作为一个处在上升期的南方大国，必须根据自身的战略需求通过跨国并购实现协同效应，提

---

① 何琼佩. 我国海外并购中的劳工法律风险 ［D］. 中国政法大学，2011.
② 夏明萍. 并购风险及控制分析：TCL 海外并购的案例分析 ［J］. 科技咨询导报，2007 （27）：80 – 81.

升中国企业的国际竞争力。

"70%的并购难以实现期望的商业价值，而其中70%失败于并购后的文化、制度整合"——并购界的"七七定律"①。并购后整合效果是成功完成并购交易的一个关键象征。一旦赢得对外国资产的竞标，后续应当采取措施确保两家实体的无缝融合，对此"南方"国家（地区）企业的表现程度参差不齐。在并购初期缺乏明确的执行和沟通计划，是最终结果参差不齐的主要原因。并购后的监管合规和制度整合是决定中方兼并后能否实现公司价值保值、增值的两大最重要因素。并购后整合中的另一个问题则涉及获取技术等专有知识的战略目标。在并购初期就制定好知识转让和员工培训的计划是达成并购战略目标的关键。制度距离引致的跨国文化、制度的差异与冲突，是并购后整合最大的障碍之一，潜移默化地影响着团队的各种行为。因此，能否成功实施并购后整合是决定项目成败的关键。并购后整合过程中遇到的问题涉及中国企业在运营中的各个环节。针对并购后整合中遇到的问题，企业应明确并购目标和整合战略，充分利用海外团队的能力和资源进行管理控制，设立专职整合团队全程参与整个项目周期，在业务整合中重视母国与东道国两个市场的促进作用，以开放的心态迎接文化和制度融合的挑战。尊重被并购企业的企业文化及制度规范是十分重要的，只有充分了解目标企业所在国家的政治、经济制度和社会文化，及目标企业的企业文化与价值观，才能更好地了解管理层的经营理念和员工的思维方式，并给予充分的理解和包容，为推进整合工作奠定基础。

由于并购整合过程的长期性及不确定性，目标企业员工和管理层会产生焦虑感和危机感。因此，在并购后整合过程中，企业应重视心理契约②的构建，通过建立积极有效的沟通方式和渠道，比如，双方管理层间的沟通，管理层和雇员的沟通，公司和外部利益相关者的沟通等。使员工树立积极的心态和行为，将对原来企业的归属感和忠诚度转移到新的公司，在充分沟通的基础上赢得对方员工的认同感和归属感，进而降低并购过程中的反并购风险。在某项中日并购后的整合过程中发现，中方管理团队通过鼓励日籍研发人员的创新精神并培养他们全球化视野和市场化意识，激发了员工的工作热情；与此同时日籍专家严谨求实的研发精神及工作规范也深深感染了中国员

---

① http：//www.ftchinese.com/story/001051601.
② 心理契约是指存在于员工和企业之间的隐性契约。包括员工个人目标与企业目标的契合关系，以及员工与所在企业形成的情感上的契合关系。

工，营造了并购后全员质量改善的氛围。两国团队在企业文化的相互影响和渗透过程中取长补短，最终建立了并购后新企业坚固的认同感。

管制性和规范性制度差异会对并购整合的过程产生重大影响，因此，企业在跨国并购及整合过程中需要充分考虑国家之间的制度差异。在跨国并购前期，应借助独立的制度、文化咨询服务机构做好事前尽职调查，包括对员工结构和成本的调查，欧美等"北方"国家的工会很强势，很尽职地履行对员工的责任。但有的"南方"国家（地区）企业仓促完成收购，在收购时签下"永不裁员"之类的条款，结果在并购后发现自己处于非常被动的地位。欧洲各国政府对中国企业的并购活动一般都持开放欢迎的态度。对于欧洲各国政府而言，保障就业是首要目标。例如，由于国家间法律体系、争端解决领域的不同。对东道国劳动力保护等方面的法律、法规，目标企业工会的传统、规模、活动方式及与有关的法律法规做到充分了解，掌握被并购企业员工对并购的态度、关心的问题。并将咨询中发现的亟待解决的问题同涉及并购后运作重组的人员、部门进行及时沟通。对并购过后可能遇到的问题进行充分评估，悉心研究应对策略，避免遇到像欧美等国强大的工会而措手不及的情况出现。20 世纪 80 年代，美国向亚洲海外并购及经营的失败率也很高，通过寻求独立的法律相关咨询服务，积累了经验，降低了并购失败率。

南北方企业管理在人才选聘机制、激励相容机制和薪酬体系设计等方面都存在显著差距。"北方"国家企业在选聘人才时会遵循一系列科学的职位授权规范，而在"南方"国家（地区），尤其是亚洲企业的管理体系中，依靠社会关系和派系承袭的关系网络，形成独特的的职务分配体制。在薪酬体系设计方面，大部分"南方"国家（地区）企业尚未形成规范化、体系化的薪酬评估系统，缺乏严谨的职位分析等绩效管理评价指标体系。因此，对于大多数即将进行对外直接投资的"南方"国家（地区）企业而言，学习"北方"国家企业科学、高效的人才选聘机制、激励相容机制和薪酬设计体系是降低并购后整合风险的关键措施。

如果投资于税收体制复杂、当地税务机关监管较严格的东道国，如巴西、墨西哥等。被并购企业的法律、税务是否合规，会对并购后财务表现和现金流等绩效造成显著影响。此外，尽职调查的首要重点工作是评估被收购企业各项制度及人力资本。如果能将交易前尽职调查所识别的风险与东道国税收体制有效结合，并进行有针对性的筹划，或是借助并购后整合进行整体筹划，将整体提升集团的财务及运营效率。如果放任母国与东道国企业间制度差距扩大，会对企业绩效及价值造成长期损失。作为团结员工的基础，如何留住被并购企业关键人才的重要性也受到重视。人力资源是实施投资战略的前提，决定企业能否成功完成并购交易，实现并购目标的一个重要因素。因此，并购企业应重视国际化人才培养。人力资源问题应是交易前尽职调查阶段，并应延伸到并购后整合过程中的重点。"南方"国家（地区）企业的内部人力资源部门并不具备处理境外企业人力资源挑战的经验和知识，因在尽职调查阶段寻求专业的外部支持来处理人力资源问题，建立新的企业制度可以为并购后整合规划起到事半功倍的效果。

越来越多的企业能够知悉并购前进行组织、制度架构筹划的重要性，但如果在后续运营中不能对其进行有效维护，最终也很难实现预期的并购目标及效益。因此，建立全方位的风险监控及管理体系是加强风险管理工作的制度保证。另外，深入开展可行性分析和交易前尽职调查、积极采用政策性信用保险产品、寻求富有经验的咨询服务中介机构的支持或政府完善的服务支持体系、借助国际多边组织协定管控海外投资风险等措施等，都能帮助"南方"国家（地区）企业掌控及应对海外运营的风险。

对于中国对外直接投资而言，引导并扶持民营企业开展有序、稳健的对外直接投资活动，提升民营企业核心竞争力，也有利于丰富中国对外投资活动的经营主体。政府应消除政策的歧视性待遇，在政策上对民企"走出去"给予全面支持，除提供融资支持服务，还可以充分发挥战略协调作用，促进民营企业与国有企业组成联合体，共同开展多种形式的境外投资后活动。

普衡等国际咨询公司调研显示，国际社会对"南方"国家（地区）企业整体形象的评价偏低。"南方"国家（地区）企业可以从自身出发，努力树立良好的企业海外形象。企业应该从提高自身实力，加强技术改进、提升品牌价值、推行全面质量管理、改善服务的竞争力；熟悉并尊重当地法律法规要求，积极履行企业在东道国的社会责任；大力推行员工本土化战略；加强与东道国公共关系管理和信息披露工作；加强和东道国本土民众在文化思想层面上的沟通等方面提升企业形象，成为"本土"公司①。

---

①　Mergermarket. 2013 年中国海外并购展望 . www. mergermarketgroup. com/events-publications.

第 7 章

主要结论及政策建议

7.1 主要结论

检验制度距离对"南方"国家（地区）对外直接投资区位选择与绩效的影响更应该是一个经验问题。虽然众多学者研究表明，健全、完善的制度环境有利于吸引对外直接投资，但东道国与母国间不同属性的制度距离对直接投资区位选择和绩效的影响机制是否不同？来自"南方"国家（地区）的对外直接投资动因及模式与传统理论中"北方"国家对外直接投资动因及模式是否存在不同？东道国与母国间制度距离对"南方"国家（地区）跨国并购绩效改善作用是否存在？除了影响对外直接投资的传统因素之外，影响南南直接投资的新因素有哪些？

由于数据的限制，虽然"南南直接投资"流量已经接近"南方"国家（地区）对外直接投资流量近1/3，国内仍缺乏对南南直接投资影响因素的系统研究。本书通过对"南方"国家（地区）对外直接投资数据的收集整理并通过实证研究，试图对上述问题作出回答。

关于制度距离与对外直接投资，本书主要是沿着两个层面展开的。第一个层面考察了管制性、规范性制度距离对"南方"国家（地区）对外直接投资区位选择的影响及作用机制，并得到了如下结论：第一，传统影响对外直接投资的因素对南南直接投资影响仍很显著，传统引力模型中的变量，如共同边境、共同官方语言等的作用对南北方国家都存在重要作用，这也解释了"南南直接投资"以区域内直接投资为特点的现象。第二，规范性制度距离对源于"南方"国家（地区）和"北方"国家的直接投资的作用机制是相同的，即母国跨国公司倾向于对规范性制度环境接近的东道国进行投资。虽然制度距离越小，母国与东道国间对外直接投资流量越多，但在其他条件相同的情况下，母国倾向于向制度质量较高的东道国投资。母国制度质量的改进对国内企业跨国投资的促进作用未能得到证实。第三，本书验证了以前学者的研究结论，即"北方"国家倾向于对管制性、规范性制度距离与母国相似的东道国进行投资。第四，来自"南方"国家（地区）的对外直接投资与制度距离，特别是管制性制度距离的关系和作用机制比较复杂：

（1）向管制性制度环境优于母国的东道国投资：当"南方"国家（地区）跨国公司向管制性制度环境优于母国的东道国投资时，倾向于选择与母国管制性制度差距较大的东道国投资，以获取战略性资产。"南方"国家（地区）跨国公司在国际化进程当中，迫切地需要自身竞争力的提高，这需要积累大量的先进技术、管理经验、知名品牌、成熟高效的分销渠道等战略型资产，而这些战略型资产形成需要完善的知识产权和私有财产的保护体系、高效的契约执行环境等完善的管制性制度环境。因此，尽管"南方"国家（地区）跨国公司在投资初期会因不熟悉东道国管制性制度环境而付出额外的成本，但只有东道国公平、透明、高效、健全的管制性制度体系才能衍生出高质量的品牌、管理技能、销售渠道等战略资产。

（2）向制度环境与母国相似的国家投资：当向制度环境与母国相似的国家投资时，母国企业在相似恶劣制度环境下经营并盈利的经验是"南方"国家（地区）企业向其他"南方"国家（地区）投资的相对比较优势。母国企业通过利用东道国管制性制度缺陷，以较低成本达到经济目的。这为近年来迅速发展的南南直接投资提供了印证。

（3）向管制性制度环境较本国更差的东道国投资：当"南方"国家（地区）跨国公司向管制性制度环境较本国更差的东道国投资时，如果管制性制度环境与母国差异较大的东道国自然资源（特别是能源和矿产资源）充裕，那么可以抵消管制性制度距离对两国对外直接投资的负面影响。管制性制度距离与东道国自然资源禀赋是来自"南方"国家（地区）对外直接投资的又一重要驱动力。在当今经济飞速发展的国际化进程中，为适应更加激烈的国际和国内竞争，很多"南方"国家（地区）政府推行经济"赶超"战略。而经济"赶超"战略则需要大量、廉价的自然资源投入来支持国内经济快速、持续增长。自然资源充裕的最不发达"南方"国家（地区），制度体系不完善，对自然资源保护力度弱，对经济增长速度和规模的追求远远超过对经济质量和结构的追求。因此支持"南方"国家（地区）经济"赶超"战略所需的自然资源（特别是能源、矿产资源）更容易在管制性制度环境恶劣的最不发达"南方"国家（地区）获得。

中国已成为"南方"国家（地区）对外直接投资的主要来源国之一，投资对象覆盖了世界上 170 多个国家和地区。其中既有知识产权保护制度较为完善的发达国家，也有知识产权保护体系薄弱的发展中国家，那么我国与东道国间的知识产权保护差距是否对中国对外直接投资（OFDI）的区位选择产生了影响？影响的程度有多大？其影响程度是否与我国企业的投资动机有关？受数据获取的限制，本书收集了 2003～2011 年中国对 145 个国家（地区）直接投资存量额及知识产权保护水平等指标探讨上述问题：

第一，中国对外直接投资（OFDI）倾向于流向知识产权制度标准较高的国家，中国企业会因东道国禀赋不同而对东道国知识产权保护水平要求有所差异；第二，在区分（战略性资源丰富）与（能源资源禀赋丰富）样本后，我们进一步发现战略性资源丰富的东道国，知识产权制度距离的正向作用会大大增强，战略性资产越充裕，两国间知识产权保护差距越大，其强化的知识产权保护对中国的对外直接投资（OFDI）越有吸引力；而能源资源禀赋丰富的东道国，两国间知识产权制度距离越接近，对我国企业对外直接投资（OFDI）吸引力越大，能源资源在一定程度上抵消了其恶劣的知识产权保护环境对中国对外直接投资（OFDI）的阻碍作用；第三，这是由中国对外直接投资（OFDI）的两种不同动机决定的，中国企业为获取战略资产并在较短时间内积累国际竞争力向发达国家进行直接投资，为获得充裕、廉价的能源资源向发展中国家投资。东道国的知识产权保护水平对中国对外直接投资（OFDI）的影响因投资动机而存在差异。

近年来，随着全球化和知识经济的不断深化，知识产权制度的战略重要性进一步上升，对于知识产权制度相对薄弱的中国来说，提高和完善知识产权制度体系将具有深远的意义。一方面，世界知识产权保护协定覆盖的范围越来越广，各发展中国家改善知识产权制度环境是大势所趋，中国在利用东道国制度缺陷方面的独特优势会渐渐消失，而且包括各类诸边和双边国际协定特别是有发达国家参与的协定中越来越关注知识产权的保护，所以提升我国的知识产权制度环境是必然之举；另一方面，中国对外直接投资规模不断扩大，从发达国家获取战略性资产成为企业对外直接投资的主要动机之一，但有关外国知识产权转让和许可的法律问题以及识别潜在的技术和知识产权资产，是中国企业面临的首要难题。不同国家和地区知识产权法律的复杂性和机制差别非常大。中国企业理解知识产权的归属以及其在东道国或地区的可强制执行性和可转让性至关重要。取得技术有时可能只是问题的一部分，而往往更大的问题是转移使用、维护和升级技术所需的技能和诀窍。因此缩短和弥补我国与发达国家的知识产权制度距离，有利于我国企业适应当地的制度环境，并保障其将获取的战略性资产向国内转移以提升我国的科技水平。

关于制度距离对"南方"国家（地区）对外直接投资影响的另一层次是基于企业层面上的考察。采用这个层面的数据可以进一步考察制度距离对"南方"国家（地区）企业跨国并购绩效的影响。

本书以 1998～2005 年，中国上市企业发起的 169 起跨国并购交易为样本，考察了制度距离对中国企业实施跨国并购后的微观绩效改善状况及影响因素进行了理论分析和实证分析。从微观层面证实了东道国与母国间管制性、规范性制度距离对中国企业跨国并购后绩效改善存在显著影响：第一，通过对总资产收益率年增长率和净资产收益率年增长率等财务指标的统计描述表明，中国企业跨国并购后的绩效，总体上存在改善迹象。第二，东道国与母国的管制性、规范性制度差距对中国企业跨国并购后的绩效改善有显著的影响，制度距离尤其是管制性制度距离对跨国并购后绩效改善存在时滞效应，并购后第三年开始，管制性制度距离对跨国并购后绩效改善作用逐步增强。第三，东道国管制性制度越严格，东道国公司治理水平越完善，收购公司有可能自愿通过跨国并购去学习、模仿目标公司较高水准的公司治理水平，结果是制度距离对收购公司价值的正向影响即自助效应。这表明"南方"国家（地区）企业通过跨国并购学习、模仿目标公司较高水准的治理水平，在长期学习效应起作用后，并购绩效出现改善。第四，规范性制度距离。跨国公司的经营活动受东道国意识形态、价值观念、社会习俗等规范性制度环境的制约，这些因素决定了外国分支机构需要承担的公共责任及能够发挥的企业优势。母国与东道国的规范性制度距离越大，外国投资者对当地社会规范和习性较为陌生，且不易获得社会认可，从而增大了并购后企业内部的人文整合以及企业外部相关利益群体网络的构建，增加了企业并购后运营成本，降低并购绩效。第五，从不同制度属性的视角分析了制度距离对中国企业跨国并购绩效的影响。中国企业在决定跨国并购时，还需要综合考虑多种因素，谨慎选择跨国并购目标，通过跨国并购提升中国企业的国际竞争力。

7.2 政策建议

全球化背景下，来自"南方"国家（地区）的对外直接投资对东道国与母国间制度差距和投资环境差距似乎并不敏感。传统理论认为，恶劣的制度体系和投资环境不利于东道国吸引对外直接投资。"北方"国家倾向于选择制度环境健全并且与母国制度环境相似度较高的潜在东道国进行投资。通过本书研究，证实了"南方"国家（地区）对外直接投资与"北方"国家对外直接投资的不同模式：首先，"南方"国家（地区）对外直接投资区域性更强。其次，当向制度环境优于母国的"北方"国家投资时，东道国与母国间较大的制度距离会促进来自"南方"国家（地区）的投资。当向制度环境与母国相似的国家投资时，母国企业在相似恶劣制度环境下经营并盈利的经验是"南方"国家（地区）企业向其他在"南方"国家（地区）投资的相对比较优势。东道国与母国间较小的制度距离会促进"南南投资"。当向制度环境比母国更差的"南方"国家（地区）投资时，"南方"国家（地区）需要大量廉价自然资源来支持国内快速的工业化进程。而大多数自然资源充裕的"南方"国家（地区）制度环境较差，来自"南方"国家（地区）的投资者往往可以通过商业贿赂等手段获得大量廉价的矿产、能源资源。而"北方"国家投资者却不擅长这种"技能"。

忽略恶劣的管制性制度环境，只注重自然资源（特别是能源、矿产资源）的获得可能会在未来给来自"南方"国家（地区）的对外直接投资带来一系列问题。近年来，恶劣的管制性制度环境、自然资源战略重要性增加、油气资源国有化的巨额利润使玻利维亚、厄瓜多尔、委内瑞拉等国开始了能源、矿产资源的国有化进程，加强对本国能源、矿产资源的保护力度。这已经对来自"北方"国家的对外直接投资产生了负面影响。最不发达"南方"国家（地区）对本国自然资源失控造成的损失与鉴于国家经济安全的考虑能否促进最不发达"南方"国家（地区）重新与外国投资者对合约进行重新商谈，以增强对自然资源的国有控制权，仍待考察。未来各国管制性制度环境的改善是确定趋势，因此"南方"国家（地区）在利用东道国制度缺陷方面的独特优势会渐渐消失，影响对外直接投资的传统因素仍然是重要的。"南方"国家（地区）跨国公司在向规范性制度距离较大的东道国投资时，应寻求当地中介服务机构的咨询服务或在当地寻找合作伙伴。缩小与"北方"国家的制度距离，推进国内制度变革是提升"南方"国家（地区）企业海外并购绩效的根本。

值得关注的是，随着国内市场经济快速发展，中国企业海外并购由最初的资源、资本导向型并购发展成现今的战略导向型并购，跨国并购已经不再仅仅追求简单的规模经济和盈利率，而是跨国公司整合自身在未来全球价值链中的竞争地位的战略抉择。中国作为一个处于上升期的南方大国，必须根据自身的战略需求，通过跨国并购实现协同效应，提升中国企业的国际竞争力。企业需要充分考虑到国家之间的制度差异对并购整合产生的重大影响。在跨国并购前期，应借助独立的制度、文化咨询服务机构，并将咨询中发现的亟待解决问题同涉及并购后运作重组的人员、部门进行及时沟通。首先，海外并购战略应与企业整体发展战略相一致。企业的对外投资活动是公司整体运营的一部分，在进行对外投资活动前，企业应充分审视自身的发展阶段和需求，制定与企业整体发展战略合适的海外投资战略，这将成为企业投资区位选择、潜在投资对象甄别和进入方式决策的依据。20 世纪 80 年代末，日元大幅升值带来的财富效应使日本企业以较高代价盲目进行大规模海外并购，以致大部分资产未能在长期带来足够的收益及企业价值增加。

参 考 文 献

1. 普通图书

［1］李国刚，许明华. 联想并购以后 ［M］. 北京：北京大学出版社，
2010.

［2］廖运凤. 中国企业海外并购案例分析 ［M］. 北京：企业管理出版社，2007.

［3］章昌裕. 国际投资学 ［M］. 大连：东北财经大学出版社，2007.

［4］Buckley, P. J. The Challenges of the New Economy for Multinational Firms the Future of Foreign Investment in South East Asia ［M］. London：Curzon Press, 2004.

［5］Goldstein, A. Multinational Companies from Emerging Economies ［M］. London：Palgrave Macmillan, 2007.

［6］Kostova, T. Success of the Transnational Transfer of Organizational Practices within Multinational companies ［M］. Minneapolis：University of Minnesota, 1996.

［7］Lall, S. The New Multinationals：The Spread of Third World Enterprises ［M］. New York：John Wiley and Sons, 1983.

［8］Lippoldt, D. , Can Stronger Intellectual Property Rights Boost Trade, Foreign Direct Investment And Licensing In Developing Countries?, in The Intellectual Property Debate：Perspectives from Law, Economics and Political Economy（ed. M. Pugatch）, Edward Elgar Publishing, UK. 2006.

［9］Maskus, Trade-related intellectual property rights：Issues and exploratory results. In：Deardor3, A. , Stern, R. （Eds. ）, Analytical and Negotiating Issues in the Global Trading System. University of Michigan Press, Ann Arbor, MI, 2000：401 － 446.

［10］Morck, R. A History of Corporate Governance around the World

[M]. Chicago: NBER and University of Chicago Press, 2005.

[11] North, D, C. Institutions, Institutional Change and Economic Performance [M]. Cambridge: Cambridge University Press, 1990.

[12] Scott, W. R. Institutions and Organizations [M]. London: SAGE Publication Ltd, 1995.

[13] Wells, L. T. Third World Multinationals: The Rise of Foreign Investment from Developing Countries [M]. Massachusetts: The MIT Press, 1983.

2. 论文集

[1] Berglof, E. and Von Thadden, E. The Changing Corporate Governance Paradigm: Implications for Transition and Developing Countries. Conference Paper, Annual World Bank Conference on Development Economics [C]. Washington, D: 1999, 235 – 240.

[2] Eden, L. and MILLER, S. R. Distance matters: Liability of Foreignness, Institutional Distance and Ownership Strategy Advances in International Management [C]. New York: 2004, 187 – 221.

[3] Kruse, T. A. and H. Y. PARK. The Value of Corporate Diversification: Evidence from Post-Merger Performance in Japan. AFA Meetings. [C]. Washington DC: 2003, 117 – 151.

[4] Ramamurti, R. What Have We Learned About Emerging-Market MNEs? Insights from a Multi-Country Research Project [C]. Copenhagen: 2008, 252 – 273.

[5] Rugman, A., Multinational Enterprises from Emerging Markets, Paper Presented at the Berlin Round Table Meeting on the Role of the G8 in an Endangered Global Economic and Political Climate [C]. Berlin: 2007, 113 – 136.

3. 工作报告

[1] Aleksynska and Havrylchyk. FDI from the South: the Role of Institutional Distance and Natural Resources [R]. Cepii, WP No. 2011 – 05.

[2] Alessia, Amighni and Marco, Sanfilippo. The Rise of Multinationals from Emerging Countries. A Review of the Literature. Emerging Economic Re-

gional Powers and Local Systems of Production: New Threats or New Opportunities? [R]. Wp Series 2007.

[3] Arturo, Bris and Christos Cabolis. Corporate Governance Convergence by Contract: Evidence from Cross-Border Mergers [R]. Yale ICF Working Paper, No. 02 – 32, 2002.

[4] Boston Consulting Group. The New Global Challengers-How 100 Top Companies from Rapidly Developing Economies are Changing the World [R]. BCG Report, 2006.

[5] Brollo and Fernanda. The Political Resource Curse [R]. CEPR Discussion Paper, 7672, 2010.

[6] Claessens, S. and N. Van Horen Location Decisions of Foreign Banks and Institutional Competitive Advantage [R]. DNB Working Papers 172, 2008.

[7] Darby, J. and I. Wooton. Does Public Governance Always Matter? How Experience of Poor Institutional Quality Influences FDI to the South [R]. CEPR Discussion Papers. No. 3290, 2009.

[8] Javorcik B. S. Spillovers from Foreign Investment through Backward Linkages: Does Technology Gap Matter? [R]. The World Bank working paper, Washington, D. C. , 2002.

[9] Hsiang-chih Hwang. FDI in A Closer Linked Asia [R]. Hong Kong APEC Study Centre working paper, Hong Kong: Lingnan University, 2010.

[10] Jovanovic, B. and Braguinsky, S. Bidder Discounts and Target Premia in Takeovers [R]. NBER working paper, 2002.

[11] Kaufmann, D. and A. Kraay. The Worldwide Governance Indicators: Methodology and Analytic Issues [R]. The World Bank Policy Research Working Paper Series, No. 5430, 2010.

[12] Mueller, D. C. and Yurtoglu, B. B. Corporate Governance and the Returns to Acquiring Firms' Shareholders: An International Comparison [R]. University of Vienna working paper, 2007.

[13] Tong, S. Y. Ethnic Chinese Networking in Cross-Border Investment: The Impact of Economic and Institutional Development [R]. Hong Kong Institute of Economics and Business Strategy (HIEBS) Working Paper, Hong Kong: University of Hong Kong, 2003.

[14] Torbjorn. and Fredriksson. Transnational Corporations from Emerging

Economies and South-South FDI ［R］. Slptmd Working Paper Series，2008，No. 018.

　　［15］Unctad（various years），World Investment Report ［R］. UNCTAD：New-York and Geneva：United Nations，2006 – 2010.

4. 学位论文

　　［1］何琼佩. 我国海外并购中的劳工法律风险 ［D］. 北京：中国政法大学，2011.

　　［2］汪秀琼. 制度环境对企业跨区域市场进入模式的影响机制研究 ［D］. 广东：华南理工大学，2011.

　　［3］王利华. 中国跨国公司对外直接投资区位选择研究 ［D］. 上海：华东师范大学，2009.

　　［4］温俊英. 中国企业跨国并购后的文化整合研究 ［D］. 北京：北京交通大学，2011.

　　［5］赵进华. 外商对华直接投资的演进规律研究 ［D］. 上海：复旦大学，2006.

5. 期刊中析出的文献

　　［1］程惠芳，阮翔. 用引力模型分析中国对外直接投资的区位选择 ［J］. 世界经济，2004（11）：23 – 30.

　　［2］蒋冠宏，蒋殿春. 中国对发展中国家的投资——东道国制度重要吗？［J］. 管理世界，2012（11）：45 – 56.

　　［3］蒋冠宏，蒋殿春. 中国对外投资的区位选择：基于投资引力模型的面板数据检验 ［J］. 世界经济，2012（9）：21 – 40.

　　［4］李珮璘. 新兴经济体跨国公司与传统跨国公司的比较研究 ［J］. 世界经济研究，2010（5）：63 – 67.

　　［5］刘晶，朱彩虹. 制度距离与"南方"国家（地区）对外直接投资区位选择——跨国实证分析 ［J］. 投资研究，2012（10）：51 – 67.

　　［6］鲁明泓. 制度因素与国际直接投资区位分布：一项实证研究 ［J］. 经济研究，1999，（7）：57 – 65.

　　［7］潘镇. 制度距离与外商直接投资：一项基于中国的经验研究 ［J］. 财贸经济，2006（6）：44 – 49.

　　［8］潘镇，殷华方. 制度距离对于外资企业绩效的影响：一项基于生

存分析的实证研究 [J]. 管理世界, 2008 (7): 103 – 114.

[9] 祁毓, 王学超. 东道国劳工标准会影响中国对外直接投资吗? [J]. 财贸经济, 2012 (4): 98 – 105.

[10] 王孝松; 李坤望等. 出口退税的政策效果评估: 来自中国纺织品对美出口的经验证据 [J]. 世界经济, 2010 (4): 47 – 67.

[11] 韦军亮, 陈漓高. 政治风险对中国对外直接投资的影响——基于动态面板模型的实证研究 [J]. 经济评论, 2009 (4): 106 – 113.

[12] 吴定祥. 企业文化整合: 跨国并购中的一道难题——TCL 收购阿尔卡特失败案例分析 [J]. 对外经贸实务, 2010 (5): 68 – 70.

[13] 武娜, 刘晶. 知识产权保护影响中国的对外直接投资吗 [J]. 世界经济研究, 2013 (10): 69 – 74.

[14] 夏明萍. 并购风险及控制分析: TCL 海外并购的案例分析 [J]. 科技咨询导报, 2007 (27): 80 – 81.

[15] 阎大颖. 制度约束与中国企业跨国并购的经营绩效 [J]. 山西财经大学学报, 2009 (1): 63 – 70.

[16] 张宏, 王建. 东道国区位因素与中国 OFDI 关系研究——基于分量回归的经验证据 [J]. 中国工业经济, 2009 (6): 151 – 160.

[17] 张建红, 周潮红. 中国企业走出去的制度障碍研究 [J]. 经济研究, 2010 (6): 80 – 91.

[18] Acemoglu, D. and J. A. Robinson Economic Backwardness in Political Perspective [J]. American Political Science Review, 2006, 100 – 131.

[19] Aybar, B. and Ficici, A. Cross-Border Acquisitions and Firm Value: An Analysis of Emerging-Market Multinationals [J]. Journal of International Business Studies, 2009 (40): 1317 – 1338.

[20] Aykut, D. and Ratha, D. South-South FDI Flows: How Big They Are? [J]. Transnational Corporations, 2004, 13: 149 – 175.

[21] Bartlett, C. A. Going Global Lessons from Late Movers [J]. Harvard Business Review, 2008, 78: 133 – 142.

[22] Bernards and Carvalho, 2011, "Corpopate Governance in Brazil", Emerging Markets Review, 11, pp. 21 – 38.

[23] Bhagata and Malhotrab., 2011, "Emerging Country Cross-Border Acquisitions: Characteristics, Acquirer Returns and Cross-sectional Determinants", Emerging Markets Review, 12, pp. 250 – 271.

[24] BéNASSY-QUéRé, M. and MAYER, T. Institutional Determinants of Foreign Direct Investment [J]. World Economy, 2007, 30: 765 – 782.

[25] Bhardwaj, A. and DIETZ Host Country Cultural Influences on Foreign Direct Investment. [J]. Management International Review2007, 47: 29 – 50.

[26] Black, Bernards. and DE, Carvalho. Corporate Governance in Brazil. Emerging Markets Review [J]. 2010, 11: 21 – 38.

[27] Boateng, A. and Qian, W. Cross-Border M&As by Chinese Firms: An Analysis of Strategic Motives and Performance. Thunderbird International Business Review [J]. 2008, 50: 259 – 270.

[28] Braga, C., Fink, C., International transactions in intellectual property and developing countries. International Journal of Technology Management . 2000, 19: 35 – 56.

[29] Buckley, P. J. and J. Clegg. The Determinants of Chinese Outward Foreign Direct Investment [J]. Journal of International Business Studies, 2007, 38 (4): 499 – 518.

[30] Cantwell and Tolentino. Technological Accumulation and Third World Multinationals [J]. International Investment and Business Studies, 1990, 139 (1): 175 – 179.

[31] Chen, Y. and Young, M. Cross-Border Mergers and Acquisitions by Chinese Listed Companies: A Principal Perspective. Asia Pacific Journal of Management [J]. 2010, 27: 523 – 539.

[32] Cuervo-cazurra, A. Who Cares About Corruption? [J]. Journal of International Management, 2006, (13) 258 – 277.

[33] Cuervo-cazurra, A. Sequence of Value-Added Activities in the Multinationalization of Developing Country Firms [J]. Journal of International Management, 2007, 3: 258 – 277.

[34] Cuervo-cazurra, A. and GENC, M. E. Transforming Disadvantages into Advantages: Developing Country MNEs in the Least Developed Countries [J]. Journal of International Business Studies, 2008, 39: 957 – 979.

[35] Dacin, M. T. Isomorphism in Context: The Power and Prescription of Institutional Norms [J] . The Academy of Management Journal, 1997, (40): 46 – 81.

［36］Dehaan, J. and Lundstrom, S. Market-oriented Institutions and Policies and Economic Growth: A Critical Survey ［J］. Journal of Economic Surveys, 2006, (2), 157 – 191.

［37］Denis, D. J. and Denis, D. K. Global Diversification, Industrial Diversification, and Firm Value ［J］. Journal of Finance, 2002, 57: 1951 – 1979.

［38］Denis, D. K. and Mccnnell, J. International Corporate Governance ［J］. Journal of Financial and Quantitative Analysis, 2003, 38: 1 – 36.

［39］Dixit, A. Governance Institutions and Economic Activity ［J］. American Economic Review, 2009, 99: 5 – 24.

［40］Doukas, J. and HOLMEN, M. Diversification, Ownership and Control of Swedish Corporations ［J］. European Financial Management, 2002, (8): 281 – 314.

［41］Min Du and Agtenim Boateng. , 2012, "Cross-border Mergers & Acquisitions by Emerging Market Firms: a Review and Future Direction", Acrn Journal of Entrepreneurship Perspectives, 1 (2), pp. 24 – 54.

［42］Dunning, J. H. Toward an Eclectic Theory of International Production: Some Empirical Tests ［J］. Journal of International Business Studies, 1980, 11: 9 – 31.

［43］Dunning, J. H. and Lundan, S. M. Institutions and the OLI Paradigm of the Multinational Enterprise ［J］. Asia Pacific Journal of Management, 2008, 25: 573 – 593.

［44］Erdener, C. and SHAPIRO, D. M. The Internationalization of Chinese Family Enterprises and Dunning's Eclectic MNE Paradigm ［J］. Management and Organization Review, 2005 (3): 411 – 436.

［45］Feito-ruiz, S. and Menéndez-requejo Cross-border Mergers and Acquisitions in different legal environments International Review of Law and Economics, 2011 (311): 169 – 187.

［46］Francis, B. and B, HASSAN. Financial Market Integration and the Value of GlobalDiversification: Evidence for U. S. Acquirers in Cross-Border Mergers and Acquisitions ［J］. Journal of Banking & Finance, 2008, 32: 1522 – 1540.

［47］Gaur, A. S. and LU, J. W. Ownership Strategies and Survival of Foreign Subsidiaries: Impacts of Institutional Distance and Experience [J]. Journal of Management 2007, 33: 84 – 110.

[48] Gubbi, S. and Aulakh, P. Do International Acquisitions by Emerging Economy Firms Create Shareholder Value? The Case of Indian Firms [J]. Journal of International Business Studies 2010, 41: 397 – 418.

[49] Habib, M. and L. Zurawicki Corruption and Foreign Direct Investment [J]. Journal of International Business Studies, 2002, 33 (2): 291 – 307.

[50] Hagendorff, J. and Collins, K. Investor Protection and the Value Effects of Bank Merger Announcements in Europe and the US [J]. Journal of Banking and Finance, 2007, 54: 1969 – 1997.

[51] Henisz, W. J. The Power of the Buckley and Casson Thesis: The Ability to Manage Institutional Idiosyncrasies [J]. Journal of International Business Studies, 2006, 34: 173 – 184.

[52] Hideki, Y. The Location of American and Japanese Multinationals in Europe [J]. International Economics and Economic Policy, 2006, 3: 157 – 187.

[53] Hleifer, A. and VISHNY, R. W. Corruption [J]. Quarterly Journal of Economics, 1993, (108): 599 – 618.

[54] Hope, O. and Thomas, W. The Cost of Pride: Why Do Firms from Developing Countries Bid Higher? [J]. Journal of International Business Studies, 2011, 42: 128 – 151.

[55] Hoskisson, R. E. and Eden, L. M. Strategy in emerging economies [J]. Academy of Management Journal, 2000, 43 (3): 249 – 267.

[56] Isabel Feito-Ruiz and Susana Menéndez-Requejo. , 2011, "Cross-border Mergers and Acquisitions in different legal environments", International Review of Law and Economics, 31, pp. 169 – 187.

[57] Johanson, J. and Vahlne, J. The Uppsala Internationalization Process Model Revisited: From Liability of Foreignness to Liability of Outsider-Ship [J]. Journal of International Business studies, 2009, 40 (9): 1411 – 1431.

[58] Kalande, Christopher M, "Intellectual property, foreign direct investment and the least – developed countries", Journal of World Intellectual

Property, 2002, 5 (1): 11 – 128.

[59] Khanna, T. and Palepu, K. Globalization and Convergence in Corporate Governance: Evidence from Infosys and the Indian Software Industry [J]. Journal of International Business Studies 2004, 35: 484 – 507.

[60] Kojima, Kiyoshi. Giant Multinational Corporations: Meant and Defects [J]. Hltotsubashi Journal of Economics, 1978, 18: 74 – 85.

[61] Kondo, E. , "The Effect of Patent Protection on foreign direct investment", Journal of World Trade, 1995, 29 (6): 97 – 122.

[62] Kostova, T. Transnational Transfer of Strategic Organizational Practices: A Contextual Perspective [J]. The Academy of Management Review, 1999, 24: 308 – 324.

[63] Kuipers, D. and R. , Miller, The Legal Environment and Corporate Valuation: Evidence from Cross-Border Takeovers. International Review of industry. Journal of Banking & Finance, 2009, 18, 552 – 567.

[64] La, Port. and F, Shleifer. Law and Finance [J]. Journal of Political Economy, 1998, 106, 113 – 155.

[65] La, Port. and F, Shleifer. Investor Protect and Corporate Governance [J]. Journal of Financial Economics, 2000, 58: 3 – 27.

[66] Lesser, W. , "The Effects of intellectual property rights on foreign direct investment and imports in developing countries", IP Strategy Today, 2002, 4: 1 – 16.

[67] LI, P. P. Toward A Geocentric Theory of Transnational Evolution: The Implications from the Asian MNEs as Latecomers [J]. Asia Pacific Journal of Management, 2003, 20 (2): 217 – 242.

[68] Liu, S. International Cross-Listing and Stock Pricing Efficiency: An Empirical Study [J]. Emerging Markets Review, 2007, 8: 251 – 263.

[69] Liu, L. and Tian, Y. The Internationalization of Chinese Enterprises [J]. International Journal of Technology and Globalization 2008, 4: 87 – 102.

[70] Loree, D. W. and Guisinger, S. E. Policy and Non-Policy Determinants of U. S. Equity Foreign Direct Investment [J]. Journal of International Business Studies, 1995, 26: 281 – 300.

[71] Luo, Y. , and Tung, R. L. International Expansion of Emerging Market Enterprises: A Springboard Perspective [J]. Journal of International

Business Studies, 2007, 38: 481 –498.

［72］ Luo, Y. and Xue, Q. How Emerging Market Governments Promote Outward FDI: Experience From China ［J］. Journal of World Business, 2010, 45: 68 –79.

［73］ Malhotra and Sivakumar. , 2011, "A comparative analysis of the role of national culture on foreign market acquisitions by U. S. firms and firms from emerging countries", Journal of Business Research, 64, pp. 714 –722.

［74］ Mantecon, T. Mitigating Risks in Cross-Border Acquisitions ［J］. Journal of Banking and Finance, 2009, 33: 640 –651.

［75］ Martynova, M. and Rennboog, L. The Performance of the European Market for Corporate Control: Evidence from the Firth Takeover Wave ［J］. European Financial Management, 2011, 17: 208 –259.

［76］ Martynova, M. and Rennboog, L. Spillover of Corporate Governance Standard in Cross-Border Mergers and Acquisitions ［J］. Journal of Finance, 2008, 57: 200 –223.

［77］ Meyer, K. E. and Nguyen, H. V. Foreign Investment Strategies and Sub-national Institutions in Emerging Markets: Evidence from Vietnam ［J］. Journal of Management Studies, 2005, 42: 63 –93.

［78］ Moeller, S. B. and Schlingemann, F. P. Global Diversification and Bidder Gains: A Comparison Between Cross-Border and Domestic Acquisitions ［J］. Journal of Banking Finance, 2005, 29: 533 –564.

［79］ Moeller, S. B . and Schlingemann, F. P. Firm Size and the Gains from Acquisitions ［J］. Journal of Financial Economics, 2004, 73: 201 –228.

［80］ Newman, R. Lenovo's Great Leap: Despite Cultural Conflicts, the Chinese-IBM Computer Merger Shows Signs of Success. US News & World Report ［J］. 2007, 143: 48 –50.

［81］ Nicholson, The impact of industry characteristics and IPR policy on foreign direct investment, Review of World Economics, 2007, 43 (1): 27 –54.

［82］ North, D. C. Institutional Change and Economic Growth ［J］. The Journal of Economic History, 1971, 31 (1): 118 –125.

［83］ Orr, G. and Xing, J. When Chinese Companies Go Global: An Interview with Lenovo's Mary Ma ［J］. McKinsey Quarterly. , 2007, 23: 17 –

22.

[84] Oxley, J. E. Institutional Environment and the Mechanisms of Governance: The Impact of Intellectual Property Protection on the Structure of Inter-Firm Alliances [J]. Journal of Economic Behavior and Organization, 1999, 38: 283 – 309.

[85] Pagano, M. and Volpin, P. The Political Economy of Corporate Governance [J]. American Economic Review, 2005, 95: 1005 – 1030.

[86] Pananond, P. The Changing Dynamics of The Multinationals After the Asian Economic Crisis [J]. Journal of International Management, 2007, 13: 356 – 375.

[87] Park, W. , and Lippoldt, D. , "International Licensing and The Strengthening of Intellectual Property Rights in Developing Countries During The 1990s", OECD Economic Studies, 2005, 40.

[88] Peng, M. K. and Wang, D. Y. L. An Institution-Based View of International Business Strategy: a Focus on Emerging Economies [J]. Journal of International Business Studies, 2008, 39: 920 – 936.

[89] Peng, M. K, and Zhou, J. Q. How Network Strategies and Institutional Transitions Evolve in Asia [J]. Asia Pacific Journal of Management, 2005, 22: 321 – 336.

[90] Pogrebnyakov. and Maitland. , 2011, "Institutional distance and the internationalization process: The case of mobile operators", Journal of International Management, 17, pp. 68 – 82.

[91] Ramamurti, R. Risks and Rewards in the Globalization of Telecommunications in Emerging Economies [J]. Journal of World Business 2000, 35: 149 – 170.

[92] Rodrik and D. A. Subramanian. Institutions Rule: The Primacy of Institutions Over Geography and Integration in Economic Development [J]. Journal of Economic Growth, 2004, 9 (2): 131 – 165.

[93] Roli Nigam and Zhan Su. , 2010, "Climbing up the Performance Ladder: A Conceptual Framework for Emerging Country Multinationals", International Journal of Business and Management, 5 (4), pp. 13 – 25.

[94] Rossi, S. and Volpin, P. F. Cross-Country Determinants of Mergers and Acquisitions [J]. Journal of Financial Economics, 2004, 74: 277 – 304.

[95] Rui, H. and Yip, G. S. Foreign Acquisitions by Chinese Firms: A Strategic Intent Perspective [J]. Journal of World Business, 2008, 43, 213 – 226.

[96] Samuel Adams, Intellectual Property Rights, Investment Climate and FDI in Developing Countries International Business Research, 2010, 3 (3): 201 – 209.

[97] Seth, A. I. and Pettit, R. R. Value Creation and Destruction in Cross-Border Acquisitions: An Empirical Analysis of Foreign Acquisitions of U. S. Firms [J]. Strategic Management Journal, 2002, 23 : 921 – 940.

[98] Seyoum, B. , The impact of intellectual property rights on foreign direct investment. Columbia Journal of World-Business, 1996, 31: 50 – 59.

[99] Shige, T. I. C. M. C. Does Country Matter? [J]. Strategic Management Journal, 2004, 25: 1027 – 1043.

[100] Smarzynska, B. J. The composition of foreign direct investment and protection of intellectual property rights: Evidence from transition economies. European Economic Review, 2004, 48 (1): 39 – 62.

[101] Smith, P. J. , How do foreign patent rights affect U. S. exports, alliate sales and licenses? Journal of International Economics, 2001, 55: 411 – 439.

[102] Tolentino, P. E. Emerging Multinationals: Outward Foreign Direct Investment from Emerging and Developing Economies [J]. Journal of International Management, 2010, 16: 102 – 120.

[103] Veugelers, R. Locational Determinants and Ranking of Host Countries: An Empirical Assessment [J]. Wiley Blackwell, 1991, 44 (3): 363 – 82.

[104] Wang, C. and Xie, F. Corporate Governance Transfer and Synergistic Gains from Mergers and Acquisitions [J]. Review of Financial Studies, 2009, 22: 829 – 858.

[105] Wei, J. Local Corruption and Global Capital Flows [J]. Brookings PapEcoAc, 2000, 31 (2): 303 – 354.

[106] Wright, M. and Cooper, C. L. The Role of Culture Compatibility in Successful Organizational Marriage [J]. The Academy of Management Executive, 1993, 7: 57 – 71.

[107] Wright, M. and Filatotcheve, I. Strategy Research in Emerging Economies [J]. Journal of Management Studies, 2005, 42: 1 – 33.

[108] Wu, F. Corporate China Goes Global [J]. World Economics, 2005, (4): 171 – 181.

[109] Xu, D. and Shenkar, O. Institutional Distance and the Multinational Enterprise [J]. The Academy of Management Review, 2002, 27: 608 – 618.

[110] Yiu, D. W. Multinational Advantages of Chinese Business Groups: A Theoretical Exploration [J]. Management and Organization Review, 2011, 7: 249 – 27.

[111] Young, Mn. and Peng, MW. Corporate Governance in Emerging Economies: A Review of the Principal Perspective [J]. Journal of Management Studies, 2008, 45: 196 – 220.

[112] Zaheer, S. Overcoming the Liability of Foreign [J]. Economy of Management Journal, 1995, 38: 341 – 63.

[113] Zhou, L. and Wu, W. Internationalization and the Performance of Born-Global SMEs [J]. Journal of International Business Studies, 2007, 38: 673.

后　记

本书在博士论文基础上对数据进行了更新，对第3章、第5章、第6章内容进行了修改和完善，最终完成。从酝酿、选题、写作到出版覆盖了我整个博士学习过程，是我从事学术科研工作的一个阶段总结。但与其说是为了循规蹈矩完成学业，倒不如说是为了未来研究发展所做的必需的尝试。掩卷而思，我不禁思绪万千，心潮起伏。学术研究或科学研究的道路虽然艰辛，却仍然吸引着大批追求真理的人们，因为与学术研究过程中艰辛的付出相比，收获研究成果的喜悦非亲历者难以体会。自进入博士研究生的学习阶段以来，我一直比较关注来自"南方"国家（地区）跨国企业国际化问题。因此，本书的选题可以说是兴趣使然，而开始深入研究这一问题之后，才发现该问题的复杂程度远远超出了我的想象。要深入研究制度问题，尤其是制度距离问题，这个概念包含的内容非常庞杂，难以把握。而在制度距离视角下结合"南方"国家（地区）企业国际化行为来进行学术研究，又需要深入掌握经典及新兴跨国公司理论，才能将不同的理论有效地融合。因此，本书的写作过程非常艰辛。

本书诞生于我的博士生导师李坤望教授的方向课，从定题、开题到写作和定稿无不凝结着李老师的辛勤汗水和心血。我有幸师从于李老师，李老师认真严谨、博闻强记，总能把握国内外经济学领域的学术前沿。是您的耐心教导使我从题目的选取到文章的框架安排一路上顺利地走过来，也是您严谨治学的风格使我在研究中能够实事求是，保持一个学者应有的基本素质和道德规范。同样也是您在初稿完成后给予我细致的修改意见，事无巨细，您都亲自把关，使得我的毕业论文水平能够迅速地提高档次。还记得方向课上您那亲切的教诲，还记得课下您一遍又一遍的指导，这里不仅有学术思想火花的碰撞，也有更多做人的道理，所有的这些都是我一生的财富，我会永远谨记于心的。

首先感谢您，能够让我顺利地完成博士学业，交上一份合格的答卷。当然论文中出现的错误均由本人承担。除了学业，李老师在生活上和工作上也给予了我很大的帮助。所有的这些我都会铭记在心。

其次要感谢我的硕士导师李宏教授，在我的硕士阶段李老师就给我指定了与毕业论文非常相关的硕士选题，并顺利地通过了硕士答辩，在此我也要真诚地感谢您。

再次我还要感谢我的领导齐俊妍主任、陆建明主任，两位领导在工作中给予我的关怀和鼓励，在已经很繁重的工作负担中，替我分担许多本应由我完成的工作，让我能够将主要精力用于毕业论文。

感谢我的同事，陆建明、杨真增、王荣艳、武娜、刘娟在我博士论文选题及成文过程中给予我很大的帮助和建议以及精神上的鼓励。

还有，我还要感谢我的同学以及师兄妹，王永进、王孝松、施炳展、盛丹、冯冰、刘健、黄平川等，这里不一一列举了，我们会在一起讨论学术问题和计量方法，令我受益匪浅，在此我要深深地感谢他们。

最后要感谢我的父母，他们的开明和大度是我顺利完成本书的坚强后盾。

当然，本书的付梓也离不开经济科学出版社赵敏老师、柳敏、宋涛二位编辑老师的帮助和支持。

我要再次感谢这些曾经给予我帮助的人们！虽然学术科研是一个充满艰辛与风险的选择，但坚持和执着将会激励我迈向下一个学术研究的旅程，通向美好的未来。

刘 晶

2014 年 4 月于天津